U0736780

文普
化华
PUHUA BOOKS

我
们
一
起
解
决
问
题

人力资源管理实践与技能提升丛书

人力资源规划操作指南

——规划概述+实用图表+流程架构+操作方案

乔继玉　主编

人 民 邮 电 出 版 社

北 京

图书在版编目（CIP）数据

人力资源规划操作指南 ： 规划概述+实用图表+流程
架构+操作方案 / 乔继玉主编. -- 北京 ： 人民邮电出版
社，2021.7
（人力资源管理实践与技能提升丛书）
ISBN 978-7-115-56564-8

Ⅰ. ①人… Ⅱ. ①乔… Ⅲ. ①人力资源管理 Ⅳ.
①F243

中国版本图书馆CIP数据核字(2021)第092637号

内 容 提 要

人力资源规划是人力资源管理工作的六大模块之一，也是企业人力资源管理活动的起点，它为绩效管理、员工培训等其他五大模块提供了目标、原则和方法。在做好人力资源规划工作的基础上，企业管理者才有可能制定科学的用人决策，实现员工与岗位的最佳匹配，避免人力的过剩或短缺。

本书既有理论讲述也有相关案例和管理工具，作者从实战出发，详细介绍了人力资源规划涉及的所有环节，包括组织架构与职能规划、人力资源配置规划、薪酬福利规划、绩效管理规划、员工培训与发展规划等内容，旨在帮助读者快速掌握人力资源规划技能。另外，本书还以精确、简洁的方式描述了人力资源规划的重要知识点，内容覆盖面广、操作性强。

本书适合人力资源规划从业者、企业管理者、高校人力资源管理专业的师生阅读、参考。

◆ 主　　编　乔继玉
　　责任编辑　刘　盈
　　责任印制　胡　南
◆ 人民邮电出版社出版发行　　　北京市丰台区成寿寺路 11 号
　　邮编　100164　　电子邮件　315@ptpress.com.cn
　　网址　https://www.ptpress.com.cn
　　北京市艺辉印刷有限公司印刷
◆ 开本：800×1000　1/16
　　印张：17.25　　　　　　　2021年7月第1版
　　字数：200千字　　　　　2021年7月北京第1次印刷

定　价：79.00元

读者服务热线：(010) 81055656　印装质量热线：(010) 81055316
反盗版热线：(010) 81055315
广告经营许可证：京东市监广登字 20170147 号

人力资源是企业发展壮大的根本保证。企业能否做大做强，关键在于人力资源的质量和数量。人力资源管理是指根据企业发展战略的要求，有计划地对人力资源进行合理配置，通过招聘、培训、考核、激励、调整等一系列过程，调动员工的工作积极性，激发员工的潜能，促使员工为企业创造价值，给企业带来效益。确保企业战略目标的实现，是企业制定一系列人力资源政策及开展相应管理活动的前提。

随着社会的不断发展，人力资源管理在企业管理中发挥着越来越重要的作用，这主要体现在以下几个方面。

第一，通过科学的人力资源管理，企业可以根据人才的专业优势和特长来决定人才配置，使人才能够发挥自己的专长和特点，更好地为企业发展服务。

第二，通过科学的人力资源管理，企业可以营造一种轻松、愉快、和谐的工作氛围，使员工之间相处融洽，共同为企业的发展努力。

第三，通过科学的人力资源管理，企业可以充分调动员工的工作热情，促使其将复杂的工作完成得更好，最大限度地发挥潜力。

第四，通过科学的人力资源管理，企业可以加强对员工各方面素质的培养。

第五，通过科学的人力资源管理，企业可以提升员工的工作绩效。

第六，通过科学的人力资源管理，企业可以有效地利用与企业发展战略相适应的管理人才和专业技术人才，最大限度地发掘他们的才能，推动企业战略的实施，促进企业的发展。

为了帮助人力资源管理工作者更好地完成本职工作，充分发挥人力资源管理工作在企业发展中的作用，我们组织有关专家学者编写了"人力资源管理实践与技能提升丛书"。该丛书涵盖了人力资源管理最重要的五大板块，具体包括《薪酬与绩效管理操作指南》《员工关系管理操作指南》《人力资源管理风险防控操作指南》《人力资源培训与开发操作指南》和《人力资源规划操作指南》五本图书。

其中,《人力资源规划操作指南》一书主要包括人力资源规划概述、组织架构与职能规划、人力资源配置规划、薪酬福利规划、绩效管理规划、员工培训与发展规划等内容。

本丛书采用图文解读的方式,并辅以学习目标、学习指引、管理工具等模块,让读者在轻松阅读中了解人力资源管理的要领并能够学以致用。本书尽量做到去理论化、注重实操性,以精确、简洁的方式描述重要知识点,最大化地满足读者希望快速掌握人力资源管理技能的需求。

通过学习本丛书,人力资源管理者可以全面掌握人力资源管理的各项技能,更好地开展人力资源管理工作。同时,本丛书可以作为人力资源管理入门者、中小企业管理者、各高校人力资源管理专业的学生、大型企业中层管理者自我充电、自我提升的学习手册和日常管理工作的指导手册,还可以作为相关培训机构开展岗位培训、团队学习的参考资料。

由于编者水平有限,书中难免存在疏漏与缺憾之处,敬请读者批评指正。

Contents

目 录

第一章　人力资源规划概述

　　人力资源规划也被称为人力资源计划，是以企业的战略发展和业务发展规划为目标，通过科学地预测组织在未来环境变化过程中的人力资源需求及供给状况，制定的人力资源获取、利用、保持及开发的策略。规划需要确保企业对人力资源质量及数量的需求，使组织及个人得到相应的短期、中期、长期的利益。

第二章　组织架构与职能规划

组织架构是企业流程运转、部门设置及职能规划等管理内容的结构依据。组织架构设计与规划在组织管理和人力资源管理中占据重要地位，被称为人力资源管理体系的基石，为其他人力资源管理活动提供基础和支持。

第三章　人力资源配置规划

人力资源配置是指，企业为提高工作效率、实现人力资源管理的最优化，对企业的人力资源进行的科学和合理的分配。人力资源配置的规划工作包括岗位序列设计、岗位胜任素质模型和晋升通道设计。

管理工具

第四章 薪酬福利规划

薪酬管理在人力资源管理体系中占据着重要地位，也是企业高层管理者和员工最关注的工作。合理有效的薪酬体系，不仅能激发员工的积极性和主动性，而且能帮助企业吸引和留住一支素质优良且具有竞争力的队伍。

管理工具

第五章 绩效管理规划

绩效管理在企业人力资源管理工作中具有非常重要的地位，许多企业都建立了非常完善的绩效管理体系，成立了绩效管理委员会。绩效管理并不限于考核，它是一个全方位、全员参与的系统性工作，同时按照PDCA模型不断循环、持续改进。

第六章　员工培训与发展规划

许多知名企业的培训体系非常完善，还会制定完善的培训管理制度，从而达到以下效果：培训工作责任明确、分工合理，部门间协同合作，提高培训工作的效率；规范培训管理工作，提高培训质量；有利于对培训工作进行整体规划，并结合员工职业规划，使人才培养工作更加符合人才成长规律，提高员工参加培训的积极性和主动性，促进培训工作的长期、可持续发展。

第一章
人力资源规划概述

　　人力资源规划也被称为人力资源计划，是以企业的战略发展和业务发展规划为目标，通过科学地预测组织在未来环境变化过程中的人力资源需求及供给状况，制定的人力资源获取、利用、保持及开发的策略。规划需要确保企业对人力资源质量及数量的需求，使组织及个人得到相应的短期、中期、长期的利益。

学习目标

1.了解人力资源信息系统的功能、内容、基础信息，掌握人力资源信息系统生成的报表。

2.了解人力资源规划的层次与内容、人力资源规划的期限、人力资源规划的目的。

3.了解人力资源规划评价的内容，掌握评价的方法。

4.了解预算的内容，掌握预算的实施步骤及操作方法和要求。

5.掌握人力资源规划的步骤及操作的要求、方法和细节。

6.掌握人力资源规划的方法及操作的步骤、要求和细节。

人力资源规划概述学习指引

序号	培训内容	时间安排	期望目标	未达目标的改善措施
1	人力资源规划的基础——人力资源信息系统			
2	人力资源规划的层次与内容			
3	人力资源规划的期限			
4	人力资源规划的目的			
5	人力资源规划的评价			
6	人力资源规划的工具——预算			
7	人力资源规划的步骤			
8	人力资源规划的方法			

1.1 人力资源规划的基础——人力资源信息系统

人力资源规划的效果如何，在一定程度上取决于企业人力资源信息系统的建立与否及其内容的可靠程度。

人力资源信息系统是企业进行员工及其工作方面的信息收集、保存、分析和报告的结果，是计算机用于企业人事管理的产物。它是通过计算机建立的、记录企业每位员工技能和表现的功能模拟信息库。

1.1.1 人力资源信息系统的功能

人力资源信息系统除了为企业管理者制定人力资源的规划决策提供信息外，还具有以下功能。

（1）为人力资源规划建立人事档案。

（2）为企业制定发展战略提供人力资源数据。

（3）为人事决策提供信息支持。

（4）为企业评估管理效果提供反馈信息。

（5）为其他有关人力资源的活动提供准确的信息。

1.1.2 人力资源信息系统的内容

人力资源信息系统的内容包括以下三点。

（1）企业战略、经营目标及常规经营计划信息。

（2）外部市场的人力资源供求信息及对这些信息产生影响的因素。

（3）企业现有的人力资源信息。

1.1.3 人力资源信息系统的基础信息

一般来说，人力资源信息系统至少应包含以下基础信息，如表 1-1 所示。

表 1-1　人力资源信息系统的基础信息分类表

序号	类别	明细
1	自然状况	性别、年龄、民族、籍贯、健康状况等

（续表）

序号	类别	明细
2	知识状况	受教育程度、专业、学位、所取得的各种职称和证书等
3	能力状况	操作能力、表达能力、人际关系协调能力、管理能力及其他特长的种类与等级
4	阅历及经验	做过何种工作、担任过何种职务、取得过的业绩如何、任职时间、调动原因、总体评价如何
5	心理状况	兴趣、偏好、积极性、心理承受能力
6	工作状况	目前所属部门、岗位、职级、绩效及适应性
7	收入情况	工资、奖金、津贴及职务外收入
8	家庭背景及生活状况	家庭成员、居住地点、生活条件、家庭职业取向及个人对未来职业生涯的设计等
9	所在部门使用意图	提、留、升、调、降

1.1.4 人力资源信息系统生成的报表及经营预测

一个有效的人力资源信息系统还可以生成若干重要的报表，并可以做出与经营相关的预测。

（1）常规报表。按时间进度汇总的经营数据被称为常规报表。人力资源部每周或每月将常规报表送至总经理处，每个季度将该报表送至最高管理层。

（2）例外情况报表。该报表着重强调在企业经营活动中十分严重、足以引起管理者注意的人力资源情况变化。

（3）按需提供的报表。该报表主要根据特殊需求提供信息。

（4）预测，就是将一些预测模型应用于特定情况。管理者需要对满足企业发展所需的员工数量和类型等进行预测。

1.2 人力资源规划的层次与内容

人力资源规划包括两个层次，即总体规划与各项业务规划。

1.2.1 总体规划

人力资源总体规划是有关计划期内人力资源开发利用的总目标、总政策、实施步骤及总体预算的安排。

1.2.2 各项业务规划

人力资源业务规划是总体规划的展开和具体化，具体内容如表1-2所示。

表1-2 人力资源业务规划的分类

类型	目标	政策
人员补充规划	人员类型、数量对企业人力资源结构及绩效的改善效果等	人员标准、来源、起点待遇等
人员使用规划	部门编制，人力资源结构优化，绩效改善，职务轮换	任职条件、职务轮换、范围及时间
提升降职规划	保持后备人员数量，改善人员结构，提高绩效目标	选拔标准、资格、比例，试用期，提升比例，未提升人员安置
教育培训规划	素质与绩效改善，培训类型与数量，提供新员工，转变员工工作态度	培训时间的保证，培训效果的保证
评估激励规划	降低离职率，提高士气，改善绩效	激励重点，工资政策、奖励政策及反馈
劳动关系规划	减少非期望离职率，改善劳动关系，减少员工投诉与不满	参与管理，加强沟通
退休解聘规划	控制编制，降低劳务成本，提高生产率	退休政策，解聘程序等

1.3 人力资源规划的期限

无论人力资源规划的期限是短期（1年）、中期（3～5年）还是长期（5～10年），它都要与企业的总体规模保持一致，同时要与企业的其他规划协调好，人力资源规划既要受制于其他规划，又要为其他规划服务。图1-1展现了组织规划与人力资源规划的关系。

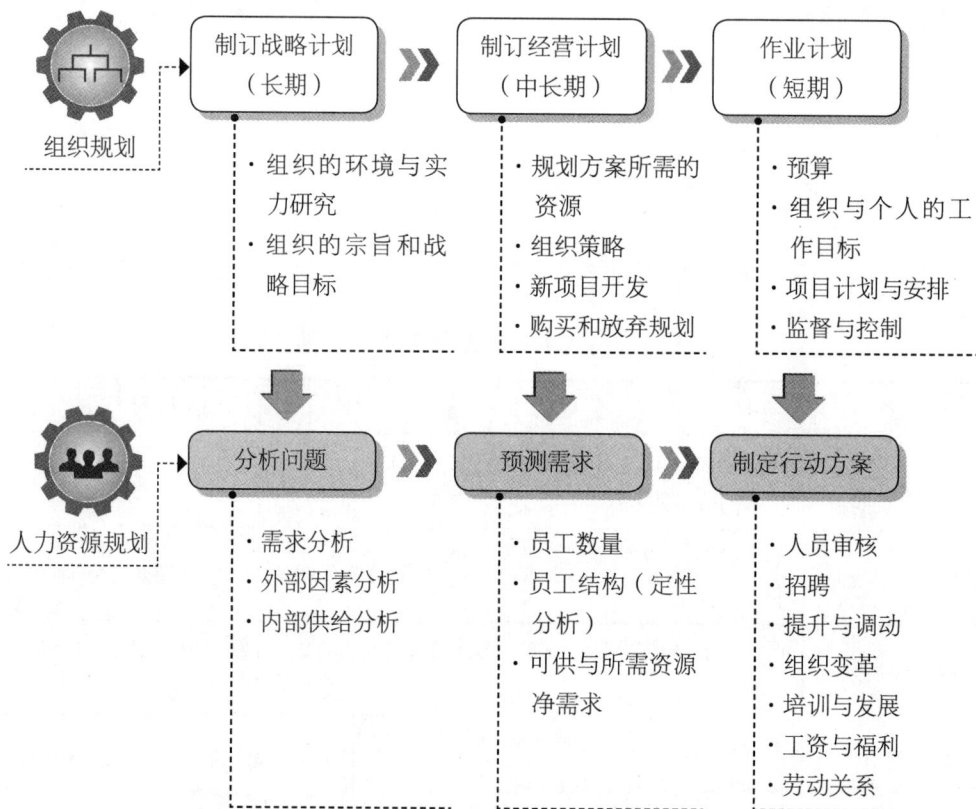

图 1-1　组织规划与人力资源规划的关系

　　在战略规划的层次上，人力资源规划涉及组织外部因素分析，预估未来组织总需求中对人力资源的需求，预估未来组织人力资源的数量，调整人力资源的规划，其重点在于分析问题。在经营计划的层次上，人力资源规划涉及对人力资源需求和供给量的预测，并且要根据人力资源的方针和政策制定具体的行动方案。作业计划则涉及一系列的具体操作实务，要求任务具体明确、措施落实到位。

1.4　人力资源规划的目的

　　人力资源的供求平衡（包括数量和质量）是人力资源规划的主要目的。人力资源的供求预测是为制定具体的供求平衡规划而服务的。所以，人力资源规划的任务之一就是要制定适当的政策，并采取相应的措施来调节人力资源供求的不平衡。

1.4.1　人力资源的供求关系

企业人力资源的供求关系有以下三种可能：

（1）人力资源的供求总量平衡，结构不平衡；

（2）人力资源的供给小于需求，则人力资源短缺；

（3）人力资源的供给大于需求，则人力资源过剩。

1.4.2　不同供求关系的平衡措施

不同供求关系的平衡措施如表 1-3 所示。

表 1-3　不同供求关系的平衡措施

序号	供求关系	平衡措施	
1	总量平衡、结构不平衡	根据具体情况制订针对性较强的各种业务计划，如晋升计划、岗位轮换计划、竞争上岗计划、培训计划等	
2	供应小于需求	（1）使其他岗位的富余人员转岗	上策
		（2）培训员工，使他们胜任人员短缺的岗位	
		（3）鼓励员工加班	
		（4）提高员工工作效率	
		（5）聘用一些兼职人员	中策
		（6）聘用一些临时性的全职人员	
		（7）聘用一些正式员工	
		（8）把一部分业务转包给其他公司	下策
		（9）减少工作量	
		（10）增添设备，以弥补人员不足	
3	供应大于需求	（1）扩大业务量	积极政策
		（2）培训员工	
		（3）提前退休	中性政策
		（4）降低工资	
		（5）减少福利	
		（6）鼓励员工辞职	

（续表）

序号	供求关系	平衡措施	
3	供应大于需求	（7）减少员工的工作时间	中性政策
		（8）临时下岗	
		（9）辞退员工	消极政策
		（10）关闭一些不盈利的子公司或分厂，精简职能部门	

1.5　人力资源规划的评价

1.5.1　人力资源规划目标的合理性评价

在对人力资源规划进行评价时，首先需要考虑人力资源规划目标本身的合理性问题。在评价人力资源规划目标的合理性时，人力资源规划者应认真考虑表1-4所列的几个方面。

表1-4　人力资源规划目标合理性评价的内容及结果说明

序号	评价内容	结果说明
1	人力资源规划者熟悉人事问题的程度以及对其重视的程度	规划者对人手问题的熟悉和重视程度越高，其制定的人力资源规划就越合理
2	人力资源规划者与提供数据者以及使用人力资源规划的管理人员之间的工作关系	这三者之间的关系越好，人力资源规划的目标就可能越合理
3	人力资源规划者与相关部门进行信息交流的难易程度	这种信息交流越容易，就越有可能达到相对合理的人力资源规划目标
4	管理人员对人力资源规划中提出的预测结果、行动方案和建议的重视与利用程度	重视和利用的程度越高，就越有可能达到相对合理的人力资源规划目标
5	人力资源规划在管理人员心中的地位和价值	管理人员越重视人力资源规划，人力资源规划者就越重视人力资源规划的制定过程，得到的结果才可能越客观、合理

1.5.2　人力资源规划与行动结果的比较

在评价人力资源规划的时候，还需要将行动结果与人力资源规划进行比较，目的是通过发现规划与现实的差距来指导以后的人力资源规划活动。人力资源规划与行动结果的比较主要有下列几项。

（1）实际的人员招聘数量与预测的人员需求量。

（2）劳动生产率的实际水平与预测水平。

（3）实际和预测的人员流动率。

（4）实际执行的行动方案与规划的行动方案。

（5）行动方案的实际结果与预期结果。

（6）人力费用的实际成本与人力费用的预算。

（7）行动方案的实际成本与行动方案的预算。

（8）行动方案的成本与收益。

上述这些项目的差距越小，说明人力资源规划越符合实际。

1.6　人力资源规划的工具——预算

人力资源预算是人力资源部根据企业的发展战略及企业上一年度的人员及成本费用的统计情况，预测下一年度的人员需求及成本费用的情况，使之成为下一年度企业人力资源管理活动的指南。人力资源预算不仅有利于企业开展人力资源的计划工作，也有利于企业实施人力资源的组织和控制工作。

1.6.1　人力资源预算的内容

人力资源预算是企业预算的主要组成部分，主要包括以下三个方面。

（1）企业的人力成本，也就是工资费用，即企业一年需要支付多少员工工资。

（2）和薪酬相关的费用，即我国社会保障体系要求缴纳的各种基金和保险费用，如医疗保险、失业保险等。

（3）人力资源管理费用，包括招聘费用、薪酬调查费用、员工知识技能测评费用、员工培训费用、劳动合同认证费用、辞退员工的补偿费用、劳动纠纷的法律咨询费用以及人力资源部发生的办公费用、通信费用、差旅费用、办公设施费用等。

1.6.2 人力资源预算的实施步骤

人力资源预算的实施步骤如表1-5所示。

表1-5　人力资源预算的实施步骤

序号	步骤	内容
1	成立预算编制小组	预算编制小组由集团高管、人力资源部总监、人力资源部成员和各子公司的综合管理员组成。集团高管承担小组的领导和决策工作，人力资源部总监负责对预算编制的具体工作给予指导和说明，人力资源部成员负责预算的起草工作，各子公司的综合管理员负责提供本单位的人力资源预算
2	制订预算编制时间计划	预算编制时间计划包括预算的启动时间、人力编制与费用的预算时间、预算编制配套方案的制定时间，以及预算的审核时间和确认时间
3	发送预算编制模板	预算编制模板由人力资源部制定。在预算启动时，人力资源部将预算编制模板送到各子公司，各子公司根据模板要求填写相应内容，并保证内容的真实性和准确性
4	提交预算编制内容	各子公司应在规定时间内将本单位的预算表提交给人力资源部进行汇总，然后制定出集团的总体人力资源预算草案。人力资源部在制定总体预算前，应通过调研、抽查等方式对各子公司预算内容的真实性、准确性进行核实
5	预算内容的审核	集团的人力资源预算草案在制定完成后，应提交给各子公司进行审核，各子公司应在规定时间内将反馈意见提交给人力资源部，以便人力资源部对其进行及时修改和完善。一般这种审核→反馈→完善的过程需要进行2～3次，才能最终确定预算方案
6	预算方案的确认	在完成与各子公司的沟通之后，人力资源部要将预算方案提交给公司总经理进行审批、确认，并形成文件送至各部门执行

1.7　人力资源规划的步骤

人力资源规划的步骤如图1-2所示。

| 第一步 | 厘清企业战略，夯实基础 |

根据企业的战略发展和业务发展规划，梳理、设计或调整企业的组织结构和岗位设置，进行综合的职务分析说明，并给出必要的职位描述及任职资格说明、职位胜任力素质模型等内容

| 第二步 | 进行合理的人力配置 |

根据企业的战略发展及业务发展规划，结合新的组织和岗位设置情况，以及企业的人力资源盘点报告，进行合理的人员配置：设置每个岗位的人员数量；统计现有人员的职务变动情况，根据变动后岗位人员的空缺数量等情况制订人员盘点计划及需求计划，描述企业未来对员工数量、管理人员数量、胜任力素质构成、技能要求等的需求，并给出希望的到岗时间

| 第三步 | 员工供给计划 |

根据人员需求计划表，通过对过往工作量、劳动力数量、人员流动情况、年龄变化情况及录用情况等资料的分析，有针对性地制定人员的供给方式、获取途径及获取的实施计划、人才引进或培养的成本，以及人员内外部流动的政策等

| 第四步 | 制订培训计划 |

包括培训需求、培训内容、培训形式、培训效果评估、培训费用、培训政策等

| 第五步 | 制订人力资源管理制度或政策的调整计划 |

明确人力资源制度或政策调整的原因、步骤、范围等，其中包括招聘政策、绩效政策、薪酬及福利政策、激励政策、员工职业发展政策及员工的日常管理政策等

| 第六步 | 编写企业人力资源的费用预算 |

费用预算包括招聘费用、培训费用、薪酬激励成本、福利费用等

图 1-2　人力资源规划的步骤

1.8 人力资源规划的方法

1.8.1 经理判断法

经理判断法是最常用的预测方法之一，这种方法要求经理认真分析他们未来一段时期的工作量或业务量，然后确定他们需要的人员数量。这种方法适用于发展较稳定的企业的中短期人力资源规划。

（1）经理判断法的形式

经理判断法有"自下而上"和"自上而下"两种形式，具体说明如图1-3所示。

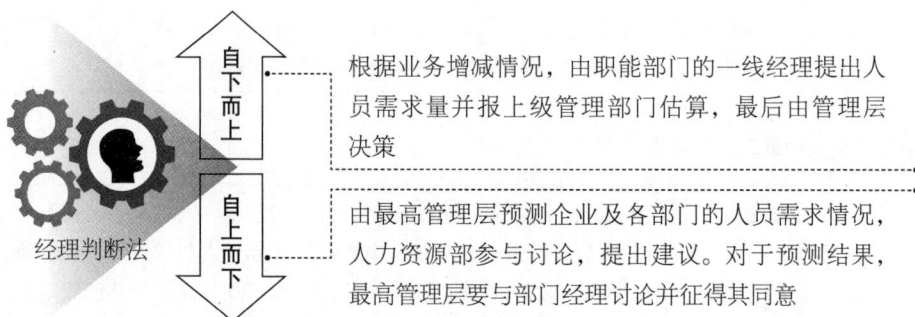

经理判断法

自下而上：根据业务增减情况，由职能部门的一线经理提出人员需求量并报上级管理部门估算，最后由管理层决策

自上而下：由最高管理层预测企业及各部门的人员需求情况，人力资源部参与讨论，提出建议。对于预测结果，最高管理层要与部门经理讨论并征得其同意

图1-3 经理判断法的形式

（2）最好的预测方法

最好的预测方法是将"自下而上"和"自上而下"这两种形式结合起来。

①最高管理层为部门经理准备一份《人力资源规划指南》，明确自己对企业未来经营活动的基本设想以及计划实现的目标。

②部门经理根据《人力资源规划指南》对本部门的人力资源需求进行预测。人力资源部为业务部门的人力资源需求预测提供咨询和帮助，同时对企业的整体人力资源需求进行预测。

③由主要部门负责人组成的人力资源规划小组对业务部门和人力资源部的需求预测报告进行审核和协调，并将修改过的人力资源需求预测报告提交给最高管理层进行审批。

1.8.2 经验预测法

经验预测法也称比率分析法，即根据以往的经验对企业的人力资源需求进行预测。这种方法适用于较小型的稳定企业，其操作方法是根据企业的经营计划、劳动定额或每位员工的生产能力、销售能力、管理能力等进行预测。

由于每个人的经验不一样，不同员工的能力也有所不同，尤其是管理人员和销售人员在能力和业绩上的差别更大。因此，HR 从业人员在采用这种方法进行需求预测时，要注意积累经验和对预测准确度的把握。

1.8.3　德尔菲法

德尔菲法是指专家们对影响企业某个领域发展的因素（如企业将来对劳动力的需求）达成一致意见的结构化方法。该方法适用于大型企业对中长期规划的预测。

德尔菲法的目标是通过综合专家们的意见预测某一领域的发展趋势。具体来说，就是由调查者作为中间人，将第一轮预测中专家们单独提出的意见集中起来并在整理和归纳之后再反馈给他们，使他们有机会修改自己的预测并说明修改的原因。一般情况下，在重复三至五次之后，专家们的意见就基本趋于一致了。

（1）专家的来源

这里所说的专家，既可以是一线的管理人员，也可以是高层经理；既可以来自企业内部，也可以从外部引入。选择专家时，要基于他们对影响企业的内部因素的了解程度。例如，在预测企业对劳动力的需求时，可以将在人事、计划、生产、市场和销售部门任职的管理者选作专家。

（2）德尔菲法的运用步骤

德菲尔法的典型步骤如下。

①预测准备。首先，确定要预测的课题和项目；其次，设立负责预测工作的临时机构；最后，在组织的内部和外部广泛选择研究人力资源问题的专家，成立专家小组。

②专家预测。预测临时机构把包含预测项目的预测表及相关背景材料寄给各位专家，要求专家以匿名的方式，预测他们认为将会发生什么情况以及何时发生等。

③收集反馈

◆收集各专家的预测结果。

◆预测机构对各专家的意见进行统计分析，提出第一次预测结果。

◆把综合结果反馈给小组成员，并要求各专家对新预测表做出第二轮预测。

◆将收集反馈过程重复数次。

德菲尔法的具体流程如图 1-4 所示。

13

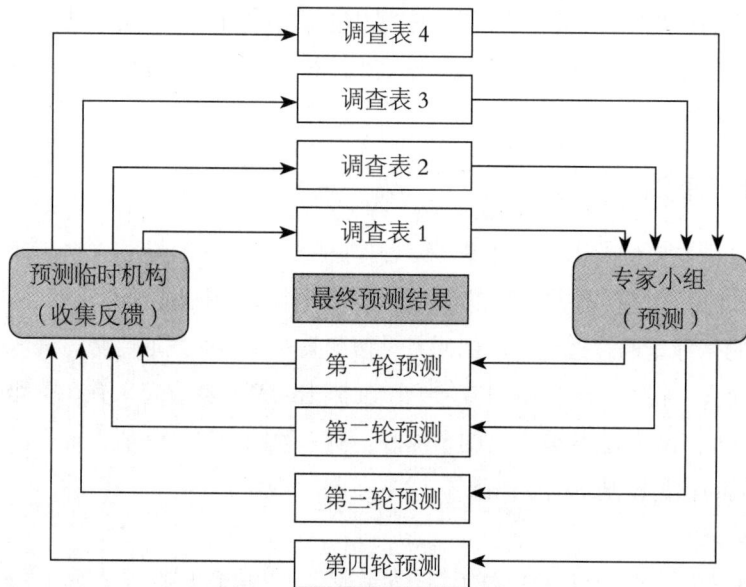

图 1-4　德尔菲法的具体流程

（3）德尔菲法的运用技巧

要使该方法产生效果，HR 从业人员应掌握以下技巧：

①要向专家提供相关的历史资料和统计分析结果，如人员的安排情况和生产趋势的资料；

②不要过分注重人员需求的绝对数字，应该关心的是可能需要增加的人员的百分比，或某些关键人员（如部门经理或工程师）预计增加的数量；

③允许专家粗估数字而不要求精确，但要让他们说明预测数字的可信度；

④尽可能简化过程；

⑤对人员的定义和分类要在部门名称、职务名称上保持统一，以保证所有专家都能从同一角度理解这些分类和定义；

⑥要获得高层管理人员和专家对德尔菲法的支持。

1.8.4　趋势分析法

趋势分析法是一种定量的分析方法，其基本思路是首先确定企业中的哪个因素与劳动数量和结构的关系最为密切，然后找出这个因素随聘用人数变化的趋势，由此推断出未来的人力资源需求。这种方法适用于人力资源部分析人力资源需求。

（1）趋势分析法的关键

趋势分析法是利用过去的员工人数预测未来人力资源的需求。采用这种方法的关键是选择一个对员工人数有重要影响的变量，这个因素至少应满足以下两个条件：

①组织因素应与组织的基本特性直接相关；

②所选因素的变化要与所需人员的变化成比例。

企业中最常用的预测变量是销售量。销售量与员工人数之间的关系呈正相关，如图1-5所示。

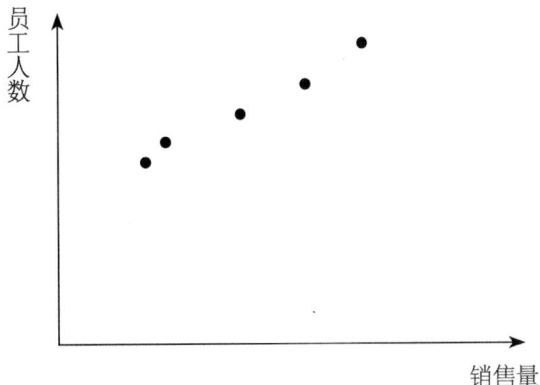

图1-5中，横轴表示销售量，纵轴表示实际需要的员工人数。当销售量增加时，员工人数也随之增加。利用这种方法，企业管理者可以估计出不同的销售量所需的员工人数。

（2）趋势分析法的工作流程

趋势分析法的工作流程如图1-6所示。

图1-5 销售量与员工人数的关系

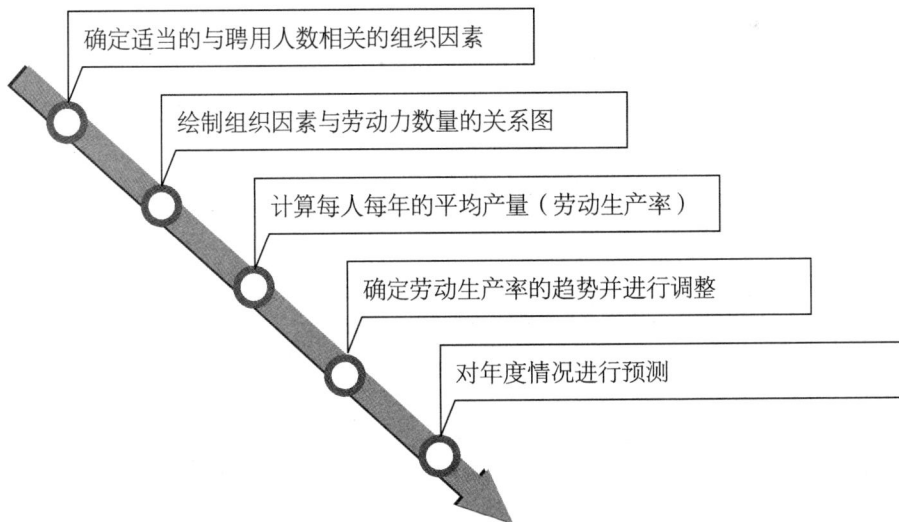

图1-6 趋势分析法的工作流程

确定适当的与聘用人数相关的组织因素

绘制组织因素与劳动力数量的关系图

计算每人每年的平均产量（劳动生产率）

确定劳动生产率的趋势并进行调整

对年度情况进行预测

（3）趋势分析法的运用

企业在运用趋势分析法进行预测时既可以完全根据经验估计，也可以利用计算机进行回归分析。

所谓回归分析，就是利用历史数据找出某一个组织因素或某几个组织因素与人力资源需求量之间的关系，并将这种关系用数学模型表示出来。借助这个数学模型，可以推测出人力资源的未来需求。但是，这个过程较为复杂，需要借助计算机进行推测。

1.8.5 现状规划法

现状规划法假设当前的职务设置和人员配置是相互匹配的，既没有职务空缺，也不需要扩充人员总数，企业的人员需求取决于人员退休等情况的变化。这种方法简单、易操作，适用于对短期人力资源规划的预测。

（1）现状规划法的计算方法

现状规划法的计算方法为：

$$人力资源需求＝退休人数＋辞职/辞退/重病人数$$

（2）现状规划法的步骤

现状规划法的步骤如图1-7所示。

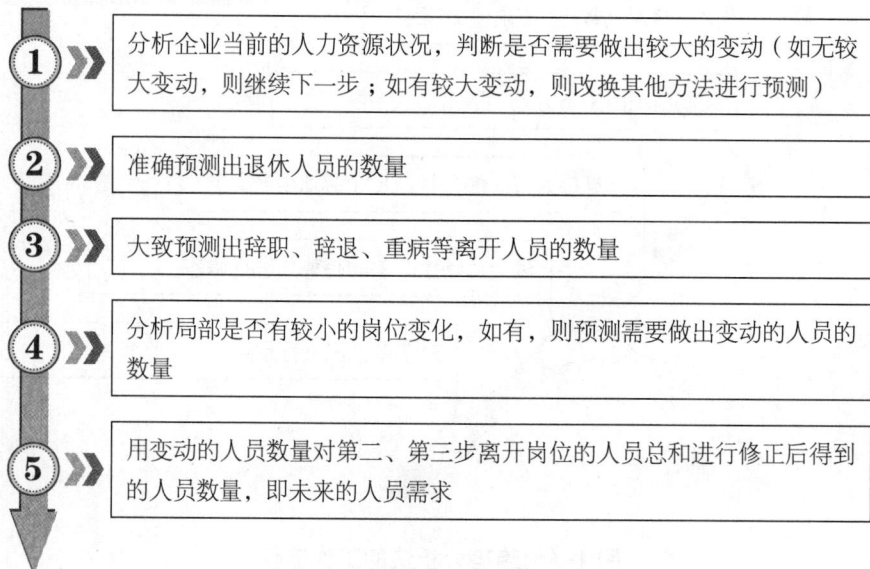

①	分析企业当前的人力资源状况，判断是否需要做出较大的变动（如无较大变动，则继续下一步；如有较大变动，则改换其他方法进行预测）
②	准确预测出退休人员的数量
③	大致预测出辞职、辞退、重病等离开人员的数量
④	分析局部是否有较小的岗位变化，如有，则预测需要做出变动的人员的数量
⑤	用变动的人员数量对第二、第三步离开岗位的人员总和进行修正后得到的人员数量，即未来的人员需求

图1-7　现状规划法的步骤

1.8.6　驱动因素预测法

驱动因素预测法是指通过分析某些与企业本质特征相关的因素对企业业务量的影响，进而分析出企业对人员的需求量。这种方法就是找出驱动因素，并根据这些因素来预测人力资源的需求。该方法适合预测企业对操作人员的需求。

（1）影响人力资源需求的驱动因素

由于企业的性质、特征各不相同，影响每家企业人力资源需求的驱动因素也会有所不同。例如，制造型企业的人员需求与产量密切相关，服务型企业的人员需求与客户数量密切相关。所以，影响人员需求的因素可以是客户量、产量、改进技术、新增资本等。具体哪些因素是主要的驱动因素，则视企业的具体情况而定。

（2）驱动因素预测法的步骤

①寻找驱动因素。影响人力资源需求的驱动因素有很多，但 HR 从业人员不必考虑所有因素，只要找出最主要的几种驱动因素即可。一般情况下，企业可从以下几个角度来寻找驱动因素：产量方面的变化、提供服务的变化、客户关系方面的变化、新资本投资。

②分析驱动因素与人力资源需求之间的关系。通常情况下，驱动因素与人力资源需求之间并没有必然的联系，但是可以根据历史数据设计模型，从而找出它们之间某些较合理的联系。但是，并购、企业扩张、组织结构变动、使用新设备等这些直接影响人员需求的因素并没有历史数据。在确定它们与人员需求之间的联系时，只能以类似的企业作为参照或采用某种粗略的计算方法。

③预测驱动因素的变动。驱动因素本身会发生变化，这些变化会引起人员需求的变动。所以，要预测人员需求，就要先预测驱动因素的变动。驱动因素的变动比较容易预测。例如，企业计划以 $X\%$ 的速度增长，就需要产量增长 $X\%$，这个驱动因素的变动可以很快地从企业计划中得出，甚至有时驱动因素的变动就是企业计划的内容。

④根据驱动因素的影响预测人力资源的需求。这是指直接运用驱动因素的变化来预测人力资源的需求，并且形成书面文字。

1.8.7　管理人员接替法

管理人员接替法是指对现有管理人员的状况进行调查、评价后，列出未来可能的管理者人选，其又被称为管理者继承计划。该方法是把人力资源规划和企业战略结合起来的一种较有效的方法，适用于对管理人员供给的预测。

（1）管理人员接替法主要涉及的内容

管理人员接替法主要涉及的内容是对主要管理者的总体评价，具体内容包括以下方面：

①主要管理者的现有绩效、潜力及发展计划；

②所有接替人员的现有绩效和潜力；

③其他关键职位现任人员的绩效、潜力，以及有关领导对他们的评定意见。

（2）管理人员接替法的运用步骤

管理人员接替法的运用步骤如下：

①确定人力资源规划的范围，即确定需要制订接替计划的管理职位；

②从所有可能的接替人选中确定每个管理职位的接替人选；

③评价接替人选，主要是判断其目前的工作情况是否达到晋升要求，可以根据评价结果将接替人选划分成不同等级；

④确定接替人选的职业发展需要，将个人的职业目标与组织目标结合起来，实现人力资源的供给与接替。

（3）管理人员接替法的运用示例

①总经理接班人计划，如图1-8所示。

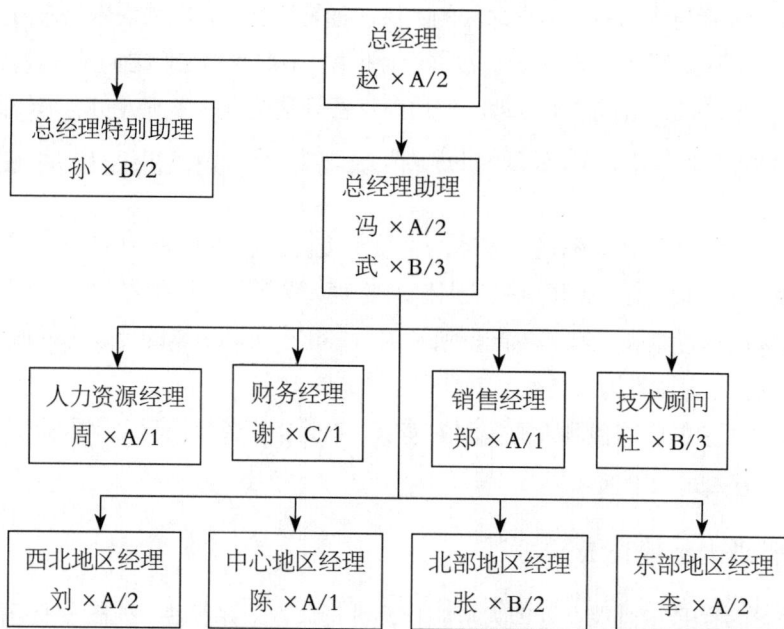

说明：A. 目前可能提升　　B. 有潜力进一步发展　　C. 并没有固定的职位

1. 最优业绩　　2. 平均业绩之上　　3. 认可的业绩　　4. 糟糕的业绩

图1-8　总经理接班人计划

②管理人员接替统计表如表 1-6 所示。

表 1-6　管理人员接替统计表

序号	管理人员	2020 年		2021 年预测						接替方式	
		现有人数	年末人数	定员标准	流出人员	退休人员	增补计划	后备人才	提升受阻	外部招聘	内部升任
1	高层管理	4	5	6	0	0	+1	−	−	−	1
2	中层管理	19	16	20	−1	−2	+7	4	3	−	7
3	直接主管	47	29	35	−1	0	+7	23	16	−	7
4	一般管理	135	118	130	−2	−2	+16	8	1	15	1
	合计	205	168	191	−4	−4	31	35	20	15	16

1.8.8　马尔可夫模型

马尔可夫模型是用来预测等时间间隔点上（一般为一年）各类人员分布状况的一种动态预测技术。该模型最早在荷兰军队里使用过，之后扩展到企业。马尔可夫模型可以和任何预测人力资源需求的方法一起运用，它适用于对人力资源供给的预测，企业可根据供求状况及时制定人力资源规划方案。

（1）模型要求

在指定的时间里，各类人员有规律地从低一级的职务向高一级的职务转移。转移率是一个固定的比例，还可根据组织职位转移变化的历史推算出来。

（2）基本思想

马尔可夫模型的基本思路是根据过去人力资源流动的比例，预测未来人力资源供给的情况。

（3）马尔可夫模型的制作步骤

①根据历史数据推算出各类人员的转移率，制作转移矩阵；

②统计初始时刻点的各类人员的分布情况；

③建立马尔可夫模型，预测各类人员的供给情况。

以下为某企业人力资源部建立的马尔可夫模型。

【实例】

某企业人力资源部建立的马尔可夫模型

	人员调动的概率				
	P	M	S	J	离职
合伙人（P）	0.80				0.20
经理（M）	0.10	0.70			0.20
高级会计师（S）		0.05	0.80	0.05	0.10
会计员（J）			0.15	0.65	0.20

	初期人员数量	P	M	S	J	离职
合伙人（P）	40	32				8
经理（M）	80	8	56			16
高级会计师（S）	120		6	96	6	12
会计员（J）	160			24	104	32
预计的人员供给量		40	62	120	110	68

1.8.9 技能清单法

技能清单法是对每一位员工的技能、潜力、资格、教育水平、智力和培训进行记录的一种方法。这种方法适用于了解员工的工作能力。

（1）技能清单的内容

技能清单列出了与员工从事的职业相关的能力特征，包括接受的培训课程、以前的经验、通过的考试、持有的证书、监督判断能力，甚至包括对其实力或耐心的测试情况。员工技能清单如表1-7所示。

表1-7 员工技能清单

姓名：	职位：	部门：
出生年月：	婚姻状况：	到职日期：

（续表）

教育背景	类别	学校	毕业日期	主修科目
	大学			
	研究生			

	技能种类		所获证书	
技能				

	训练主题	训练机构	训练时间	
训练背景				

志向	是否愿意从事其他类型的工作		是	否
	是否愿意到其他部门工作		是	否
	是否愿意接受工作轮换以丰富工作经验		是	否
	你最喜欢从事哪种工作			
你认为自己需要接受何种训练	改善目前技能和绩效的训练			
	晋升所需的经验和技能训练			
你认为自己可以接受何种工作				

一般情况下，技能清单应包括以下七大类信息。

①个人数据：年龄、性别、婚姻状况。

②技能：教育经历、工作经验、培训经历。

③特殊资格：专业团体成员、特殊成就。

④薪酬和工作历史：现在和过去的薪酬水平、加薪日期、所承担的各种工作。

⑤企业数据：福利计划数据、退休信息、资历。

⑥个人能力：在心理或其他测试中的测试成绩、健康信息。

⑦个人特殊爱好：地理位置、工作类型。

技能清单的项目如表1-8所示。

表1-8　技能清单的项目

个人资料	技能／培训	在企业内的情况
·出生日期	·特殊技能	·就业的日期
·地址	·参加的研讨会	·初始工资
·身份证号码	·获得的学位	·晋升／调任
·国籍	·毕业证	·当前工资
·抚养者	·许可证	·最后一次晋升的日期
·婚姻状况	·兴趣	·晋升的可能性
·教育水平	·掌握的语言	·在企业中以前从事过的职业
·残疾状况	·专业	·最后一次奖励的日期
·爱好／兴趣	·测验成绩	·出勤记录

（2）建立技能清单的步骤

建立技能清单的步骤如下。

①利用访问、调查、团体分析等方法，找出企业需要的和员工拥有的关键能力和技术。

②建立追踪员工绩效表现的管理系统：利用检查表或特定的软件，追踪员工现有的能力及未来应具备的能力。也可以将收集到的信息告知员工，帮助他们发展。

③将技术和能力的盘点与人力资源系统相结合，列出关键能力，这样招募人员就知道在面试时需要提出的问题，培训人员也就知道要增加哪些培训课程。

④盘点员工需要具备的能力，并且定期更新，以使其符合企业发展的需求。

管理工具

【工具1-01】▶▶

人力资源规划管理办法

1. 总则

1.1 目的

为了规范公司的人力资源规划工作，应有效制订人员配置、岗位编制、薪酬分配、教育培训、人力资源投资、职业发展等方面的人力资源管理方案的全局性计划，以确保公司在需要的时间和需要的岗位获得适合的人才，并保证公司战略发展目标的实现。

1.2 适用范围

本办法适合公司高层领导、人力资源部，以及各部门主要负责人参考。

2. 规划的职责

2.1 职责分配

综合部是人力资源规划的归口管理部门，其他职能部门负责本部门的人力资源规划工作。

2.2 综合部的职责

2.2.1 负责制定、修改人力资源规划制度。

2.2.2 负责收集、确认公司人力资源规划所需的数据。

2.2.3 负责开发人力资源规划的工具和方法，并为公司各部门提供人力资源规划方面的指导。

2.2.4 年初编制《公司年度人力资源规划书》，报各部门负责人审核、总经理审批。

2.2.5 将审批通过的《公司年度人力资源规划书》作为重要机密文件存档。

2.3 各职能部门的职责

2.3.1 向人力资源规划专员提供真实详细的历史和预测数据。

2.3.2 及时配合人力资源部完成本部门人力资源需求的申报工作。

2.4 公司高层的职责

负责指导、监督人力资源规划工作。

3. 规划的原则

公司的人力资源规划工作须遵循以下四点原则。

3.1 动态原则

3.1.1 根据公司内外部环境的变化定期调整人力资源规划。

3.1.2 在具体执行中人力资源规划应具有灵活性。

3.1.3 人力资源规划措施应具有灵活性，要对规划操作进行动态监控。

3.2 适应原则

3.2.1 内外部环境的适应。人力资源规划应充分考虑公司内外部的环境因素，以及这些因素的变化趋势。

3.2.2 战略目标适应。人力资源规划要同公司的战略发展目标相适应，以确保二者能够相互协调。

3.3 保障原则

3.3.1 人力资源规划工作应能够保障公司人力资源的供应。

3.3.2 人力资源规划应能够保障公司和员工的共同发展。

3.4 系统原则

人力资源规划要反映公司人力资源的结构，使各类人才能够恰当地结合起来，做到优势互补，实现组织的系统性功能。

4. 规划的内容

4.1 总体规划

总体规划包括人力资源的总体目标和配套政策。

4.2 专项业务计划

专项业务计划包括以下几项。

4.2.1 人员配备计划。在中、长期内，不同职务、部门或工作类型的人员的分布情况。

4.2.2 人员补充计划。包括需补充人员的岗位、数量及要求等。

4.2.3 人员使用计划。包括人员的升职时间、升职政策、人员情况、轮换工作的岗位情况、轮换时间。

4.2.4 培训开发计划。包括培训对象、内容、目的、时间、地点和讲师等。

4.2.5 绩效与薪酬福利计划。个人及部门的衡量方法、绩效标准、工资总额、薪酬结构、工资关系、福利以及绩效与薪酬的对应关系等。

4.2.6 职业计划。骨干人员的使用和培养方案。

4.2.7 离职计划。因各种原因离职的人员情况及其所在岗位的情况。

4.2.8 劳动关系计划。减少和预防劳动争议，改进劳动关系的目标和措施。

5. 规划的程序

公司制定人力资源规划的程序为：人力资源规划的环境分析→人力资源需求预测→人力资源供给预测→人力资源供需平衡决策→人力资源各项计划的讨论与制定→编制人力资源规划书并组织实施。

5.1 人力资源规划的环境分析

5.1.1 收集整理数据。综合部在正式制定人力资源规划前，必须向各职能部门索要各类数据（见下表）。人力资源规划专员负责从数据中提炼出所有与人力资源规划有关的数据信息，整理并编报，为有效制定人力资源规划提供基本数据。

整理数据的类别与项目

序号	数据类别	具体数据
1	需要向各部门收集的数据资料	（1）公司整体战略的规划数据 （2）公司的结构数据

（续表）

序号	数据类别	具体数据
1	需要向各部门收集的数据资料	（3）财务规划的数据 （4）市场营销的规划数据 （5）生产的规划数据 （6）新项目的规划数据 （7）各部门年度的规划数据信息
2	人力资源部需整理的相关资料	（1）人力资源政策的数据 （2）公司文化特征的数据 （3）公司行为模式的数据 （4）薪酬福利水平的数据 （5）培训开发水平的数据 （6）绩效考核的数据 （7）公司的人事信息数据 （8）人力资源部的职能开发数据

5.1.2 综合部获取以上数据后，要组织开展内部讨论，将人力资源规划分为三个层次，即环境层次、部门层次、数量层次，并为每一个层次设定一个标准，再由这些不同的标准衍生出不同的人力资源规划的活动计划。

5.1.3 综合部制订"年度人力资源规划工作进度计划"，报请各职能部门负责人、人力资源负责人、公司总经理审批后，向全体员工公布。

5.1.4 综合部根据公司经营战略计划、目标要求和"年度人力资源规划工作进度计划"下发人力资源职能水平调查表、各部门人力资源需求申请表，在限定的工作日内由各部门员工填写后收回。

5.1.5 综合部在收集所有数据后，安排专职人员对数据进行描述、统计和分析，并制作"年度人力资源规划环境分析报告"，再由审核小组完成对环境分析报告的审核工作。

公司人力资源环境分析审核小组的成员由各部门负责人、综合部人力资源环境分析专员和综合部负责人组成。

5.1.6 综合部应将审核无误的"年度人力资源规划环境分析报告"报请公司高层管理者审核，批准后方可使用。

5.1.7 在进行人力资源环境分析期间，各职能部门应根据部门的业务需要和实际情况，在人力资源规划活动中及时、全面地向综合部提出与人力资源相关的信息数据。人力资源环境分析工作人员应认真吸收和接纳各职能部门传递的环境信息。

5.2 人力资源需求预测

5.2.1 "年度人力资源规划环境分析报告"经公司高层管理者批准后，由综合部人力资源规划专员根据公司对人力资源的需求，结合公司的战略发展方向、年度计划和各部门经营计划，运用各种预测工具，对公司人力资源的需求情况进行科学的预测和分析。

5.2.2 人力资源需求预测常用的方法包括管理人员判断法、经验预测法、德尔菲法和趋势分析法。

5.2.3 人力资源需求预测的步骤如下图所示。

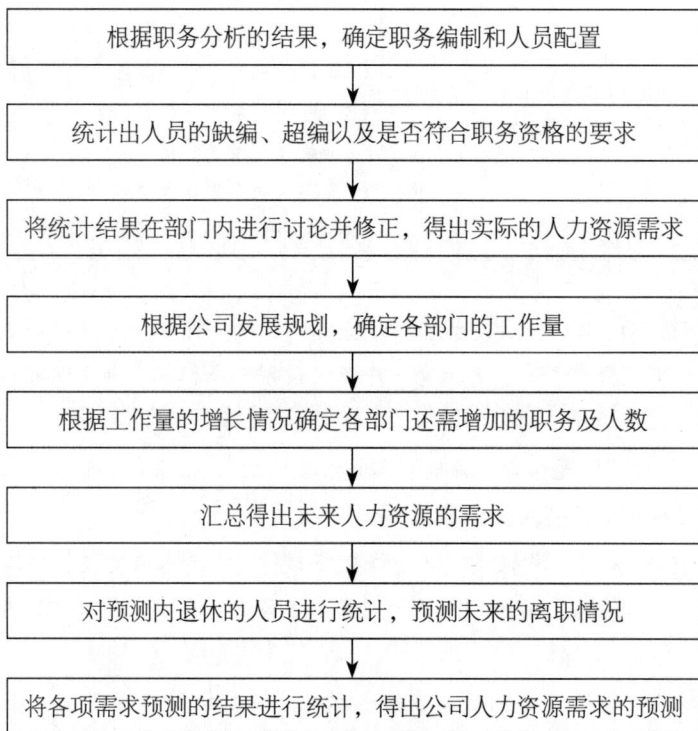

根据职务分析的结果，确定职务编制和人员配置

↓

统计出人员的缺编、超编以及是否符合职务资格的要求

↓

将统计结果在部门内进行讨论并修正，得出实际的人力资源需求

↓

根据公司发展规划，确定各部门的工作量

↓

根据工作量的增长情况确定各部门还需增加的职务及人数

↓

汇总得出未来人力资源的需求

↓

对预测内退休的人员进行统计，预测未来的离职情况

↓

将各项需求预测的结果进行统计，得出公司人力资源需求的预测

人力资源需求预测的步骤

5.2.4 综合部人力资源规划专员对公司人力资源情况进行趋势预测的统计分析后，制作"年度人力资源需求趋势预测报告"，然后报请公司领导审核、批准。

5.3 人力资源供给预测

5.3.1 人力资源供给预测包括内部人员拥有量预测和外部供给量预测。内部人员拥有量预测，即根据现在的人力资源状况及未来可能发生的变动情况，预测出规划期内各时间点上的人员拥有量。外部供给量预测，即确定在规划期内各时间点上可以从企业外部获得的各类人员的数量。由于外部人力资源的供给存在较高的不确定性，因此对外部供给量的预测应侧重于关键人员，如各类高级人员、技术骨干人员等。

5.3.2 人力资源供给预测的步骤如下图所示。

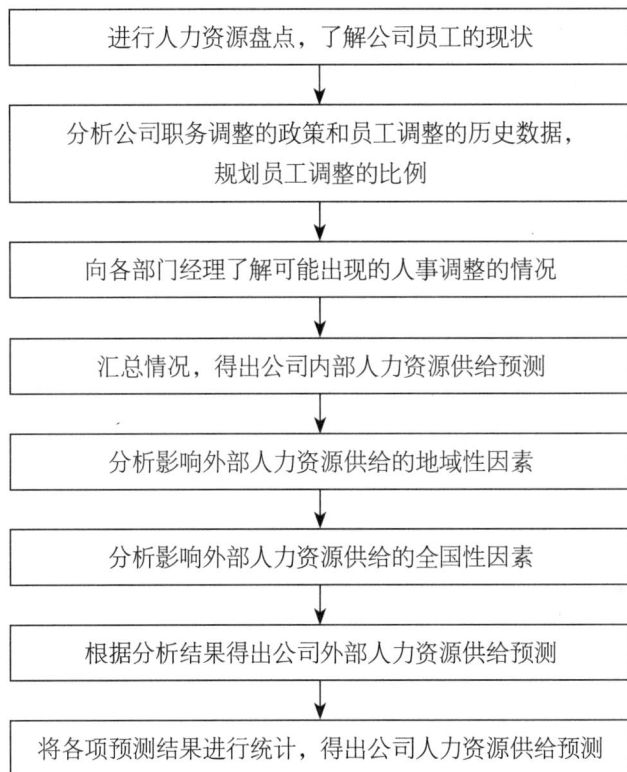

```
┌─────────────────────────────────────────────┐
│      进行人力资源盘点，了解公司员工的现状      │
└─────────────────────────────────────────────┘
                     │
┌─────────────────────────────────────────────┐
│    分析公司职务调整的政策和员工调整的历史数据，  │
│            规划员工调整的比例                  │
└─────────────────────────────────────────────┘
                     │
┌─────────────────────────────────────────────┐
│      向各部门经理了解可能出现的人事调整的情况    │
└─────────────────────────────────────────────┘
                     │
┌─────────────────────────────────────────────┐
│       汇总情况，得出公司内部人力资源供给预测     │
└─────────────────────────────────────────────┘
                     │
┌─────────────────────────────────────────────┐
│       分析影响外部人力资源供给的地域性因素       │
└─────────────────────────────────────────────┘
                     │
┌─────────────────────────────────────────────┐
│       分析影响外部人力资源供给的全国性因素       │
└─────────────────────────────────────────────┘
                     │
┌─────────────────────────────────────────────┐
│      根据分析结果得出公司外部人力资源供给预测    │
└─────────────────────────────────────────────┘
                     │
┌─────────────────────────────────────────────┐
│   将各项预测结果进行统计，得出公司人力资源供给预测 │
└─────────────────────────────────────────────┘
```

人力资源供给预测的步骤

5.3.3 综合部的人力资源规划专员对公司的人力资源情况进行趋势预测，分析之后制作"年度人力资源供给趋势预测报告"，并上报公司领导审核、批准。

5.4 人力资源供需平衡决策

"年度人力资源供给趋势预测报告"和"人力资源规划供给趋势报告"经综合部负责人审核批准之后，由公司综合部组建"人力资源规划供需平衡决策工作组"。

5.4.1 人力资源规划供需平衡决策工作组的成员由公司高层、各职能部门负责人和人力资源部的相关人员组成。

5.4.2 人力资源规划供需平衡决策工作组的会议包括人力资源规划环境分析会、人力资源规划供需预测报告会和人力资源规划供需决策会。

5.5 人力资源各项计划的讨论与制定

5.5.1 公司人力资源规划供需平衡决策工作组确定工作日程后，综合部要指定专人完成对会议决策信息的整理工作，并制订"年度人力资源规划书制定时间安排计划"。

5.5.2 综合部召开制定人力资源规划的专项工作会议。

5.6 编制人力资源规划书并组织实施

5.6.1 综合部指派专人汇总人力资源规划的具体项目计划，编写"年度人力资源规划书"并交人力资源部全体员工进行核对，报经公司各职能部门负责人进行审议评定，交由公司综合部负责人审核通过，最后报请公司总经理批准。

5.6.2 人力资源部组织实施内部员工沟通活动，保证全体员工知晓人力资源规划书的内容，以确保人力资源规划的顺利实施。

5.6.3 人力资源部负责将"公司年度人力资源规划书"作为重要机密文档存档，将"年度人力资源规划书"的管理纳入与公司相关的商业机密和经营管理重要文件的管理制度。

6. 人力资源规划的工作评估

6.1 评估标准

人力资源规划的工作评估可从以下三个方面着手。

6.1.1 管理层在人力资源费用变得难以控制之前，应采取措施防止各种失衡，并由此降低劳动力成本。

6.1.2 公司要有充裕的时间来发现人才。一项完善的人力资源规划，是在公司实际聘用员工前已经确定了各种人员需求的。

6.1.3 管理层的培训工作应得到更好的规划。

6.2 评估方法

6.2.1 目标对照审核法就是以原定的目标为标准进行逐项的审核和评估。

6.2.2 资料分析法就是广泛收集并分析相关数据，如专业人员、管理人员、行政人员、招商人员的比例关系，或在某一时期内各种人员的变动情况，如员工的旷工、离职、迟到，员工的薪酬与福利、工伤与抱怨等方面的情况等。

【工具1-02】▶▶▶ ---

人力资源净需求评估表

	人员状况	第一年	第二年	第三年	......
需求	1. 年初人力资源的需求量				
	2. 预测年内需求的增加				
	3. 年末总需求				
	4. 年初拥有的员工人数				
	5. 招聘人数				
	6. 人员损耗				
	其中：退休				
	调出或升迁				
	辞职				
	辞退或其他				
	7. 年底拥有的员工人数				
净需求	8. 不足或有余				
	9. 新进人员损耗总计				
	10. 该年人力资源净需求				

【工具1-03】▶▶▶ ---

按类别的人力资源净需求

人员类别（按职务分）	现有人员	计划人员	余缺	预期人员的损失							本期人力资源净需求
				调职	升迁	辞职	退休	辞退	其他	合计	
高层管理者											
中层管理者											
部门主管											
一般员工											
......											
合计											

【工具1-04】▶▶▶

管理人员需求预测表

主要工作种类	当前人力	预计增加人力	每个工作种类预期人员流失				总需求
			晋升	辞职	辞退	流失率	
高层管理人员							
中层管理人员							
基层管理人员							
合计							

【工具1-05】▶▶▶

人力资源规划表

	序号	第一年	第二年	第三年	……	备注
1	××机械行业增长预测					
2	公司年业务收入					
3	公司利润率预测					
4	员工总人数计划					
5	各职位人数计划 高层领导 部门经理 部门主管 员工					
6	各部门人数计划 总经理办公室 行政办公室 信息资源部 计划财务部 人力资源部 预算合同部 材料设备部					

序号		第一年	第二年	第三年	……	备注
6	开发部 工程管理部 资金管理中心 上市办公室 其他					

【工具1-06】▶▶▶

现实人力资源需求预测表

_____年__月__日

部门	目前编制	人员配置情况			人员需求
		超编	缺编	不符合岗位要求	
合计					

【工具1-07】▶▶▶

未来人力资源需求预测表

_____年__月__日

预测内容 ＼ 预测期	第一年	第二年	第三年	第四年	第五年
增加的岗位及人数					
备注					

【工具1-08】▶▶▶ ···

未来人力资源流失预测表

_____年__月__日

预测期 预测内容	第一年	第二年	第三年	第四年	第五年
退休人员					
离职人员					
其他					
岗位及人数					
备注					

【工具1-09】▶▶▶ ···

整体人力资源需求预测表

_____年__月__日

		当前年	第一年	第二年	······
××部门		现实人数：	期初人数：	期初人数：	
		现实需求：	需增加岗位和人数：	需增加岗位和人数：	
			流失人数预测：	流失人数预测：	
		总需求：	总需求：	总需求：	
××部门		现实人数：	期初人数：	期初人数：	
		现实需求：	需增加岗位和人数：	需增加岗位和人数：	
			流失人数预测：	流失人数预测：	
		总需求：	总需求：	总需求：	
······		现实人数：	期初人数：	期初人数：	
		现实需求：	需增加岗位和人数：	需增加岗位和人数：	
			流失人数预测：	流失人数预测：	
		总需求：	总需求：	总需求：	

（续表）

	当前年	第一年	第二年	……
总计	现实人数：	期初人数：	期初人数：	
	现实需求：	需增加岗位和人数：	需增加岗位和人数：	
		流失人数预测：	流失人数预测：	
	总需求：	总需求：	总需求：	

> 第二章

组织架构与职能规划

　　组织架构是企业流程运转、部门设置及职能规划等管理内容的结构依据。组织架构设计与规划在组织管理和人力资源管理中占据重要地位，被称为人力资源管理体系的基石，为其他人力资源管理活动提供基础和支持。

学习目标

1. 了解组织架构的基本形式、组织设计的原则，掌握组织架构设计的方法、组织设计的过程。

2. 了解岗位与岗位分析的定义、岗位分析的要素，掌握岗位分析的步骤及岗位分析的固化——岗位说明书的操作要领、方法和细节。

组织架构与职能规划学习指引

序号	培训内容	时间安排	期望目标	未达目标的改善措施
1	组织架构设计			
2	岗位分析及岗位说明书			

2.1 组织架构设计

2.1.1 组织架构的基本形式

（1）直线—职能型组织架构

①直线制组织架构（Line Structure）是最简单、最早出现的集权式组织架构，也称军队式架构。其基本特点是，组织中的各职位按垂直系统直线排列，不设单独的职能机构，如图2-1所示。

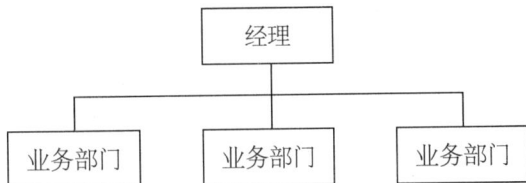

图 2-1 直线制组织架构

这种架构的优点是：机构简单，信息传递速度快，决策快速，费用低，效率高。这种架构要求领导者通晓各种业务。因此，这种组织架构的形式只适用于规模较小、生产技术较单一的企业。

②职能制组织架构（Functional Structure）也称U型组织。该架构形式是在直线制形式的基础上，为各职能领导者设置相应的职能机构和人员。在职能制这一组织架构下，下级行政负责人除接受上级行政主管的指令外，还要接受上级职能机构部门的监督和领导。该架构形式具有分权制管理的特点，如图2-2所示。

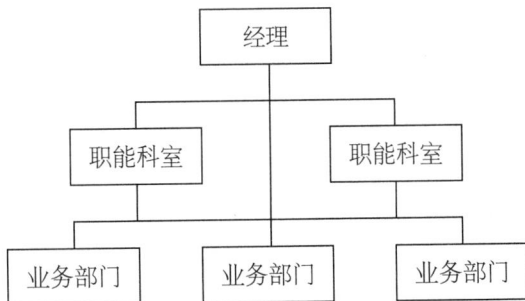

图 2-2 职能制组织架构

职能制是在直线制形式的基础上，为各职能领导者设置相应的职能机构和人员。其优点是可以将企业管理工作按职能进行分工，满足现代企业生产技术复杂、管理工作分工较细的特点，可提高管理的专业化程度。但是，这种架构易形成多头领导，会妨碍生产行政的统一指挥，不利于建立健全责任制。因此，这种组织形式在现代企业中很少采用。

③直线职能制组织架构（Functional Structure）也称直线参谋制或生产区域制架构。该组织形式综合了上述两种组织形式的优点。一方面，保持了直线制领导、统一指挥的优点；另一方面，吸收了职能管理专业化的长处，实行的是经理统一指挥、职能部门参谋和指导相结合的组织架构形式，如图2-3所示。

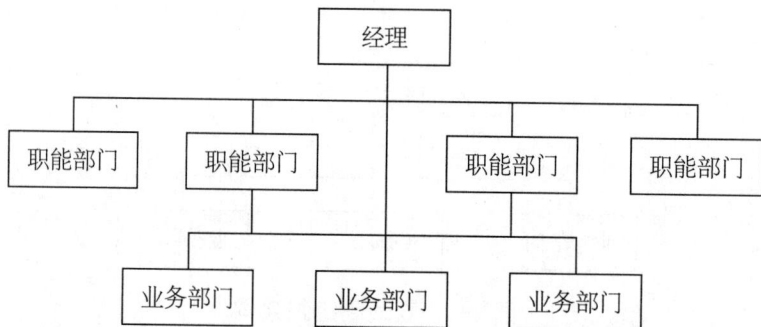

图2-3 直线职能制组织架构

这种组织形式也存在着明显的不足：权力集中在最高管理层，职能部门缺乏自主权；各职能部门的横向协调性较差；企业的信息传递路线过长，容易造成信息丢失或失真，环境适应能力差。

（2）事业部制组织架构

事业部制组织架构（Divisional Structure）也称M型架构，遵循了"集中决策、分散经营"这一原则，将企业划分为若干个事业群，在每个事业群都建立了独立的经营管理机构与队伍，实行独立核算、自负盈亏。目前，大部分企业、集团，尤其是跨国公司，均采用了事业部制组织架构。其组织架构是业务导向型的，从权力架构上来说是分权制，基本单位是半自主的利润中心，每个利润中心内部通常按职能式组织架构进行设计。在利润中心之上，由总部负责投资并对利润中心进行监督。总部的职能相对萎缩，一般情况下，总部仅设有人力资源、财务等几个职能部门，如图2-4所示。

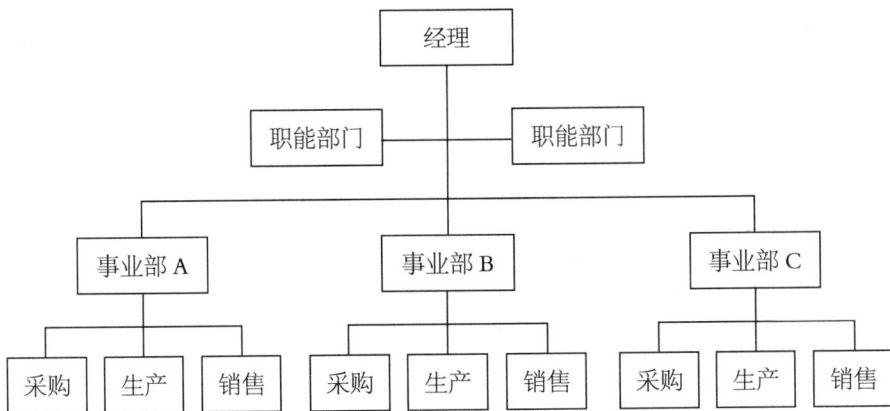

图 2-4　事业部制组织架构

事业部制组织架构具有如下特点。首先，专业化分工。按照企业的产出将业务活动组合起来，成立专门的生产经营部门。其次，生产规模较大，生产经营业务具有多样性的特点。钱德勒指出，它"将许多单位置于其控制之下，经营于不同的地点，进行不同类型的经济活动，处理不同类型的产品和服务。"再次，管理权和经营权的分离。在产权安排上实行所有权、经营权的相互分离；在内部分工与协作中，实行事业部制，这是大型企业普遍采用的组织架构形式。最后，层级制管理。事业部制增加了分权的色彩，但在事业部内仍采用直线职能制架构。从总体上看，它仍属于等级制组织，管理层级制仍然是存在于现代企业中的一个典型特征。

（3）矩阵制组织架构

矩阵制组织架构（Matrix Structure）也称规划目标组织架构。在矩阵形式中，有两条权力线：一条是来自各职能经理的垂直权力线，另一条是来自工程权力部门的水平权力线。

同时，矩阵制组织架构也有两套系统：一套是纵向的职能系统，另一套是为完成某一任务而组成的横向项目系统。这一架构的存在，改变了传统、单一的直线垂直领导系统，使一位员工能同时受两位主管人员的管理，呈现交叉的领导和协作关系，从而使企业内的营销职能与设计、生产职能可以更好地结合，如图 2-5 所示。

矩阵制组织架构兼有职能制和事业部制这两种结构的优点，既能充分利用职能部门内的专业技术知识，又能促进职能部门间的横向协作。然而，矩阵制组织与职能制组织在组织原则上又大不相同：职能制严格遵循统一指挥的原则，矩阵制则从结构上形成了双头指挥的格局。矩阵制组织架构使企业能够迅速地对外界环境的变化做出反应，以满足市场的多样化需求，适用于因技术发展迅速而产品品种较多、管理活动复杂的企业，如航天业、军工业、科研机构等。

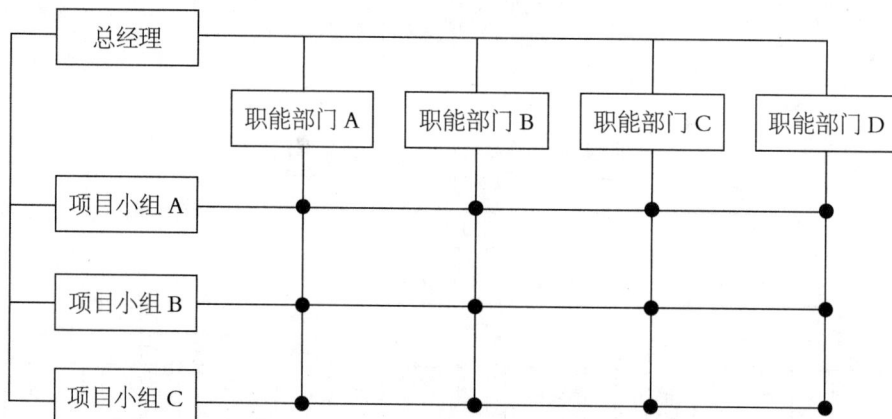

图 2-5　矩阵制组织架构

（4）立体多维型组织架构

立体多维型组织架构（Solid-multidimensional Structure）是职能制组织架构、矩阵制组织架构和事业部制组织架构经过综合发展而来的，是为适应新形势的发展需要而产生的组织架构形式。立体多维型组织架构是指一个企业的组织架构包括三类以上的管理机构，如图 2-6 所示。主要包括以下几种。

①按产品或服务项目划分的事业部，即产品利润中心。

②按职能划分的参谋机构，即专业成本中心。

③按地区划分的管理机构，即地区利润中心。

这样，企业内部一名员工可能同时受到来自三个不同方面的部门或组织的领导。

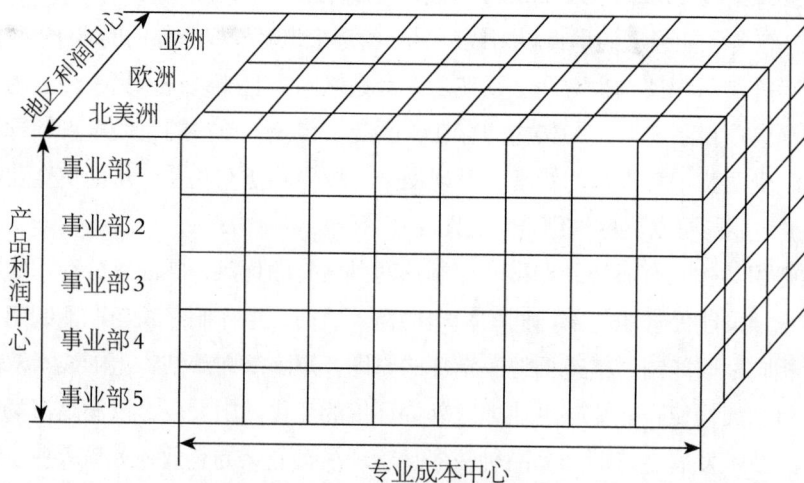

图 2-6　立体多维型组织架构

（5）流程型组织架构

流程型组织架构是为提高企业对顾客需求的反应速度和效率、降低产品或服务的供应成本而建立起来的，以业务流程为中心的组织架构。流程型组织架构是以系统、整合理论为指导，以"业务流程为主、职能服务为辅"的原则设计的。

流程型组织架构由于企业内外部环境的不同而有所不同，但内涵是一致的。佩帕德和罗兰认为，几乎所有的企业都架构在人员、流程和技术这三个主要基座上。因此，基于流程的组织架构也要具备以下三方面内容。

第一，组织以流程维度为主干，每个流程由若干团队和子流程组成。

第二，设计必要的职能服务中心，以保障业务流程和流程团队的有效运行。

第三，业务流程之间、团队之间，以及它们与职能中心之间的协同和整合工作需要信息技术的支持，如图2-7所示。

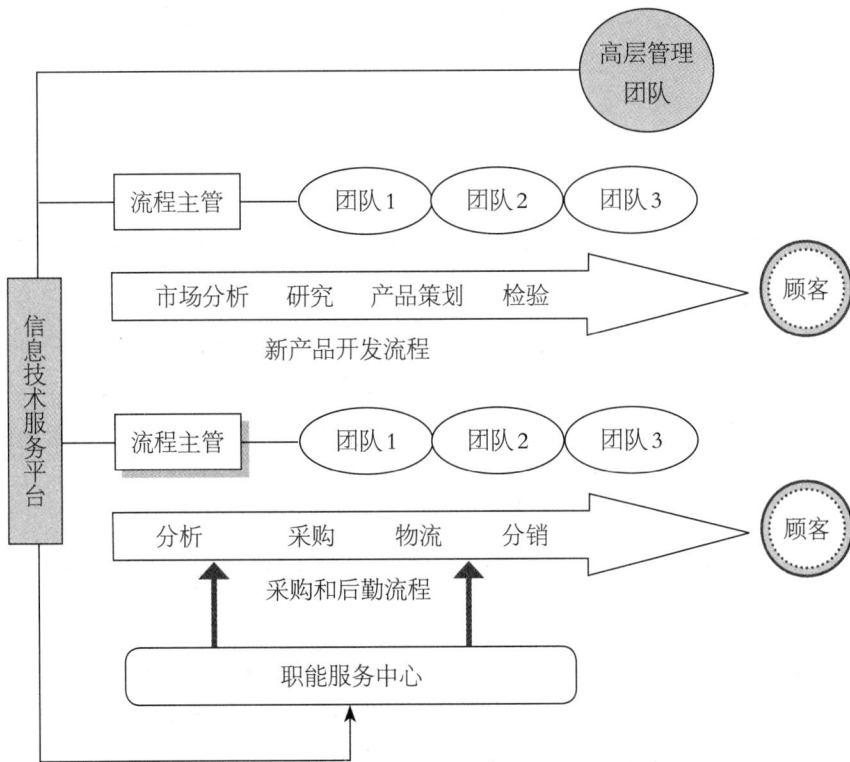

图 2-7　流程型组织架构

2.1.2 组织设计的原则

（1）目标原则

目标原则是指组织设计的目标是选择组织的存在方式，无论是组织局部的具体设计，还是组织整体框架的设计，都必须紧密围绕组织的生存和发展来进行。

（2）功能块整合原则

功能块整合原则是指组织设计要将功能块整合成有利于目标实现的有序结构。

它有以下两层意思。

①组织设计要分析、选择和确定功能块。设计者要认识到，组织的功能块不是可以任意选择的，它是由技术、环境、资源和员工等因素决定的。虽然组织的功能块不是唯一的，但它有一个可选择的范围。组织设计的一部分任务就是分析、选择和确定功能块。

②组织设计要把功能块整合成有利于目标实现的有序结构。组织设计就是功能的整合，例如，管理层次应该是多少层？管理跨度要有多大？如何进行分工与协调？如何进行授权？这些都要根据功能块整合的要求来决定。

（3）自由度原则

自由度原则是指组织设计要使组织成员的功能具有最大的自由度。

功能发挥是一个问题的两个方面：功能整合能使功能发挥趋向目标，而只有功能得到最大发挥，才能使组织目标得到尽快实现；功能整合是规范，功能发挥是活动，规范性的活动可以使组织达成目标。

按自由度的原则和要求，组织设计要为组织成员的能力发挥提供尽可能大的自由空间。

在管理实践中，有句话叫"一管就死，一放就乱"。这句话的上半句是指功能整合过度，后半句是指自由度过大。在组织设计中，要想避免出现这两种情况，就要在有效整合的前提下，使组织成员功能的自由度得到最大化地发挥。

（4）自然界面原则

自然界面原则是指组织设计要尽可能地将组织的规范和约束设置在功能块的自然界面之上。

任何功能块在发挥功能时都有一个活动空间，它是由各种复杂因素决定的。由于任意两个功能块间总有差别，因此它们的活动空间不可能完全重合，但可能有部分重合。两个功能块活动空间的接近和交叉地带就是其自然界面。例如，财务系统与销售系统的活动空间不一样，但在成本、存货、利润核算等方面存在交叉，这些就是财务、销售系统间的自然界面。

自然界面原则要求把功能整合所需的规范和约束设置在自然界面之上。这样设置有三个好处：一是有效地实现了功能整合；二是为功能块发挥功能提供了较大的自由度；三是由此设置的规范和约束所受到的冲击较小，因而能够较稳定地运作。

（5）封闭原则

封闭原则是指组织设计要使功能块间形成有联系的封闭回路。

要使组织正常、稳定地运行，各部门间的封闭是一个非常重要的问题。一个组织体系不仅要与外部保持必要的联系——输入与输出形成封闭的回路，组织体系内部也要形成一个封闭的回路。只有构成封闭回路的关系，才能形成相互制约、相互作用的运动，以保证各分支机构按照组织的要求进行运转，从而达到有效管理的目的。

例如，组织应包括决策机构、执行机构、反馈机构、监督机构等，方能形成封闭回路。

2.1.3　组织架构设计的方法

（1）职能设计的方法

职能设计就是根据组织目标确定组织应该具备的基本职能和结构，包括对企业的管理职能和经营职能的设计，如对企业的产品开发、质量管理、经营决策、市场研究、营销管理和人力资源管理等职能的设计。

职能设计是在职能分析的基础上进行的，包括基本职能设计和关键职能设计，具体如图2-8所示。

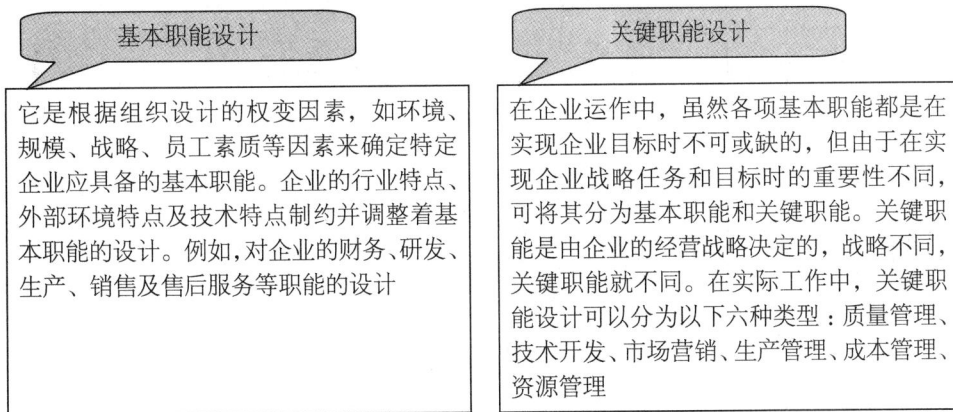

基本职能设计	关键职能设计
它是根据组织设计的权变因素，如环境、规模、战略、员工素质等因素来确定特定企业应具备的基本职能。企业的行业特点、外部环境特点及技术特点制约并调整着基本职能的设计。例如，对企业的财务、研发、生产、销售及售后服务等职能的设计	在企业运作中，虽然各项基本职能都是在实现企业目标时不可或缺的，但由于在实现企业战略任务和目标时的重要性不同，可将其分为基本职能和关键职能。关键职能是由企业的经营战略决定的，战略不同，关键职能就不同。在实际工作中，关键职能设计可以分为以下六种类型：质量管理、技术开发、市场营销、生产管理、成本管理、资源管理

图 2-8　职能设计的内容

（2）部门设计的方法

部门设计通常采用以下方法，如图2-9所示。

①	按人数划分	按人数划分就是按照组织中人数的多少来划分部门,即抽取一定数量的人在主管人员的指挥下去执行任务。这是较原始、简单的划分方法,军队中某一兵种的师、旅、团、营、连、排、班就是按这种方法进行划分的
②	按时序划分	按时序划分是在正常的工作日中,当不能满足工作需要时所采用的部门划分方法。通常实行"三班制",它适用于公安局、医院、消防部门、电信部门等组织的基层单位
③	按产品划分	按产品划分就是按组织向社会提供的产品和服务的不同来划分。这种划分方法有利于发挥专用设备的效益,发挥个人的技能和专业知识,并有利于部门内部的协调。但是,它要求更多的人具备全面管理的能力,各产品部门的独立性较强、整体性较差,增加了主管部门协调和控制的困难
④	按地区划分	按地区划分就是按照企业活动分布的地区来划分部门。这种划分方式能够调动地方、区域的积极性,因地制宜地取得地方化经营的最佳经济效果。但是,由于地域的分散性,容易出现各自为政的局面,不利于企业总体目标的实现。这种划分方法多用于大型集团公司和跨国公司
⑤	按职能划分	按职能划分遵循专业化的原则,是以组织的经营职能为基础来划分部门。这是企业广泛采用的方式,几乎所有企业的组织架构都存在职能分工的形式。这种划分方法有利于专业化分工,但易导致"隧道视野"现象,即形成经理导向,关注部门目标。这种"部门主义"会给部门之间的协调带来很大的困难
⑥	按顾客划分	这是基于顾客需求的一种划分方法,即按服务对象的类型来划分部门。这种划分方式能够满足顾客特殊的、多样化的需求

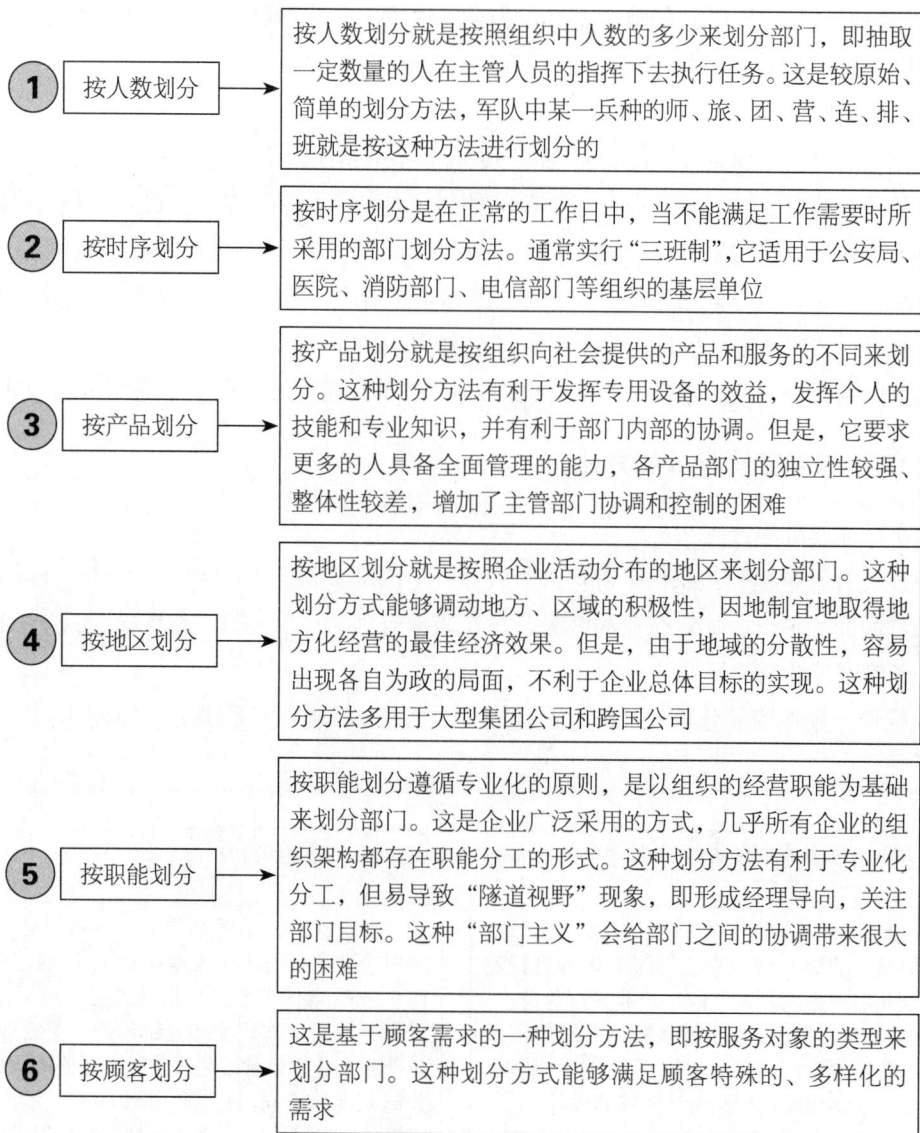

图 2-9 部门设计的方法

在实际管理活动中,部门的划分方法往往不是单一的,而是综合运用以上多种方法。

(3)职务设计的方法

职务设计又称岗位设计,是在细分工作任务的基础上,为员工分配其要完成的任务,并规定员工的责任和职责。

职务设计的方法概括起来有以下几种,如图 2-10 所示。

①	职务专业化	职务专业化就是细分工作，使其专业化，这样员工承担的工作往往是范围狭小和极其有限的。如建筑施工中的电工、木工、装修工等
②	职务轮换制	职务轮换制是指工作任务的暂时性变化。通过这一方法，可以拓宽员工的工作领域，使他们获得新的技能，为员工在企业的进一步发展奠定基础
③	职务丰富化	职务丰富化又称垂直职务承载，其具体办法为：改变领导的控制程度，提高员工的自主性和独立性；赋予员工更多的责任，使员工拥有更多的工作支配权；为员工提供培训的机会，以满足他们个人发展的需要等
④	职务扩大化	职务扩大化是指扩大工作的范围，为员工提供更多的工作种类，赋予员工更多的工作自主权，如做出决策和更多的控制权

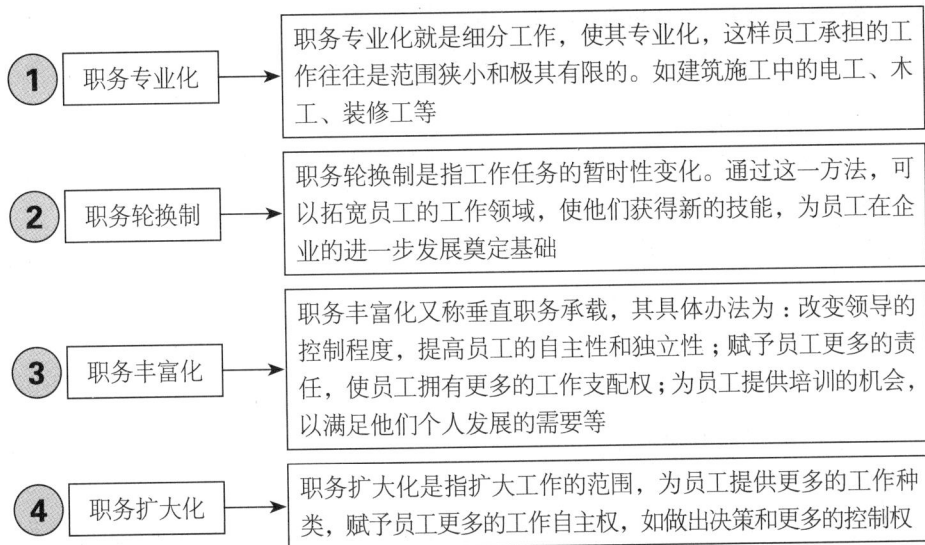

图 2-10　职务设计的方法

2.1.4　组织设计的过程

（1）调查分析组织设计的原因

在进行组织设计之前，应调查和分析问题，设计者找出重新设计的原因，常见的原因有如下几种。

①战略与组织脱节。

②组织不精简，管理层级过多。

③工作中相互推诿、扯皮，部门职责、权限不清晰。

④部门核心业务流程不明确。

⑤组织架构以职能为主导，而不是以客户服务、市场和流程为主导。

⑥对快速变化的竞争环境和发展战略没有形成强有力的支持。

⑦内部控制体系和监督检查职能不完善。

⑧管理漏洞多，资源流失。

⑨对各业务单元的管控不清、管理失控或管理过死。

（2）确定组织设计的目的

组织设计的目的有很多，针对不同的目的，设计的目标也不一样。

①为企业提供组织设计培训，提高管理人员的管理技能。

②对组织管理的现状、流程与组织的匹配等情况进行诊断分析。

③设计符合公司发展战略的组织机构、管控模式。

④提出组织架构存在的主要问题和优化方案。

⑤明确部门功能的职责与权限。

⑥帮助企业建立以客户、市场为导向的组织架构，支持公司战略的实现。

⑦部门职责、权限明确，协调工作减少。

⑧对内外部环境的变化做出及时、有效的反应。

⑨各部门协作与协同得到加强。

⑩客户能得到及时的服务。

⑪高层管理者有时间思考公司的战略与发展问题。

⑫员工能集中精力做好本职工作。

（3）明确组织设计的任务

组织设计的任务是设计出清晰的组织架构，规划和设计组织中各部门的职权与职能，确定组织中参谋职权、职能职权、直线职权的活动范围并编制职位说明书。

①设计组织架构。所谓组织架构，就是组织的框架体系，它是对完成组织目标的人员、工作、技术和信息所做的制度性安排。组织架构可以用规范性、复杂性和集权性这三种特性来描述。

②规划职能职责内容。尽管组织架构变得日益复杂、类型演化得越来越多，但任何一个组织架构都存在三个相互联系的问题：部门如何确立、职权如何划分、管理层次如何划分。组织内外部环境的变化影响这三个相互关联的问题，因此组织架构的形式始终围绕这三个问题发生变化。要进行组织架构的设计，首先要正确处理这三个问题。

③总结组织设计成果。组织架构设计的成果表现为组织架构图、职位说明书和组织手册。组织设计成果的展示模式，如图 2-11 所示。

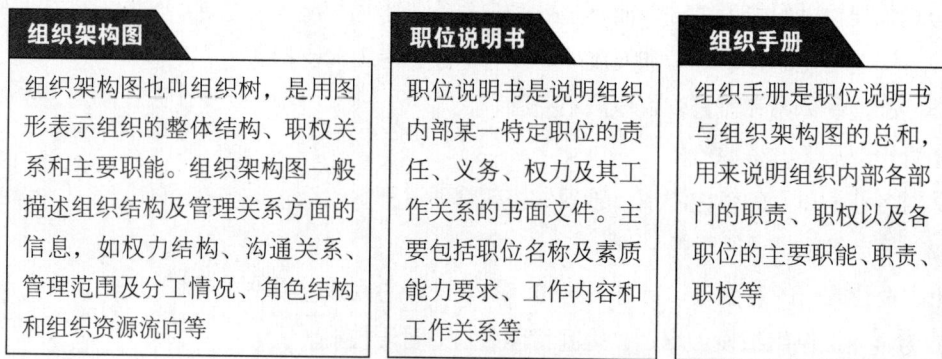

组织架构图
组织架构图也叫组织树，是用图形表示组织的整体结构、职权关系和主要职能。组织架构图一般描述组织结构及管理关系方面的信息，如权力结构、沟通关系、管理范围及分工情况、角色结构和组织资源流向等

职位说明书
职位说明书是说明组织内部某一特定职位的责任、义务、权力及其工作关系的书面文件。主要包括职位名称及素质能力要求、工作内容和工作关系等

组织手册
组织手册是职位说明书与组织架构图的总和，用来说明组织内部各部门的职责、职权以及各职位的主要职能、职责、职权等

图 2-11　组织设计成果的展示模式

（4）组织设计的实施

组织设计的实施步骤如图 2-12 所示。

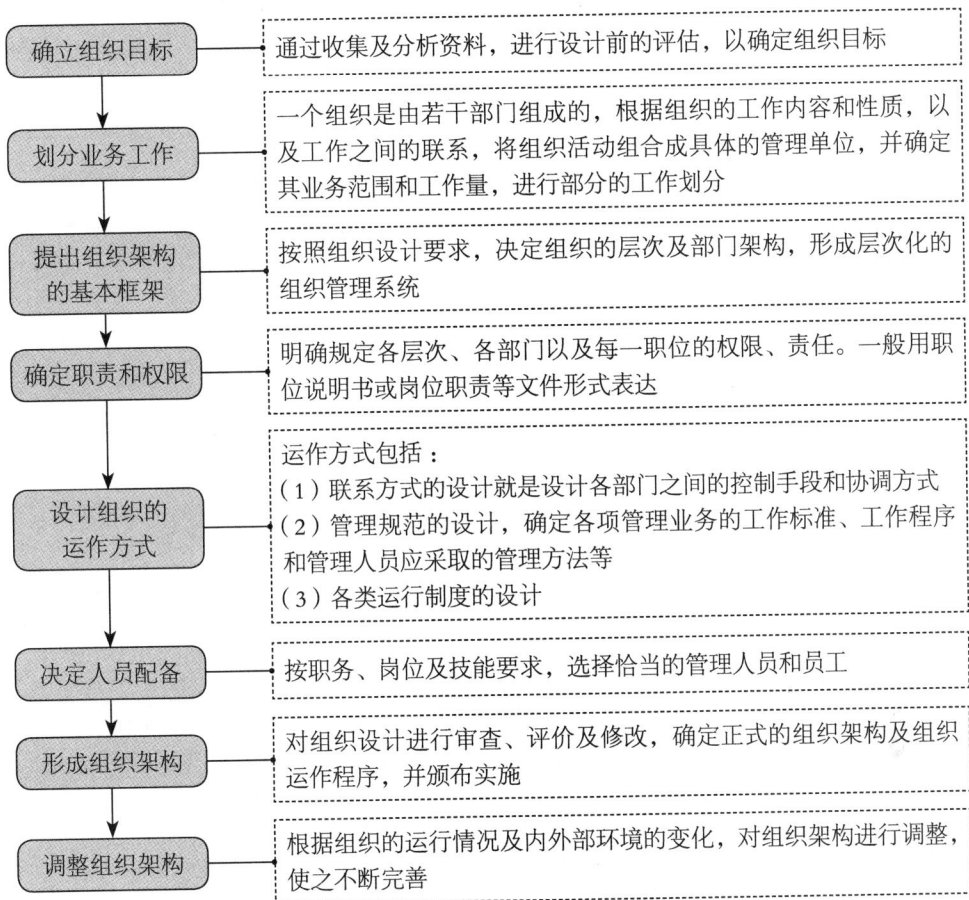

确立组织目标	→	通过收集及分析资料，进行设计前的评估，以确定组织目标
划分业务工作	→	一个组织是由若干部门组成的，根据组织的工作内容和性质，以及工作之间的联系，将组织活动组合成具体的管理单位，并确定其业务范围和工作量，进行部分的工作划分
提出组织架构的基本框架	→	按照组织设计要求，决定组织的层次及部门架构，形成层次化的组织管理系统
确定职责和权限	→	明确规定各层次、各部门以及每一职位的权限、责任。一般用职位说明书或岗位职责等文件形式表达
设计组织的运作方式	→	运作方式包括： （1）联系方式的设计就是设计各部门之间的控制手段和协调方式 （2）管理规范的设计，确定各项管理业务的工作标准、工作程序和管理人员应采取的管理方法等 （3）各类运行制度的设计
决定人员配备	→	按职务、岗位及技能要求，选择恰当的管理人员和员工
形成组织架构	→	对组织设计进行审查、评价及修改，确定正式的组织架构及组织运作程序，并颁布实施
调整组织架构	→	根据组织的运行情况及内外部环境的变化，对组织架构进行调整，使之不断完善

图 2-12　组织设计的实施步骤

2.2　岗位分析及岗位说明书

2.2.1　岗位与岗位分析

（1）什么是岗位

岗位是组织的基本单位或标准构件，基于组织而非个人。

岗位为组织的目标和价值而存在，它是个人与工作间的纽带。任职者变换，岗位的基本特征不变。岗位是动态的，它随着组织策略和结构的变化而变化。但岗位的动态性与其明确性和固定性不发生矛盾。为避免组织重叠和资源浪费，企业更需清楚界定岗位的责任。岗位属于组织，其与任职者截然不同：人的特征表现在工作风格、方法和行为等方面，而岗位的特征表现于其在组织内的目的和应负的责任方面。

（2）什么是岗位分析

岗位分析也称职位分析，它是通过系统地收集与岗位相关的信息，包括任职条件、工作职责、工作强度、工作环境及工作的其他特征，来确认岗位的整体概况，从而对其做出正确、详尽的描述。岗位分析是人力资源管理工作的基础，其分析质量对其他人力资源管理模块具有非常重要的影响。

2.2.2　岗位分析的要素

岗位分析要从以下八个要素着手，即"7W1H"，如图 2-13 所示。

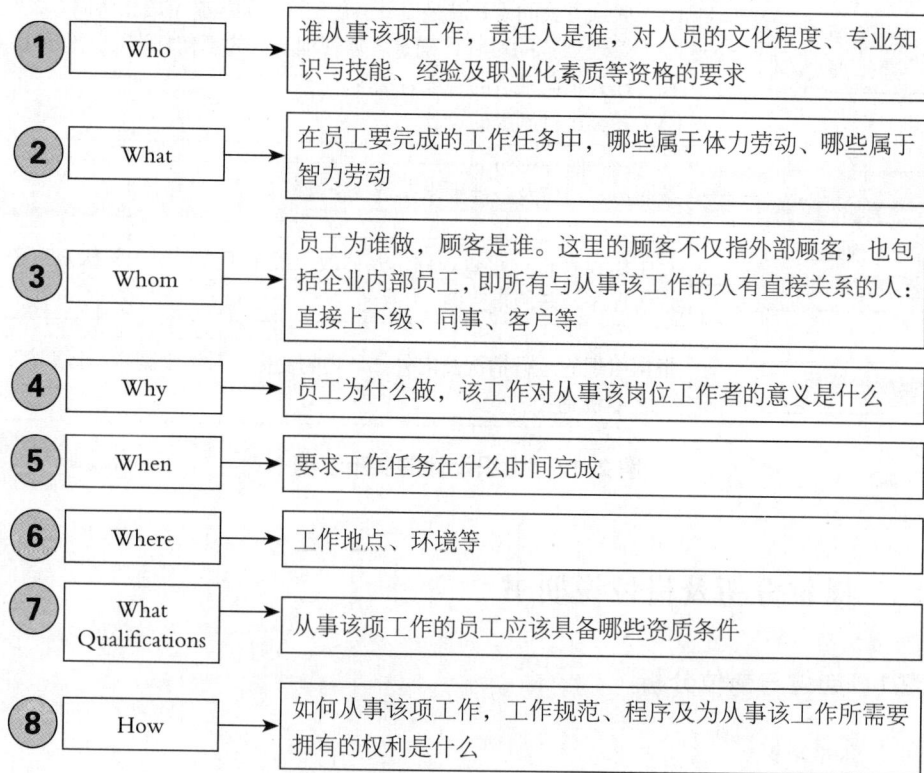

1	Who	谁从事该项工作，责任人是谁，对人员的文化程度、专业知识与技能、经验及职业化素质等资格的要求
2	What	在员工要完成的工作任务中，哪些属于体力劳动、哪些属于智力劳动
3	Whom	员工为谁做，顾客是谁。这里的顾客不仅指外部顾客，也包括企业内部员工，即所有与从事该工作的人有直接关系的人：直接上下级、同事、客户等
4	Why	员工为什么做，该工作对从事该岗位工作者的意义是什么
5	When	要求工作任务在什么时间完成
6	Where	工作地点、环境等
7	What Qualifications	从事该项工作的员工应该具备哪些资质条件
8	How	如何从事该项工作，工作规范、程序及为从事该工作所需要拥有的权利是什么

图 2-13　岗位分析的八大要素

岗位工作分析是一项复杂的系统工程，企业进行岗位工作分析时，必须统筹规划，分阶段、按步骤进行。岗位工作分析经常使用的方法有问卷调查、员工记录、总结分析、直接面谈等。有了岗位工作分析的结果后，HR 从业人员就可以着手编写岗位工作说明书了。

2.2.3　岗位分析的步骤

（1）准备工作

①建立岗位分析项目小组。指定分析人员的权限和责任，明确分析活动的方法、流程及安排，以保证分析活动顺利完成。分析人员应具有一定的经验，同时要保证他们工作的独立性。

②了解组织战略、流程。岗位分析及岗位说明书的编写源自业务流程、企业战略、组织设计及管理流程，最终把实施战略的责任分解并落实到个人。

③选择被分析的部门及岗位。为保证分析结果，应选择有代表性和典型性的部门及岗位。在收集信息之前，应向有关员工介绍岗位分析的意义、目的和过程，以及希望他们怎样配合。

④选择信息来源。信息来源包括组织设计、业务流程说明书、管理流程等书面文件，岗位任职者、管理监督者、内外部客户、岗位分析人员等的反馈，以及相关参考资料。在收集整理信息时应注意：

◆不同来源的信息差别；

◆应从不同角度收集信息，不要事先抱有偏见；

◆应结合实际情况，不可照抄照搬。

（2）岗位信息收集

岗位信息收集是岗位分析工作中最重要的一环。需要收集的信息包括岗位名称、工作内容及职责、工作环境、任职资格等。

①岗位信息应该回答下列问题。

◆岗位基本信息，如岗位名称、职衔等？

◆上下级汇报情况如何？

◆岗位存在的基本目的是什么？存在的意义是什么？

◆为达到这一目的，该岗位的主要职责是什么？

◆什么是该岗位独有的职责？

◆什么是该岗位最关键的职责及其负责的核心领域？

◆该岗位任职者需要负责并被考核的工作成果是什么？

◆该岗位的工作如何与其他工作协调？

◆组织的内部和外部需要产生哪些接触？

◆怎样把工作分配给该岗位的员工，如何检查和审批工作？

◆该岗位人员具有哪些决策权？

◆该岗位工作的其他特点，如出差、非社交时间、灵活性要求、特殊的工作环境。

◆要获得所期望的工作成果，该岗位任职人员需要有哪些行为、技能、知识和经验？

②岗位信息收集有很多方法，如图 2-14 所示。

1 资料研读法	从组织和流程入手，收集组织设计、业务及管理流程等相关资料
2 工作实践法	通过这种方法，企业可以了解工作的实际任务，以及在环境、体力、社会方面的要求。这种方法适用于短期内可以掌握的工作，但那些需要进行大量训练才能掌握的或有危险性的工作不适用此法
3 观察法	岗位分析者通过对特定对象的观察，把相关工作各部分的内容、方法、原因、目的、程序等信息记录下来，归纳整理为适合的文字资料。通过这种方法取得的信息广泛、客观，但要求观察者有较好的实操经验且需要使用结构性问题清单。该方法不适用于循环周期长的工作和以脑力为主的工作
4 问卷调查表法	根据职务分析的目的、内容等编写结构性调查问卷（如表 2-1 所示），由岗位任职者填写后回收进行整理，提取岗位信息
5 核对法	根据事先拟定的工作清单对实际工作的情况进行核对，从而获得相关工作信息
6 面谈法	通过岗位分析人员与任职人员面对面的谈话收集信息资料，包括单独面谈和团体面谈。这种方法较适用于行政管理、专业技术等难以从外部直接观察到的岗位。这种方法需要岗位分析人员掌握较好的面谈技巧。根据岗位任职者按时间顺序记录的工作内容和过程，经过归纳提炼，获得所需的工作信息

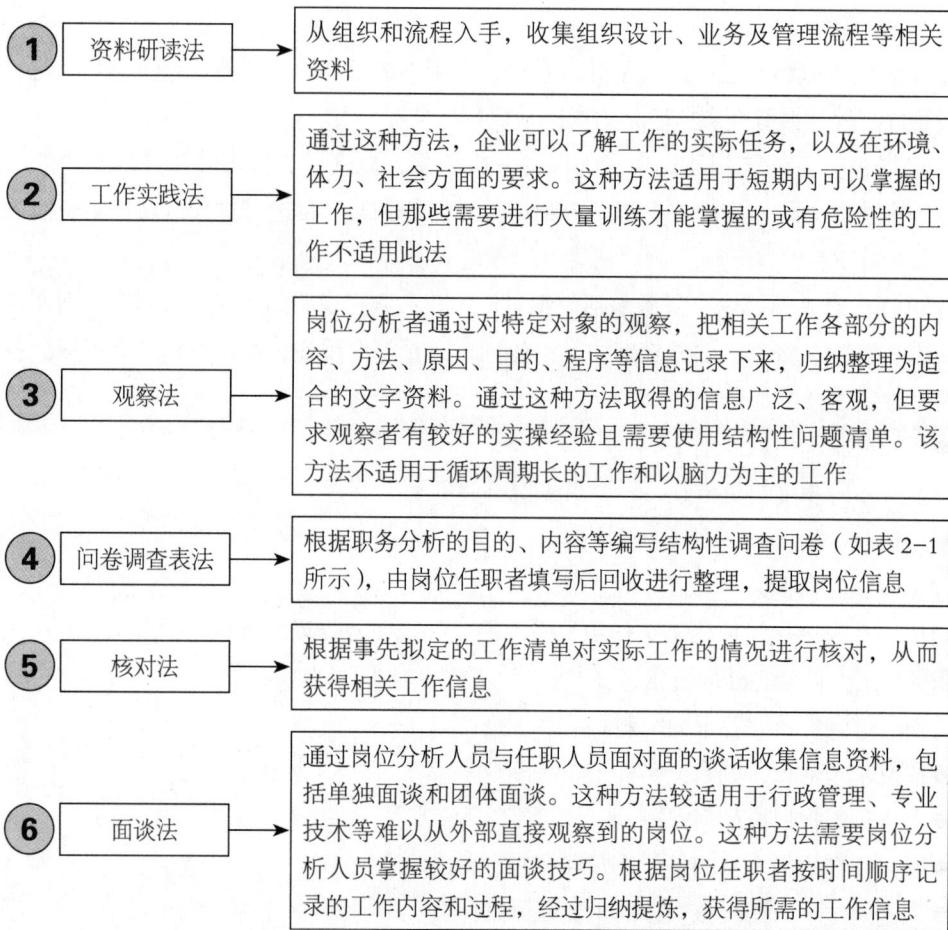

图 2-14　岗位信息收集的方法

表 2-1 岗位分析调查问卷

姓名		部门		现任岗位	
学历		所学专业		直接上级	
社会工龄		入职时间		月平均收入	

自参加工作以来从事本岗位的工作时间	
对本岗位工作内容的兴趣	无所谓□ 不好说□ 一般□ 还可以□ 很感兴趣□
你对自己工作的适应性如何	还可以□ 不好说□ 一般□ 还可以□ 很感兴趣□
工作概要（用一句话描述本岗位的工作范围和内容）	
岗位使命（用一句话表达岗位使命）	

按重要程度依次填写你工作的十大理由或目标	1.	
	2.	
	3.	
	4.	
	5.	
	6.	
	7.	
	8.	
	9.	
	10.	

	职责描述	占你全部时间的百分比	权限		
			承办	需报审	全责
工作职责	1.				
	2.				
	3.				
	4.				
	5.				
	6.				
	7.				

（续表）

失误的影响	在你的岗位工作出现失误时所产生的影响会涉及		影响程度				
			轻	较轻	一般	较重	重
	经济损失	1					
		2					
		3					
	有损公司形象	1					
		2					
		3					
	其他损害（如工期、质量安全、设备等）	1					
		2					
		3					

工作重要性		
1. 不影响他人工作 （ ）	如果出现多种情况，请按影响程度由高到低依次写在下列空白处：
2. 只影响本部门内少数人 （ ）	
3. 影响整个部门 （ ）	
4. 影响其他几个部门 （ ）	
5. 影响整个公司 （ ）	

工作创新	
1. 一切工作已有明确的规定动作，不需要进行创新和改进 （ ）
2. 需要根据现行办法，进行一般性改进 （ ）
3. 需要根据公司的经验，创立新的方法和技术 （ ）
4. 需要根据行业的先进经验，创立新的方法和技术 （ ）
5. 没有可借鉴的经验，需要进行革新性的新发明 （ ）

领导风格	
1. 上级经常给予帮助，以保证自身工作的顺利进行 （ ）
2. 上级偶尔给予工作上的辅导，有利于工作的进行 （ ）
3. 上级只是给予工作上的关心 （ ）
4. 上级只是给予生活上的关心 （ ）

内部沟通	内容／频度	沟通频度：
	1. 只与本部门内几个同事接触 （ ）	偶尔　　　经常　　非常频繁
	2. 需要与其他部门的人员接触 （ ）	
	3. 与其他公司人员和政府机构接触 （ ）	1　　2　　3　　4　　5
	4. 与其他公司、政府机构、外商接触 （ ）	

（续表）

外部接触	1. 不与本公司以外的人员接触 （ ）	沟通内容：
	2. 与其他公司人员接触 （ ）	1. 一般信息交流
	3. 与其他公司人员和政府机构接触 （ ）	2. 对他人施加影响的沟通
	4. 与其他公司、政府机构、外商接触 （ ）	3. 事关重大决策的沟通

工作的联系	需要联系或接触的具体部门、单位	联系或接触的目的
	1	
	2	
	3	
	4	

监督	1. 直接领导你的人员有（ ）人，职位为：
	2. 被你直接领导的下属人数为（ ）人，职位为：

工作的时间要求	1. 每周平均加班时间为（ ）小时
	2. 实际上下班时间是否随业务情况经常变化（总是，有时是，偶尔是，否）
	3. 所从事的工作是否忙闲不均（是，否）
	4. 若工作忙闲不均，则最忙时间发生在哪段时间：
	5. 每周外出时间占正常工作时间的（ ）%
	6. 到外地出差每月平均（ ）次，每次平均需要（ ）时间
	7. 本地外出平均为每周（ ）次，每次平均需要（ ）时间

工作独立性	1. 工作的职责明确具体，时刻受到上司的控制（ ）
	2. 根据常规的方法工作，每完成一步会受到上司的控制（ ）
	3. 根据既定的方案和程序工作，上司通过工作检查来控制（ ）
	4. 根据战略目标工作，上司以工作的最终结果来控制（ ）

你对哪些方面的工作感到棘手	
1	
2	
3	
4	

（续表）

综合	1. 在每天的工作中是否要经常迅速做出决定？（　　） 　　A. 没有　B. 很少　C. 偶尔　D. 许多　E. 非常频繁
	2. 你手头的工作是否经常被打断？（　　） 　　A. 没有　B. 很少　C. 偶尔　D. 许多　E. 非常频繁
	3. 在你的工作中是否需要运用不同方面的专业知识？（　　） 　　A. 否　B. 很少　C. 有一些　D. 很多　E. 非常多
	4. 在你的单位里，你所做的工作是否会令人感到不愉快、不舒服？（　　） 　　A. 没有　B. 有一些　C. 能明显感觉到　D. 多　E. 非常多
	5. 在工作中你是否需要灵活地处理问题？（　　） 　　A. 不需要　B. 很少　C. 有时　D. 较多　E. 非常多
	6. 你的工作是否需要创造性？（　　） 　　A. 不需要　B. 很少　C. 有时需要　D. 很需要
	7. 你在履行职责时是否有与员工发生冲突的可能性？（　　） 　　A. 否　B. 很少　C. 一般　D. 很有可能
	8. 你是否经常感到工作时间不够用？（　　） 　　A. 否　B. 很少　C. 是
	9. 你感觉同事的竞争性怎么样？（　　） 　　A. 没感觉　B. 还可以　C. 很强

任职资格要求	1. 你正在起草或撰写的文字资料有哪些？如编写 Trade 核心编码、改写客户资料等	
	（1）	
	（2）	
	（3）	
	（4）	
	2. 你的岗位工作需要的计算机处理水平：	
	3. 从事本职工作应具备的	专业要求：
		最低受教育程度：
	4. 为顺利履行工作职责，应接受的培训：	

培训科目	培训内容	最短培训时间（月）
（1）		
（2）		
（3）		

（续表）

任职资格要求	5. 需要多长时间的工作经验才能胜任本岗位的工作?（　　） 　　A．1年以下　B．1年　C．3年　D．5年　E．8年以上

<table>
<tr><td rowspan="21">任
职
资
格
要
求</td></tr>
<tr><td>6. 胜任本岗位所需要的能力</td><td>等级</td><td>说明：需求程度</td></tr>
<tr><td>（1）判断决策能力</td><td></td><td rowspan="10">

低较　　低　　一般　　较高　　高

├──┼──┼──┼──┤
1　　　2　　　3　　　4　　　5</td></tr>
<tr><td>（2）领导能力</td><td></td></tr>
<tr><td>（3）计划能力</td><td></td></tr>
<tr><td>（4）分析能力</td><td></td></tr>
<tr><td>（5）组织人力资源</td><td></td></tr>
<tr><td>（6）创新能力</td><td></td></tr>
<tr><td>（7）内部协调能力</td><td></td></tr>
<tr><td>（8）外部沟通能力</td><td></td></tr>
<tr><td>（9）协作能力</td><td></td></tr>
<tr><td>（10）信息管理能力</td><td></td></tr>
<tr><td colspan="3">7. 从事本岗位工作所需要的知识</td></tr>
<tr><td colspan="3">（1）</td></tr>
<tr><td colspan="3">（2）</td></tr>
<tr><td colspan="3">（3）</td></tr>
</table>

考核	对于你所从事的工作，你认为：

	考核要素	具体考核标准
考核	1. 2. 3.	

备注	1. 你认为本部门应设置哪些岗位，岗位名称为
	2. 你还有哪些需要说明的问题

（续表）

直接主管意见	
	签字：
	日期：

（3）岗位信息分析

对岗位信息进行分析整理后，可分解为以下几个关键部分，如表2-2所示。

表2-2　岗位信息的要素

要素	内容
基本信息	标准化岗位的名称、编号、层级、所在部门等，以便后期管理与识别
岗位目的	该岗位存在的主要目的和价值
岗位职责	该岗位的关键责任和产出成果
岗位工作权限	根据岗位应负的责任，赋予该岗位相应的工作权限
最低任职资格	胜任该岗位所需要的基本资格和素质要求
工作关系	该岗位在组织中的位置，一般用图、表的形式来表现

（4）岗位分析——岗位信息固化

对岗位信息进行分析整理后，填入《岗位说明书》模板进行固化。

2.2.4　岗位分析的固化——岗位说明书

岗位说明书用来传达企业期望员工做什么、员工应该做什么、应该怎么做和在什么样的情况下履行职责。最好根据公司的具体情况来制定岗位说明书。在编制岗位说明书时，文字表达要简单明了，要使用浅显易懂的文字；内容应越具体越好，避免书面化、形式化。

（1）岗位说明书的作用，如图2-15所示。

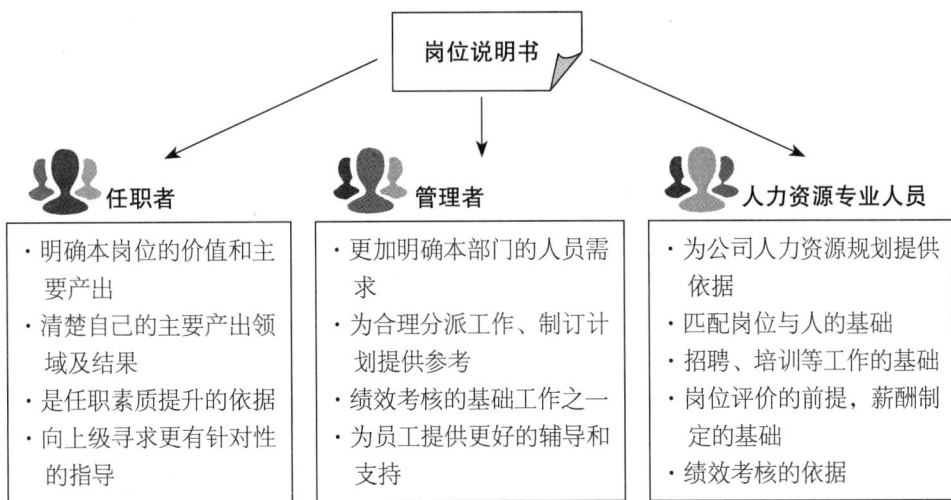

图 2-15　岗位说明书的作用

（2）岗位说明书的内容

在大多数情况下，岗位说明书应该包括以下主要内容，如图 2-16 所示。

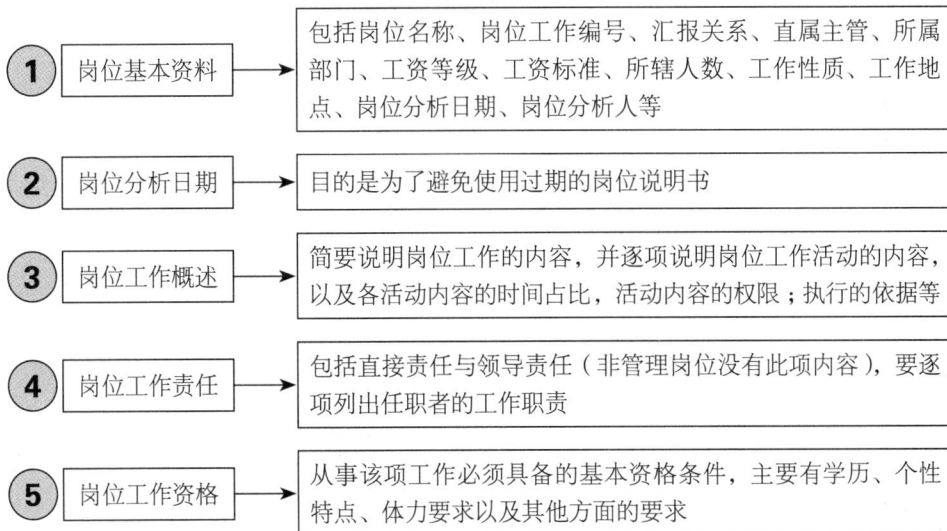

①	岗位基本资料	包括岗位名称、岗位工作编号、汇报关系、直属主管、所属部门、工资等级、工资标准、所辖人数、工作性质、工作地点、岗位分析日期、岗位分析人等
②	岗位分析日期	目的是为了避免使用过期的岗位说明书
③	岗位工作概述	简要说明岗位工作的内容，并逐项说明岗位工作活动的内容，以及各活动内容的时间占比，活动内容的权限；执行的依据等
④	岗位工作责任	包括直接责任与领导责任（非管理岗位没有此项内容），要逐项列出任职者的工作职责
⑤	岗位工作资格	从事该项工作必须具备的基本资格条件，主要有学历、个性特点、体力要求以及其他方面的要求

图 2-16　岗位说明书的内容

（3）与岗位说明书有关的概念和指标

①岗位说明书中涉及的基本概念如表 2-3 所示。

表 2-3　岗位说明书中的基本概念

基本概念	定义	备注
工作要素	工作中不能再继续分解的最小活动单位	如编制工资发放表
任务	为达成某种目的而进行的一系列工作	如汇总部门工资分配表、编制工资发放表
职责	为取得某些成果而完成的一系列任务集合	如制定工资管理政策，定期发放员工工资，维护和提升员工满意度及工作积极性
职务	承担相同或相似职责或工作内容的若干职位的总和	如经理、主管、专员
职位	承担一系列工作职责的某一任职者所对应的组织位置，是组织的基本构成单位	职位与任职者一一对应。如行政经理、会计主管、招聘专员
职级	根据责任大小、复杂程度以及任职者能力水平高低划分的层级	如 A、B、C、D、E
权限	为了保证职责的有效履行而赋予任职者对某事项进行决策的范围和程度	如具有批准预算内 5 000 元以下费用开支的权限
任职资格	为保证工作目标的实现，任职者必须具备的知识、技能与能力要求	
业绩标准	与工作职责相对应的、对职责完成的质量和效果进行评价的客观标准	如员工的满意度为 90%、空岗率为 0、培训计划完成率为 100%

②岗位说明书中的通用术语如表 2-4 所示。

表 2-4　岗位说明书中的通用术语

通用名词	定义
职位目的	阐述职位设置的目的，在组织中有何价值
职位关系图	描述职位报告与督导关系的组织架构图，通常图中会标明职位与直接上下级的关系
工作联系	职位任职者开展工作过程中应协调的各种人际关系，包括组织内部和外部的各种联系

通用名词	定义
工作职责	职位任职者应承担的一系列职责
日常工作任务	与工作职责相对应并从职责中提炼出来的，占用任职者较多日常工作时间的工作任务
职位权限	为保证职责的有效履行而赋予任职者对职责范围内相关事项进行决策的范围和程度
工作特征	主要描述任职者的工作场所、工作时间、工作环境及工作负荷等情况
工作考核要点	从职责中提炼出来的衡量职责完成质量和效果的关键绩效指标与业绩标准
职位发展	描述任职者的职业发展方向
任职资格	描述任职者必备的教育背景、工作经验、培训经历、必备知识和技能、生理与心理要求等情况

③岗位说明书中职责和任务的描述关键词如表2-5所示。

表2-5 岗位说明书中职责和任务的描述关键词

关键词	含义
管理	监督、执行与总体政策和程序相关的业务环节，保证政策和计划的执行
建议	提供意见，以影响最终结果
分配	为特别目的指派
分析	将整体分开，发现本质
评价	评估下属的表现
批准	正式确认或同意
指派	指定下属完成具体任务
协助	帮助、支持
保证、确保	确定任务完成或目标实现
出席	参加特定活动
审查	检查并验证
授权	批准或许可

（续表）

关键词	含义
实施	在工作中行使某种权力
咨询	向他人征求意见
促成	通过某项措施或手段达成结果
协调	系统地组织某项活动以达成组织目标
发展	使活动起来，逐渐变大、变好
设计、策划	计划或谋划
指示	发出权威性指令
成立	设置或组织，使稳定或固定
执行	落实，使生效
加快	促进、帮助和使容易实现
跟进	关注各项措施的执行完毕
制定出	以明确、系统的陈述提出
指导	传授、教育
实施、落实	完成、进行
发起	开始、着手
整合	完成、汇总、统一
调查	系统检查
发布	正式公布或发行
维持	保持有效性
激励、驱动	启发下属的职能，实现所期望的结果
观察	看、研究
组织	将东西有序地放在一起
创立	设立、创造
监督	指挥、监察

（续表）

关键词	含义
参与	参加，分担
计划	预测，确定目标，制定行动措施
提交	要求事情得到考虑或批准
提议	提出议案
提供	供给
推荐	建议，希望能得到接受或试用
修改	修订，改变
调查	以全面的方法来查看
培训	传授如何完成任务
查证	检查并证明

④岗位说明书中的常用绩效指标如表2-6所示。

表2-6　岗位说明书中的常用绩效指标

绩效指标	指标定义/计算公式	适用职位系列
招聘目标完成率	（实际招聘岗位人数÷计划招聘岗位人数）×100%	人力资源管理
员工成功通过试用期的百分比	（试用期转正人数÷试用人员总数）×100%	人力资源管理
人员编制控制率	（实际人力÷计划人力编制）×100%	人力资源管理
人力成本总额控制率	（实际人力成本÷计划人力成本）×100%	人力资源管理
员工工资发放出错率	（错误发放的工资次数÷发放的工资次数）×100%	人力资源管理
人均培训天数	全年培训总天数÷员工总人数	人力资源管理
培训计划完成率	（培训实际完成情况÷培训计划情况）×100%	人力资源管理
员工自然流动率	（离职人数÷现有人数）×100%	人力资源管理
人员结构比率	各职位层级人数比例符合预期目标；各专业系列人数符合预定目标	人力资源管理

（续表）

绩效指标	指标定义/计算公式	适用职位系列
文件制作效率和准确性	按照文件类型及时制作、印发	文秘
公文行文规范度	公文出现差错次数	文秘
机要工作的安全性	出现会议精神、公文内容等泄密事件	文秘
公文处理、收发、传递的及时性	机要文件办理不及时的次数及严重程度	文秘
公章使用的准确性	用章类型、流程、批准程序正确	行政管理
外事接待任务完成的效率和质量	外事接待工作没有失误	行政管理
档案管理的出错率	（查出管理有误的档案数量÷档案总数）×100%	档案管理
档案更新的延误率	（延误档案更新的数量÷档案总数）×100%	档案管理
计算机系统的稳定性和安全性	系统出现故障和被病毒侵害的次数	信息管理
信息系统的及时维护率	按要求及时维护的次数	信息管理
网络系统的整体规划质量	系统的科学性、实用性	信息管理
精确且准时的财务报告	提交财务报告延期的次数	财务管理
公司总体预算的达成率	（实际发生总费用÷预算总费用）×100%	财务管理
财务报表的出错率	（查出有误的财务报表数量÷提交报表总数）×100%	财务管理
财务分析的出错率	（查出有误的财务分析数量÷提交的财务分析总数）×100%	财务管理
总销售收入	年度销售额	市场营销

（4）岗位说明书编写语言规范

①岗位目的（该岗位存在的主要目的和价值）。用简练而准确的语言清晰表达本岗位在什么条件下要做什么，以及岗位为什么要存在。

◆岗位目的分析要点。这个岗位实现了公司及部门的哪些目的和作用？该岗位对组织的的特殊贡献是什么？组织为什么需要这个岗位？如果该岗位不存在，会对公司或部门造成哪些影响？

◆岗位目的表达形式。格式:"为"–"在"–"做"。即组织贡献（目标）–约束条件（限制）–主要活动（存在理由）。一般只有一句话。在组织中仅有少数岗位的目的超过一句话，就是那些有"多种角色"的岗位。

◆以何为目标。市场、业绩、利润、效率、生产率、质量、服务、期限、安全、持续性。

◆有何限制。法律、价值观、原则、政策、策略、方针、模型、方法、技术、体系、做法、习惯、程序、条件、模式、规定、常规、指示、规则、准则。

【实例】

岗位——人力资源部经理

为有效配置、合理开发及管理公司人力资源，在公司经营战略和政策规定的指导下，制定人力资源规划和策略，建立人力资源管理体系，组织和指导员工招聘选拔、绩效考核管理、薪酬福利管理、员工激励、培训与开发工作。

岗位——高级顾问

为保持较高的服务水准以实现增加销售额、利润及保留客户的目的，在公司的政策、营业方向以及有效利用资金的要求下，管理工资和福利调查，主持咨询项目，提供和促进客户服务，管理办公室职员及代理总经理职务。

②工作职责。为实现岗位目的，该岗位任职者需要在哪些主要领域通过哪些主要活动获得什么样的结果。职位职责和任务回答的问题是：应该做什么？职责是职位任职者承担的工作责任和范围。任务是完成某项工作职责时进行的各项活动，每一项工作职责都是由若干任务组成的。

详细描述职位应承担的所有职责，按照程度轻重、范围大小进行排序，遵循"行动＋目标"的原则来组织语言，语言描述要简明扼要，切忌拖泥带水、含混不清。一般采用"参与……，推动……"以及"协助……，实现……"的语言形式。

◆应负责任的分析要点

分析着重于该岗位产出的最终目的或结果。

分析着重于达到最终结果采取的主要活动。

应负责任分析回答了这个问题：为实现职位的目的，该职位的任职者需要在哪些领域获得什么样的结果？

◆职责描述的句式规范

一份好的岗位说明书包含了准确描述"需要做什么"的以动词开头的语句，如可用"起草""执行""审核"等具体的动词，尽量避免用"负责"等笼统的词。

③工作关系。工作关系是该职位的汇报关系和在组织中所处的位置，以及在工作流程中与"上下左右"的关系，如图 2-17 所示。

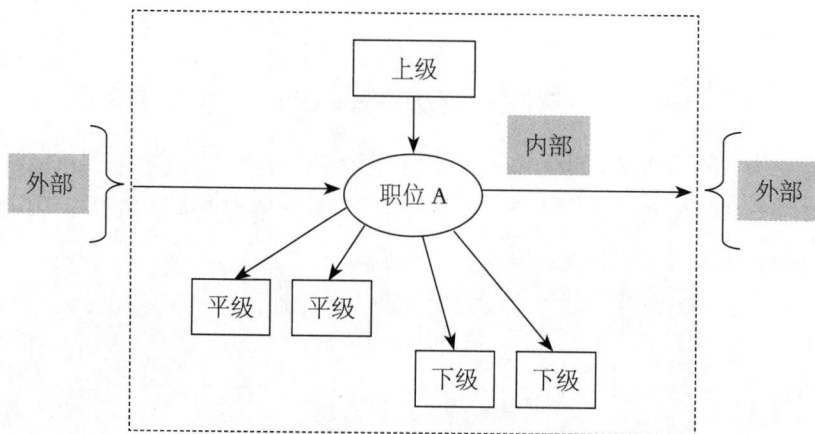

图 2-17　工作关系

④工作特征，如图 2-18 所示。

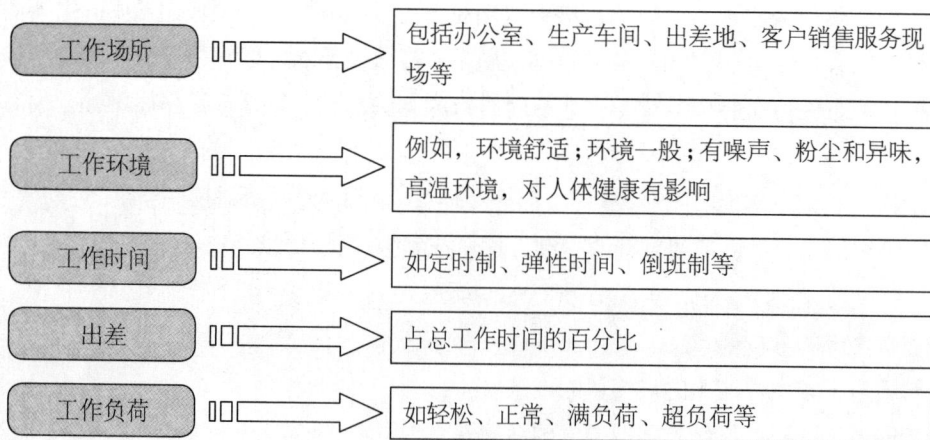

图 2-18　工作特征

⑤任职资格。任职资格通常指基本的任职资格和任职素质要求，如图 2-19 所示。

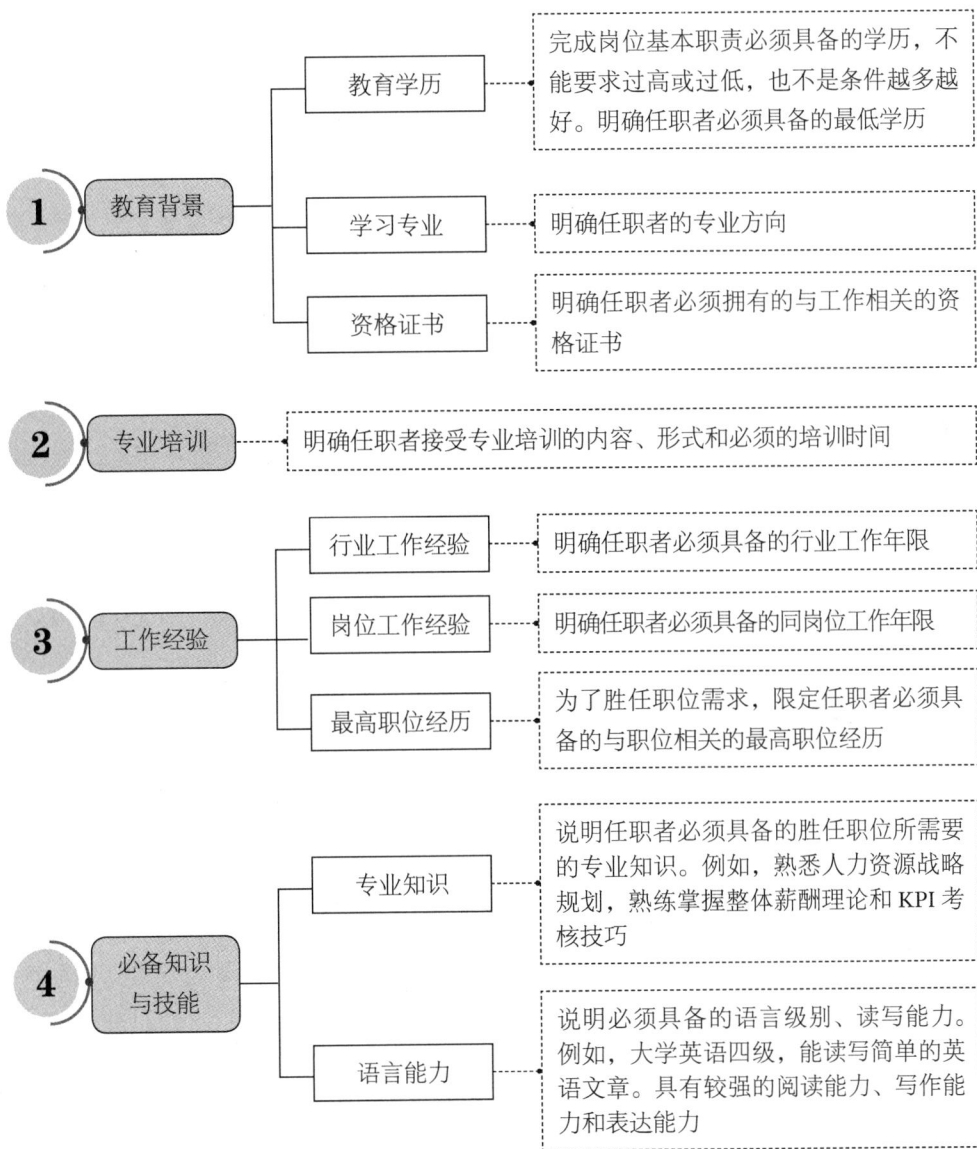

1 教育背景	教育学历	完成岗位基本职责必须具备的学历，不能要求过高或过低，也不是条件越多越好。明确任职者必须具备的最低学历
	学习专业	明确任职者的专业方向
	资格证书	明确任职者必须拥有的与工作相关的资格证书
2 专业培训		明确任职者接受专业培训的内容、形式和必须的培训时间
3 工作经验	行业工作经验	明确任职者必须具备的行业工作年限
	岗位工作经验	明确任职者必须具备的同岗位工作年限
	最高职位经历	为了胜任职位需求，限定任职者必须具备的与职位相关的最高职位经历
4 必备知识与技能	专业知识	说明任职者必须具备的胜任职位所需要的专业知识。例如，熟悉人力资源战略规划，熟练掌握整体薪酬理论和 KPI 考核技巧
	语言能力	说明必须具备的语言级别、读写能力。例如，大学英语四级，能读写简单的英语文章。具有较强的阅读能力、写作能力和表达能力

图 2-19　任职资格的几个方面

态度模型与职业道德模型

1. 态度模型

在实践中推荐使用的态度模型如下表所示。

态度模型

态度	含义
决心	一旦认准目标和方向，就不会轻易放弃，具备"咬定青山不放松"的心态
企图心	对达成自己预期目标的成功意愿，可以理解成对事业成功的野心
主动	提前采取行动掌握人生的航向和事业的发展趋势
热情	对人、对事永远保持积极向上的心态
爱心	对祖国、对家庭、对生活、对事业的热爱之情
学习	养成终身学习的习惯
自信	在没有得到之前就相信自己一定会得到的态度
自律	在工作、生活中尽量克制自己的劣根性
顽强	要有克服困难、迎难而上、"不到长城非好汉"的心态
坚持	要有坚持到底、绝不放弃、直至成功的心态

2. 职业道德模型

关于职业道德的描述，很容易与态度混为一谈，在实践中推荐使用的职业道德模型如下表所示。

职业道德模型

职业道德	含义
使命感	上级给予的任务，无论多困难，都一定要完成
责任感	能时刻记住自己的职责，充分发挥自己的作用
诚实	待人真心诚意，讲真话
正直	秉公办事，不徇私情

职业道德	含义
忍耐	无论遇到任何挫折，都能够忍耐，不放弃目标
事业心	有很强的事业成就导向
协作精神	能借助团队的力量成就事业、成就自我
竞争意识	具有优胜劣汰的观念，用实力说话
法制观念	遵守法律法规、国家政策
组织纪律性	遵守公司的规章制度

⑥职位权限。职位权限指的是，为了达到岗位目的，岗位任职者应享有的权限范围。它包括决策权、建议权、监督权、审批权和检查权等。

⑦工作考核要点。应对职位说明书中列举的每一项工作职责进行考核，以"绩效指标＋衡量标准"的形式说明职位考核的要点。要求尽量做到量化工作结果，如果不能量化结果，就要对工作的过程设置控制标准。最终目的就是便于衡量。

⑧职位发展。告诉任职者可以发展的方向。

横向：丰富任职者的工作技能，使其可以多元化发展。

纵向：考虑任职者能力和空间的发展，使其可以在职业规划系统内有序晋升。

岗位说明书有两个模板，分别如表2-7和表2-8所示，供读者参考。

表2-7　岗位说明书模板（1）

一、基本信息					
岗位名称		所在部门		所在科室	
直接上司		岗位级别		职位编号	
二、主要职责描述					

（续表）

三、岗位KPI

四、任职资格要求

1. 学历及专业要求

2. 工作经验要求

3. 专业技能要求
（1）专业技能
（2）沟通能力
（3）领导力
……

制作／日期：　　　　　　审核／日期：　　　　　　批准／日期：

表2-8　岗位说明书模板（2）

岗位名称		所属部门		职系	（目前留空）
岗位编号		岗位定员		职等职级	（目前留空）
直接上级		管理幅度		薪资等级	（目前留空）
直接下级		岗位横向发展		岗位纵向发展	

（续表）

岗位目的（该岗位存在的主要目的和价值）
工作职责（按重要顺序依次列出）
岗位权限（根据该岗位职责、赋予的相应工作权限）
工作关系（该岗位在组织中的位置，通常用图、表的形式表现）

工作联系	
联系对象	联系主要内容
内部	
外部	

工作特征（时间、环境、条件）	
工作时间：	是否均衡出差：
工作场所：	工作负荷：
环境状况：	舒适危险性：有无危险及职业病危害
使用设备：	

（续表）

任职资格	
教育背景	教育学历、学习专业、资格证书
专业培训	培训内容、培训方式、培训时间
工作经验	行业工作经验、岗位工作经验、最高职位经历
必备知识与技能	专业知识、语言能力、计算机能力、公文处理能力、其他特殊能力要求、专业技术资格
生理要求	身体、性别、年龄、形象气质
其他要求	性格、态度、道德
关键绩效标准	
关键指标，衡量标准	
本人已认真阅读了本职位说明书，并同意和接受上述内容及要求。 　　　　　　　　　　　任职人：　　　　　　　　　日期：	

管理工具

【工具 2-01】▶▶▶ --

组织架构管理制度

1. 目的

为规范和加强 ×× 有限公司（以下简称"公司"）的组织架构管理，优化治理结构、管理体制和运营机制，建立科学的组织架构体系，明确各部门的职责和权限，根据《企业内部控制基本规范》《企业内部控制应用指引第 1 号——组织架构》《公司组织架构管理制度》的规定，并结合公司实际，特制定本制度。

2. 范围

本制度规定了公司在内部机构设置、机构调整、职能调整、机构更名和机构撤销等方面的职责权限和工作程序，适用于公司组织架构的管理活动。

3. 定义

3.1 本制度所称的组织架构，是指公司的整体结构，是在公司管理要求、管控定位、管理模式及业务特征等多种因素的影响下，公司内部组织资源、搭建流程、开展业务、落实管理的基本要素，也是公司明确管理层和各层级机构设置、职责权限、工作程序和相关要求的制度安排，一般可用组织机构图来表示。

3.2 本制度所称的组织架构设计，亦称组织设计，是指对组织架构的组成要素和它们之间连接方式的设计。它是根据组织目标和组织活动的特点，划分管理层次，确定组织系统，选择合理的组织架构形式的过程。

4. 原则

4.1 目标一致原则。公司及各组织机构的目标必须和决策层确定的战略目标保持一致。

4.2 职责分明原则。组织必须明确职权，使每一项管理职能都能落实到一个执行机构。职责既不能过于分散，也不能多头领导，从而造成相互推诿的情况。

4.3 责权对等原则。组织的职能与权限必须对等，组织必须拥有相应的权力，以保证组织能够合法、有效地履行职责。

4.4 控制幅度原则。设计组织架构时，应尽量减少管理层级。扁平化可以破除公司自上而下的垂直结构，减少管理层次，增加管理幅度，使组织变得灵活、敏捷和富有柔性、创造性。

4.5 分工协作和专业化原则。公司能否最大程度地发挥整体效用，取决于组织机构的专业分工与相互协调的程度。

4.6 效率优先、兼顾成本的原则。设计组织架构时，应在保证管理效率的前提下，充分考虑管理成本的因素。

5. 职责

5.1 总经理办公会负责公司机构设置、调整、更名、撤销以及公司职能调整方案的决策。

5.2 公司总经理

5.2.1 负责审核组织机构调整方案和公司职能调整方案。

5.2.2 批准二级机构（或班组）的设置、调整、更名和撤销。

5.2.3 批准单位（或部门）的组建方案。

5.3 综合办公室是公司组织机构的主管部门

5.3.1 负责拟订机构调整方案或职能调整方案，并组织实施。

5.3.2 负责审核二级机构（或班组）调整，并组织实施。

5.3.3 负责单位（或部门）组建方案和部门职责的组织编制及审核。

5.4 各单位（或部门）

5.4.1 负责本单位（或部门）二级机构（或班组）调整的提议和申请。

5.4.2 负责本单位（或部门）部门职责的起草工作。

5.4.3 负责本单位（或部门）二级机构（或班组）职责的制（修）订。

6. 程序

6.1 组织机构的管理职权

6.1.1 总经理办公会

（1）制订公司的经营计划、经营方针和投资方案。

（2）制定公司的年度财务预算方案、决算方案。

（3）设置公司内部管理机构。

（4）制定公司的基本管理制度。

（5）决定高层管理人员的权责分工。

6.1.2 总经理

（1）主持公司的研发与经营管理工作。

（2）组织实施公司的年度经营计划和投资方案。

（3）拟订公司内部管理机构的设置方案。

（4）拟订公司的基本管理制度。

（5）制定公司的具体规章制度。

（6）提请聘任或解聘公司副总经理、财务负责人和其他高级管理人员。

（7）聘任或解聘中层管理人员。

（8）召集和主持总经理办公会议，总经理办公会议由总经理、副总经理及其他高级管理人员参加。

（9）决定对公司员工的奖惩，包括升级或降级、加薪或减薪、聘任、雇用、解聘、辞退。

（10）在授权范围内，行使抵押、出租、分包或转让公司资产的权力。

6.1.3 公司各单位负责人均由总经理聘任，全权负责本单位职责范围内的管理工作。各级管理机构或管理者行使职权时，应遵循以下原则。

（1）应自上而下逐级下达指示与命令。

（2）在不妨碍上级指挥、监督和控制的前提下，下级应严格执行上级下达的指示和命令，上级不要干涉下级正常行使职权。

（3）对于跨单位业务，相关单位应主动联系并有效协调解决。

（4）各单位负责人应将执行情况与结果及时、准确、全面地逐级上报。

（5）管理者之间发生分歧或纠纷时，应按以下程序处理。

①通过共同的上一级领导解决。

②通过各自的上一级领导协调解决。

③提交总经理办公会议裁决。

6.1.4 公司的重大事项、重大决策、重要人事任免及大额资金支付业务等，应按照规定的权限和程序实行集体决策，任何个人不得擅自决策或者擅自改变集体决策意见。

6.1.5 各部门应按照精简、科学、高效的原则，合理设置内部岗位编制，明确岗位职责、权限以及相互之间的责、权、利关系，形成各负其责、各司其职、相互制约、相互协调的工作机制。

6.2 公司与各子企业的权责关系

6.2.1 公司对各子企业行使管理权，指导除董事会、监事会之外内部组织机构的设立、调整工作。

6.2.2 各子企业的基本责任

（1）对本企业的经营管理以及相应的业务执行结果负责。

（2）对本企业的盈利状况、经济效益和生存发展负责。

（3）对提高本企业的管理水平和工作效率负责。

（4）对提高本企业员工的工作积极性，合理利用人力、物力资源负责。

（5）对维护和提高本企业的经济效益和信誉形象负有相对责任。

（6）按照公司各职能部门的相关规定和要求，及时、准确地提交有关报表及相关资料。

（7）承担公司以其他方式规定的责任。

6.2.3 各子企业的基本权限

（1）拟订并推行本企业经营管理的方针、目标和规划。

（2）设计本企业的组织机构，聘免和配置副总经理以下的管理人员；聘用和辞退各类员工。

（3）负责公司授权范围内的资金筹措、使用与管理以及债权、债务的转化与处置工作。

（4）在公司有关资产管理原则和企业章程限定权限的前提下，对所管辖的资产享有使用维护权和增设交换处置权。

（5）按照公司的有关规定，享有相应投资和经营项目的策划、筛选和决策权。

（6）在不突破工资总额的前提下，拥有薪酬的自主分配权。

（7）与公司有关规定及企业章程不相抵触的其他生产经营和管理权限。

（8）上述未提到的权限，按企业章程的相关规定执行。

6.3 报告关系的适当性

6.3.1 公司管理层、各单位和各企业通过定期（每月或每季）会议、书面文件等形式建立良好的报告关系。

6.3.2 公司内部汇报采用逐级汇报的形式。除了各单位、子企业管理层每年向公司管理层汇报以外，各单位、子企业的业务部门定期（每月或每季）或根据工作需要随时向公司各归口业务部门汇报，以确保汇报的及时、准确、对口。公司内部汇报均以签报的形式书面呈送。

6.4 管理层职责及履职条件

6.4.1 公司应建立完善的岗位职责，明确定义管理层的职责和权限。

6.4.2 公司要求管理层具备履行相关职责的知识和经验，通过岗位职责明确规定管理层的任职资格和任职条件，对管理层的推荐选拔进行严格把关。

6.5 机构调整及员工配置

6.5.1 公司如因发展战略、经营环境、管理模式等发生变化需调整部门设置时，人力资源部业务主管应根据战略发展规划提出组织架构的调整提议，经部门主管领导审核通过，并报公司主管领导审核后，提交总经理办公会审议。审议通过后，由综合办公室人力资源业务主管发文公布，并组织实施。综合办公室人力资源业务主管起草"组建方案"或"职能调整通知"，经主管领导审核通过并报公司主管领导审核后公布，同时修订"组织机构图"。

6.5.2 公司各部门在工作中如发现组织结构影响工作效率，或因出现新的业务、环境发生变化等因素需要增加或调整内部二级机构设置时，由部门提出书面申请，经综合办公室人力资源业务主管、部门主管领导审核通过，并经生产计划部、财务部会签后，提交给公司主管领导，审核批准后，由综合办公室组织实施。

6.6 定期评估

6.6.1 公司各部门及各子企业每年对自身的组织结构运行效率和效果进行评估。

6.6.2 组织架构评估工作要全面分析组织架构设计运行中存在的缺陷，确保部门、岗位和人员设置及其运作模式满足经营管理工作的需要，并有效履行公司或各子企业赋予的职能，形成评估报告。

6.7 组织架构的管理风险

6.7.1 公司要关注组织架构设计与运行中的下列风险。

（1）治理结构不合理，可能会导致公司缺乏科学决策，难以实现公司的经营发展目标。

（2）组织架构不适当，结构层次不科学，责权分配不合理，可能导致机构臃肿、职能缺位、运行效率低下。

6.7.2 在公司各类组织架构管理业务流程的设计中，编制了相应的审核控制点，避免和减少了组织架构管理活动中各项风险的发生。

7. 监督、考核

7.1 综合办公室负责检查、监督和考核各部门组织架构管理制度的执行情况。

7.2 对各部门违反公司组织架构管理相关制度的现象和行为，按公司《综合管理考核办法》的规定执行。

【工具2-02】▶▶▶

组织机构职责分工制度

1. 总则

1.1 根据公司章程的基本规定以及公司的组织机构设置情况，现明确公司各主要管理职位和机构的职责分工，力求权责分明、高效协调，以适应现阶段公司经营和发展的需要。

1.2 本制度只涉及公司的组织机构和管理职位。

2. 董事会机构

2.1 董事长的职责

董事长是公司的法定代表人和重大经营事项的主要决策人，其具体职责如下。

2.1.1 主持召开股东大会、董事会议，并负责贯彻和落实上述会议的决议。

2.1.2 召集并主持管理委员会会议，组织讨论和决定公司的经营方针、发展规划、年度计划以及日常经营工作中的重大事项。

2.1.3 提名公司总裁及其他高层管理人员的聘用和解职，报董事会批准和备案。

2.1.4 决定公司高层管理人员的报酬、待遇，报董事会备案。

2.1.5 定期审阅公司的财务报表，全面把控公司的财务状况。

2.1.6 签署批准调入公司的各级管理人员和一般干部。

2.1.7 签署对外上报、印发的各类报表、文件和资料。

2.1.8 处理由董事会授权的其他重大事项。

根据公司的实际工作需要，董事会设常务董事一人，协助董事长开展上述工作。董事长外出期间，由常务董事协调董事会各机构的日常工作。

2.2 董事的职责

2.2.1 董事以公司的名义并在公司董事长授权的范围内与第三方订立的合同对公司有约束力。

2.2.2 董事进行任何欺诈性的或暗中进行的交易活动而使公司蒙受损失的，应由董事个人承担责任。

2.2.3 董事不得收受贿赂。当贿赂事件发生时，公司与贿赂者之间的任何协议必须撤销。受贿董事在事发后必须向公司如数缴出其所得的贿赂资产，并有责任用其资格股抵偿由于其收受贿赂而给公司造成的损失。受贿赂董事应被立即开除，他们在非法交易中所花费用，公司不予补偿。

2.2.4 董事不得越权。公司可以要求董事如数赔偿其越权行为给公司造成的经济损失，而无须证明其行为是一种疏忽行为。但在下述情况下，董事不必承担责任。

（1）该董事在董事会议上仅投票赞成一项越权的支付决议，但没有投票赞成之后的对上述决议所要实施的具体实施方案。

（2）其他董事已经做出了上述的错误支付，该董事只是在事后表示认可和赞同。

（3）董事们都参与了越权的决议，但该决议并未实现。

2.3 董事不得将自己处于与公司的利益冲突之中，要对公司保持忠诚，不得使自己处于职责和个人利益相冲突的位置而谋取个人的利益。

2.3.1 董事不得为自身利益与公司的业务竞争。

2.3.2 董事不得篡夺公司的营业机会。

2.3.3 董事不得私自与公司内部的某个机构做交易。

2.4 如果董事因为相信了一个员工提供的虚假情报而做出错误的判断，对于董事及员工的失职行为，董事不需负责任。

2.5 董事需承担责任的情况

2.5.1 如果董事违背公司法或公司章程，赞成以股利或其他方式把公司资产分配给股东，那么表决赞成的董事应对公司负连带责任，其数额为已支付的上述股利数额或所分配的资产的数额，超出在不违背公司规定或公司章程限制的条件下，允许支付的股利数额或分配的资产数额的部分。

2.5.2 如果董事违背公司法或公司章程的规定，表决赞成购买本公司的股份，表决赞成的董事应对公司负连带责任，其范围为支付上述股份的对价数额，超出在不违背公司法的条件下，所允许支付的最高数额部分。

2.5.3 如果董事在没有支付或清偿公司所有已知的债务、债款或责任，或没有为其做足够的储备时，表决赞成在清理该公司期间把公司的资产分配给股东，则在公司上述债务、债款或责任未被支付或清偿的范围内，所有表决赞成的董事应对公司就上述已被分配的资产的价值负连带责任。

2.6 管理委员会的职责

2.6.1 管理委员会是董事会议闭会期间，由董事长召集和主持，公司高层管理人员参加，对公司重大经营管理事项进行决策的机构。管理委员会会议的参会人员包括董事长、总裁、执行董事、各委员会正副主任、副总裁、总会计师和董事会秘书。管理委员会会议的职责如下。

2.6.1.1 审议和通过公司的发展战略、年度计划与经营方针。

2.6.1.2 审议和通过公司的机构设置、职责划分。

2.6.1.3 审议和通过公司的员工工资构成、奖罚方案、年终奖金分配方案与内部管理制度。

2.6.1.4 审议和通过公司的新发展项目、更新改造项目、股权收购与转让制度。

2.6.1.5 审议和通过公司的证券发行、分红派息方案。

2.6.1.6 讨论和决定各业务线负责人的年度工作责任指标。

2.6.1.7 协调和处理各业务线之间的冲突与纠纷。

2.6.1.8 讨论和决定经营管理工作中的其他重要事项。

2.6.2 原则上，管理委员会会议应每月召开一次，如遇特殊情况可临时召集，会议由董事会秘书提前通知并做好会议记录。

2.6.3 管理委员会主任由董事长担任，副主任由总裁和常务董事担任，管理委员会的核心领导小组由执行董事构成，执委主任担任秘书长。

2.7 执行委员会的职责

2.7.1 执行委员会简称"执委会"，是董事会下属的日常工作机构，执委会设主任一人，其直接对董事长负责，具体职责如下。

2.7.1.1 组织研究和拟订公司的中长期发展规划、经营方针、业务架构与年度利润计划。

2.7.1.2 组织研究和拟订公司的机构设置、职权划分，倡导并落实公司的规范化管理。

2.7.1.3 组织拟定或修改公司章程、管理制度和业务工作程序。

2.7.1.4 负责新上项目的可行性研究和项目报批工作。

2.7.1.5 组织拟定和修改工资、奖金方案。

2.7.1.6 筹备召开股东大会和董事会，并准备会议材料。

2.7.1.7 主持执委会各部室的日常工作，向董事长提名各部室主任（经理）的人选。

2.7.1.8 完成董事长交办的其他工作。

2.7.2 执委会可视工作情况设置副主任，协助执委会主任开展上述工作，执委会下设投资发展室和经济研究室。

2.8 财务委员会的职责

2.8.1 财务委员会简称"财委会"，是董事会行使财务宏观监控、资金筹措及证券和外汇投资职能的机构。财委会实行总监负责制，直接对董事长负责。其具体职责如下。

2.8.1.1 组织拟定公司系统的年度利润计划、资金计划和费用预算计划。

2.8.1.2 组织拟定公司系统的财务管理和核算制度。

2.8.1.3 组织编制并签署公司每月、季度、半年、全年的会计财务报告及其他相关报表。

2.8.1.4 参与投资项目的可行性论证工作，并负责新项目的资金保障工作。

2.8.1.5 拟定总公司的年度利润分配方案、派息方案以及下属企业的年度利润分配方案。

2.8.1.6 负责公司证券和外汇的投资业务。

2.8.1.7 负责对下属公司财务负责人的考核工作，拟定下属企业财务负责人的任免名单。

2.8.1.8 主持财务线的日常工作，负责财务部、资金部和金融证券部的协调工作，向董事长提出上述部室的经理人选。

2.8.1.9 完成董事长交办的其他工作。

2.8.2 财务委员会可设财务副总监、总会计师、财务顾问等职，协助财务总监开展上述工作。

2.9 人事监察部的职责

人事监察部是负责公司各级经营管理干部聘用、考核和调动的职能部门，直接对董事长负责。具体职责如下。

2.9.1 组织拟定公司的人员编制计划和干部调动指标的申办工作。

2.9.2 定期组织对各级管理干部的考核、评议工作，向公司领导推荐优秀人才。

2.9.3 组织开展公司系统内的职称评定工作。

2.9.4 负责公司的党务工作。

2.9.5 负责出国人员的手续办理工作。

2.9.6 负责调查、核实、处理系统内部的检举信件。

2.9.7 负责执行公司的奖惩制度。

2.10 审计室的职责

审计室是负责对公司总部、各部门的财务收支及经济活动进行审计和监督的职能机构，直接对董事长负责。其具体职责如下。

2.10.1 审查下属公司经理人员任期目标的责任指标。

2.10.2 审查下属公司的财务账目和会计报表。

2.10.3 对公司总部和下属公司的经理人员及财务人员进行离任审计。

2.10.4 对相关合作单位和项目进行财务审计。

2.10.5 对公司总部的资金部、财务部、证券部和各业务部的财务状况进行审计。

2.10.6 协助各相关企业和部门进行财务清理及整顿。

3. 经营机构

3.1 总裁（总经理）的职责

3.1.1 总裁由董事会聘任，其直接对董事会负责，董事会闭会期间对董事长负责。其具体职责如下。

3.1.1.1 组织制订公司的年度经营计划，经董事长办公会议和董事会批准后组织实施。

3.1.1.2 主持公司经营班子的日常经营和管理工作。

3.1.1.3 检查和全面执行董事长办公会议做出的有关经营班子的各项工作决定。

3.1.1.4 负责召集和主持总裁办公会议，检查、督促和协调各业务条线的工作进展情况。总裁办公会议的参加人员包括正副总裁、总裁助理、办公室主任和本各职能部门经理。原则上，总裁办公会议半个月召集一次，会议记录要以书面形式向董事长汇报。

3.1.1.5 代表经营班子向董事长办公会议建议并任命经营机构各有关部门和下属公司的正副经理。

3.1.1.6 签署日常行政、业务文件。

3.1.1.7 负责处理公司重大突发事件。

3.1.1.8 由董事长授权处理的其他重要事项。

3.1.2 总裁可根据工作需要配备一名助理，协助其开展工作。在总裁外出期间，由总裁授权助理或其他人员代行其职责。

3.2 行政副总裁的职责

行政副总裁是负责公司日常行政工作的主管领导，直接对总裁负责。其具体职责如下。

3.2.1 负责本公司的思想文化建设和精神文明建设，筹划能够增强员工凝聚力的宣传、教育活动。

3.2.2 负责拟定和修改各部门人员编制及员工住房分配、房补、房租、房改方案，报总裁办公室会议及董事长批准后组织实施。

3.2.3 负责安排公司的对外接待工作和各种对外联谊活动，规范公司员工的行为举止、礼貌用语、衣着服饰，树立良好的公司形象。

3.2.4 组织各类体育、文娱活动，丰富员工的业余生活。

3.2.5 负责组织和实施公司的办公自动化工作。

3.2.6 负责保障公司的各种后勤服务工作，包括车辆、餐饮、通信、办公设施和环境卫生等。

3.2.7 负责拟定和实施职工后勤服务工作，包括退休、休假、婚丧、医疗、子女教育和防暑降温等。

3.2.8 负责本公司的工会、共青团和计划生育等工作。

3.2.9 行使日常行政监督权利，对违法乱纪、违反公司规章制度、泄漏公司机密、盗窃和破坏公司财产的有关人员进行调查与处罚。

3.2.10 负责追回外单位人员非法侵占的本公司房屋，对造成损失的相关人员和单位进行索赔。

3.2.11 协助董事长和总裁处理公司的各种突发事件。

3.3 营销副总裁的职责

营销副总裁是负责公司本部的营销工作和下属营销企业日常管理工作的管理者，直接对总裁负责。其具体职责如下。

3.3.1 组织研究和拟定公司进出口营销方面的发展规划。

3.3.2 组织拟订各种营销管理规定、制度,设置营销部门的职位构成。

3.3.3 组织编制年度营销计划、利润指标分配计划。

3.3.4 做好国内外市场行情的调研工作,研究和拟定海外营销的布点方案。

3.3.5 向总裁提出营销各部门和下属各营销企业经理、副经理的人选,在编制范围内对上述各部门和各营销企业的业务人员进行聘用、调配、考核、晋升、惩罚及解聘,审核上述人员浮动工资和奖金的发放工作。

3.3.6 组织编制并向总裁(必要时向董事长)提供下列业务报告。

3.3.6.1 每月各业务部门的合同签订、履行情况及指标完成情况。

3.3.6.2 每月的资金需求预测及库存情况报告。

3.3.7 维护与政府贸易主管部门的公共关系,协调好业务部门与行政、财务和生产部门的关系。

3.3.8 建立业务人员业绩档案,定期组织对业务人员开展业绩考核和专业培训。

3.3.9 审批业务人员的差旅费、借款单和差假等。

3.3.10 研究和拟定本部营销部门及下属各营销公司新项目的开发计划。

3.4 总裁办公室的职责

总裁办公室是负责公司文秘管理、公关接待和后勤保障工作的综合协调职能部门。其具体职责如下。

3.4.1 负责内外部文件的收取、编码、传送、催办和归档工作。

3.4.2 负责公司总部文件的打印、复印,电脑和网络的管理与使用,传真的收发工作。

3.4.3 负责公司总部报纸杂志的订阅、函件的发送和通信系统的畅通。

3.4.4 负责发布各种会议通知,做好领导班子的会议记录,为领导班子起草相关文字材料。

3.4.5 负责收集和保管公司的对外宣传材料。

3.4.6 负责公司车辆的管理、保养和维修工作。

3.4.7 负责公司房屋财产管理和员工住房分配,追回已调离本公司人员的公司住房。

3.4.8 负责公司各种办公用品的采购和管理工作。

3.4.9 负责公司员工的生活福利,组织各种文娱活动,丰富员工的业余生活。

3.4.10 负责公司的对外接待工作。

3.4.11 负责维持公司正常的工作秩序和整洁的工作环境,保持良好的对外形象,负责安排领导节假日值班。

3.5 人力资源部的职责

3.5.1 负责编制公司员工需求计划。

3.5.2 负责公司员工的招聘和调配工作。

3.5.3 负责建立员工工作业绩档案，组织对员工进行考核。

3.5.4 编制每月工资报表并配合财务总监审核下属企业的工资发放表。

3.5.5 负责公司总部员工的日常考勤工作，并据此发放全勤奖。

3.5.6 负责协助员工办理暂住证、身份证等。

3.5.7 负责办理公司员工的社会保险。

3.5.8 负责新进人员的培训。

3.5.9 负责处理员工劳务纠纷。

3.5.10 负责公司系统的共青团、工会、妇女工作及计划生育工作。

3.6 业务管理部的职责

业务管理部是负责公司内外营销活动的管理部门。其具体职责如下。

3.6.1 负责出口配额、进出口审批证及许可证的申领工作。

3.6.2 负责进出口合同和国内购销合同的审批、登记、换汇成本的核算、客户资信复查、合同归档、合同查询、合同执行的监督以及执行过程中合同变更的审批。

3.6.3 负责出口货物信用证的审批、修改工作，并根据信用证制作全套结汇议付单据，办理信用证项下的产地证等单据。

3.6.4 负责处理和各银行的工作关系，提示交单付款，解决议付过程中发生的各种问题。

3.6.5 负责进口货物的对外申请开证、审单和付汇等业务。

3.6.6 负责对来料加工、进料加工复出口业务的报批，以及手册的申领、核销等业务。

3.6.7 负责对进出口货物付款进行审批。

3.6.8 负责对信用证项下货物出口放行进行审批。

3.6.9 负责办理所有进出口货物的报关手续和退税报关单。

3.6.10 负责统计进出口贸易。

3.6.11 负责全公司合同监察员的业务指导工作和考核工作。

3.7 企业管理部的职责

企业管理部是负责公司各下属企业的综合管理职能部门。其具体职责如下。

3.7.1 负责起草总公司与各下属公司的年度承包协议。

3.7.2 督促、协助下属公司按照总公司工作计划细化年度、季度工作计划，及时做好下属公司每月工作进度报表的汇总和统计工作。

3.7.3 定期和不定期检查下属公司各项经济指标的完成情况，提出下属公司经营情况的分析报告和主要经营者的业绩考核报告。

3.7.4 督促、协助下属公司制定符合总公司要求的各项管理制度，包括工作标准、业务流程、工作责任、考核办法和协作关系等，使各项管理工作逐步标准化、规范化。

3.7.5 负责推行市场预测、全面质量管理、方针目标管理、滚动计划、成本利润分析等现代化管理方法，组织拟定市场开发计划、企业调整计划和产品开发计划。

3.7.6 组织实施办公自动化工作，并负责办公自动化设备的维护、检修工作。

3.7.7 负责企业年检、营业执照变更等工作，组织实施下属企业的股份转让、整顿、兼并和清产等。

3.7.8 与政府相关部门保持良好的关系，协助下属公司疏通业务渠道，负责填报政府相关部门下发的各种调查报表。

3.7.9 协助下属公司做好业务关系的协调工作。

3.8 法律事务室的职责

法律事务室是处理公司系统法律事务和经济案件的专职机构。其具体职责如下。

3.8.1 负责收集和整理与本公司业务相关的法律文件、资料，研究与本公司业务相关的法律政策。

3.8.2 为本公司新项目的合法性、可行性提供法律意见，并负责起草相关法律文件和处理相关法律事务。

3.8.3 负责指导和处理公司对外经济纠纷的诉讼及相关法律事务。

3.8.4 负责处理公司的非诉讼性经济案件。

3.8.5 负责调查和处理公司员工的投诉和检举事件。

3.8.6 组织实施公司的普法和廉政学习。

【工具2-03】 ▶▶▶ --

总经办组织架构与职位体系

一、总经办职能描述

（一）经营发展及规划

1. 协助总经理制定公司发展战略、年度目标及年度经营计划书。

2. 目标跟踪与指导。定期召开公司经营分析会议，指导、监督和检查各部门目标达成状况，并组织进行检讨、修订。

3. 重要人力资源任免及招聘录用。为公司重要人力资源的任免提供分析参考意见，参与重要岗位人员的招聘面试及录用工作。

4. 重要管理制度的拟定与审核。拟定或审核公司重要管理制度，并提出建设性意见与建议。

5. 参与公司重要决策。在董事长或总经理的授权范围内，协助董事长与总经理参与公司重要决策或决议。

6. 组织召开公司级会议。组织召开公司级别的各项会议。

（二）稽核

1. 内部运营稽核。在总经理的授权范围内，依照公司各项规章管理制度、程序文件、岗位说明书、作业流程、工作和会议计划等，对各部门、各岗位的工作进度和工作质量进行监督与检查，并依照相关规定实施奖惩。

2. 建立并完成稽核制度。根据公司的发展情况，及时修订、完善公司内部稽核的相关制度。

（三）法务顾问

1. 商标专利管理。负责申请、办理公司各项产品的商标专利，并负责商标专利的维护管理工作。

2. 合同审核。负责公司经营管理活动中相关协议、合同、担保、抵押等重大经济活动的审查工作。

3. 法律诉讼。负责公司对外法律诉讼、仲裁、调解等法律事务的处理工作。

4. 制度审核。负责公司各项管理制度的起草、制定、审查和修改工作，对其中涉及的法律问题提出建议。

5. 法律咨询。为公司各职能部门提供法律咨询服务。

二、职位关系图

总经办职位关系图如下图所示。

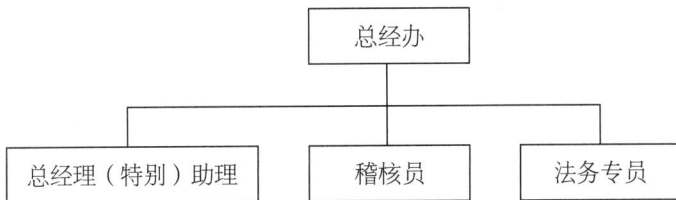

总经办职位关系图

三、职位说明书

1. 总经理助理职位说明书

一、基本信息					
职位名称	总经理助理	所在部门	总经办	所在科室	
直接上司	总经理	职位级别		职位编号	

二、主要职责描述
1. 协助总经理制定和实施公司经营战略、年度经营计划、经营目标，以及分解各阶段工作目标
2. 负责组织子公司部门管理人员签订目标与绩效责任书，并组织开展管理与考核工作
3. 负责起草和编制公司重要管理制度
4. 参与建立、健全公司的管理体系与组织架构
5. 协助总经理编制月度经营偏差分析报告，召集并主持公司经营管理例会及各项专题会议，督导落实会议决议
6. 负责测算产品成本，编制产品报价，协助总经理为产品定价

三、岗位KPI
无

四、任职资格要求
1. 学历及专业要求：经济、管理类专业本科及以上学历
2. 工作经验要求：10年及以上工作经验；在中型制造行业工作5年以上，或从事总经理助理工作3年以上
3. 能力要求
（1）战略思考能力。具备将战略目标落实为具体行动规划的能力，能够总结战略实施的经验与教训，并向上级领导反馈；能够促进公司战略的调整与优化，对企业发展面临的机遇和挑战有清晰透彻的认识
（2）沟通协调能力。能够处理好公司内外部的关系，促成各部门之间相互理解、相互支持与配合
（3）统筹规划能力。拥有卓越的推行计划能力，能够做好各方面的沟通协调工作，能够全面掌握公司的经营状况，对行业现状及发展趋势有独到的见解，能针对行业环境的发展及变化对公司的未来运营情况做出分析和规划，能够让每个参与者明确自己的角色，澄清自己的目标、职责与价值
（4）分析判断能力。能够根据外界提供的信息，结合自己以往的经验，在对事物进行理解、分析和判断后得出结论；能对零散的结论性信息进行整合和加工，分析其利弊，做可行性比较，最终选择最合适的方案
（5）领导力。能够理解下属的期望、顾虑和需求，并使之与当前的工作要求和目标相互协调，能明确分派各项任务与职责，能用人所长、避人所短；能对工作进行常规核查和控制，能发现改进工作方法的途径并能有效传授给下属

2.稽核员职位说明书

一、基本信息					
职位名称	稽核员	所在部门	总经办	所在科室	
直接上司	总经理	职位级别		职位编号	

二、主要职责描述
1.部门月计划的稽核。依照各部门提交的月工作计划开展稽核，跟踪计划的完成情况，并对稽核结果做出判断
2.部门周计划的稽核。依照各部门提交的周工作计划开展稽核，跟踪计划的完成情况，并对稽核结果做出判断
3.专项稽核。针对公司重大专案项目开展稽核，跟踪计划的完成情况，并对稽核结果做出判断
4.会议决策稽核。对公司级会议达成的决议或计划进行稽核，跟踪计划的完成情况，并对稽核结果做出判断
5.内部运营稽核。依照公司的ISO文件和行政文件，对公司运营状况进行稽核并做出判断

三、岗位KPI（4～8项）
稽核完成率

四、任职资格要求
1.学历及专业要求：中专以上，具有ISO 9000内审资格证
2.工作经验要求：一年以上制造企业内部审核工作经验
3.能力要求
（1）专业技能。熟悉制造企业生产管理流程，了解企业ISO 9000运作流程，熟悉公司稽核流程与稽核相关制度
（2）原则性。以事实与结果为依据，坚持原则，实事求是
（3）沟通能力。能够很好地处理公司内部关系，促成各部门之间相互理解、相互支持与配合

3.法务专员职位说明书

一、基本信息					
职位名称	法务专员	所在部门	总经办	所在科室	
直接上司	总经理	职位级别		职位编号	

（续表）

二、主要职责描述
1. 商标专利管理。负责申请、办理公司各项产品商标专利，以及负责商标专利的维护管理工作
2. 合同审核。负责公司经营管理活动中合同与协议签订、抵押、担保等重大经济活动的审查把关工作
3. 法律诉讼。负责公司对外法律诉讼、仲裁、调解等法律事务的处理工作
4. 制度审核。负责公司各项管理制度的起草、制定、审查和修改等工作，对涉及法律方面的问题提出建议
5. 法律咨询。为公司各职能部门提供法律咨询服务
三、岗位KPI
无
四、任职资格要求
1. 学历及专业要求：本科或研究生学历，法律专业；有律师资格证
2. 工作经验要求：五年以上工作经验，三年以上法务工作经验，两年以上商标专利法务工作经验
3. 能力要求
（1）专业技能。熟练掌握国家的各类政策法规，能深刻理解商标专利、知识产权类法律、法规，并灵活运用于实际工作中；熟悉商标专利申请流程；熟悉法律诉讼各项流程
（2）沟通能力。能够很好地处理公司内部关系，促成各部门之间相互理解、相互支持与配合
（3）写作能力。能独立起草各种法律信函、商业合同信函

【工具2-04】▶▶▶

市场部组织架构与职位体系

一、市场部职能描述

1. 市场营销。根据公司发展战略，对相关地区开展市场分析与调研，拟定并实施公司年度市场营销计划、新产品上市规划。

2. 品牌推广。根据公司发展战略，拟定并实施公司品牌推广计划，如搜索引擎和行业网站推广、专业媒体推广、手机群发等。

3. 市场调研。对公司所处行业、产业链、国家政策进行不定期调研与分析，为市场决策提供参考。

4. 企业 VIS（视觉识别系统）与产品资料管理。负责公司 VIS 标准的制定，以及公司各种产品资料、宣传资料、影像资料等的平面设计与制作。

5. 电子商务。根据公司年度销售目标，通过互联网进行市场推广，从而达到开拓市场的目的。

6. 公司网站维护。负责公司网站的更新与维护工作。

7. 公司展厅规划。负责公司展厅的规划、设计、布置与管理工作。

8. 组织筹办产品展销。组织参加国内外产品展销会，开发与拓展国内国际销售市场，并最终达成交易。

9. 渠道建设。根据公司发展战略，进行市场调研与分析，并建立销售渠道，确保公司产品畅销。

10. 内部管理。建立并不断完善销售管理制度与销售流程，持续提高销售业绩。

11. 团队建设。负责市场部的人才选拔、任用、培训、绩效管理与激励等工作。

二、职位关系图

市场部职位关系图如下图所示。

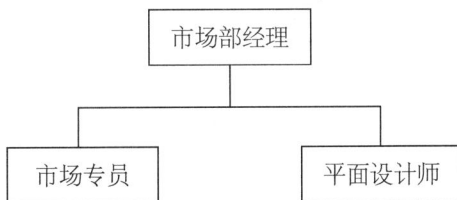

市场部职位关系图

三、职位说明书

1. 市场部经理职位说明书

一、基本信息					
职位名称	市场部经理	所在部门	市场部	所在科室	
直接上司	总经理	职位级别		职位编号	
二、主要职责描述					
1. 市场分析。负责收集与分析本公司产品竞争对手的信息，包含规模、产量、销售区域、核心竞争力、新产品和新技术等					
2. 品牌推广。根据公司的发展战略，拟定并实施公司品牌推广计划，如搜索引擎与行业网站推广、专业媒体推广、手机群发等					

（续表）

3. 企业 VIS 与产品资料管理。负责公司 VIS 标准的制定，以及公司各种产品资料、宣传资料、影像资料等的平面设计与制作

4. 公司展厅规划。负责公司展厅的规划、设计、布置与管理工作

5. 展会产品推广。负责组织和筹备国内外展览会、新产品发布会、论坛会议等市场活动，以及外贸推广工作，并促成产品交易

6. 电子商务推广。负责电子商务平台的构建与维护

7. 网站建设。负责公司中英文网站的建设和中英文说明书的策划工作

8. 团队建设。负责对下属进行选拔、任用、培训、激励与工作指导，帮助下属解决工作中的难题，同时对下属的工作进行监督与考核

三、岗位KPI

销售目标达成率、销售定价比、账款回收率、培训达成率、客户满意率

四、任职资格要求

1. 学历及专业要求：市场营销或外贸专业本科

2. 工作经验要求：五年以上本行业从业经验，五年以上相关行业销售管理经验

3. 能力要求

（1）专业技能。熟悉本公司产品的市场状况，能独立筹划产品展销会和市场营销活动；熟练掌握 B2B 平台操作，能独立开拓电子商务销售渠道；具备系统的市场推广专业理论知识，具有相关的营销理论基础；能熟练运用网页设计软件及办公软件；对宏观经济学、微观经济学有研究；在市场营销方面有非常丰富的经验

（2）开拓创新能力。能积极开拓新市场、新客户，不受陈规和以往经验的束缚，为自己设定具有挑战性的目标，并采取行动去实现该目标

（3）沟通能力。具有很强的沟通能力，能够准确和清晰地表达观点，并能够根据听众水平的不同调整沟通方式，是一个优秀的沟通者

（4）分析与解决问题的能力。能处理非常规的、开放性和应用性的问题，在解决问题的过程中具有探索性和创造性，有时需要团队合作完成

（5）领导力。能正确制定部门目标，善于培养并激励下属，并促成下属个人价值与部门目标共同实现

（6）写作能力。具备一般办公文书的书写能力、专业的公司产品信息的撰写能力、客户沟通中需要掌握的专业术语及优秀的文书功底

2. 平面设计师职位说明书

一、基本信息				
职位名称	平面设计师	所在部门	市场部	所在科室
直接上司	市场部经理	职位级别	5 职等	职位编号

二、主要职责描述
1. 新产品上市前的美工设计。负责新产品上市前的美工设计，包括制作 DM（直邮广告）、网页、PPT 等
2. 公司所有文宣的美化编辑。如 DM、杂志、新产品目录、报价单、折页、EDM（周刊）等所有文宣资料的设计和完善
3. 网站美工资料的编辑和美化。根据公司文化和产品特性，协助网络公司完成网站美工和改版
4. 公司内部设施、标牌等的编辑和设计
5. 展会资料及形式的设计

三、岗位 KPI
营销费用控制率、营销带来的业绩

四、任职资格要求
1. 学历及专业要求：平面设计类专业中专以上学历
2. 工作经验要求：两年以上本行业从业经验，两年以上广告设计经验
3. 能力要求
（1）专业技能。能独立设计制作公司广告 / 报刊 / 杂志 /DM 版面；能熟练操作 CorelDraw/Photoshop/AI 等相关设计软件；懂 Dreamweaver/Flash 软件者优先；能通过设计作品准确表达产品特性及客户需要的理念
（2）领悟能力。领悟能力和理解能力强，能准确把握公司文化和产品特性

3. 市场专员职位说明书

一、基本信息				
职位名称	市场专员	所在部门	市场部	所在科室
直接上司	市场部经理	职位级别	4 职等	职位编号

二、主要职责描述
1. 品牌建设。根据公司发展战略，拟订并实施公司品牌推广计划，如搜索引擎与行业网站推广、专业媒体推广、手机群发等

（续表）

2. 市场调研。对公司所在行业、产业链、国家政策等进行不定期的调研与分析，为公司领导制定市场决策提供参考

3. 企业 VIS 与产品资料管理。负责公司 VIS 标准的制定，以及各种产品资料、宣传资料、影像资料的平面设计与制作

4. 电子商务。根据公司发展战略，通过互联网进行市场推广，从而达到开拓市场的目的

5. 公司网站维护。负责公司网站的更新与维护工作

6. 公司展厅规划。负责公司展厅的设计与布置工作

7. 组织筹办产品展销。根据公司的年度营销计划，组织筹备国内外产品展销会

8. 制订新产品上市推广计划。规划和管理新产品的彩页计划以及展览会、媒体期刊、论坛会议等产品推广宣传工作

9. 产品上市策划。负责在新产品上市前设计广告宣传资料，并选择在相应的渠道中进行推广

三、岗位KPI
营销费用控制率、营销带来的业绩

四、任职资格要求

1. 学历及专业要求：市场营销或电商专业大专以上学历

2. 工作经验要求：三年以上本行业从业经验；一年以上市场推广工作经验

3. 能力要求

（1）专业技能。具备系统的市场推广专业理论知识和相关营销理论基础；能熟练运用网页设计软件及办公软件；对宏观经济学、微观经济学有研究；在市场营销方面有非常丰富的经验，能独立筹划市场营销活动，文字功底强

（2）沟通能力。能够很好地处理公司的内外部关系，促成各部门之间相互理解、相互支持与配合；有意识地搭建沟通平台，对内确保沟通渠道的顺畅

（3）分析与解决问题的能力。能根据公司的相关规定，通过统计分析等手段，及时发现本部门存在的问题，如推广方案、网络效应等，并能合理组织本部门资源，按照相关规定，结合自己的经验解决上述问题

【工具2-05】▶▶▶

销售部组织架构与职位体系

一、销售部职能描述

1. 产品销售。根据公司年度销售目标，制订并实施销售部月度销售计划，确保达成销售目标。

2. 客户接待。负责客户接待、工厂参观、销售洽谈及产品试样等工作。

3. 客户关系管理。收集并建立客户资料档案，不定期与客户打电话、发 E-mail 或现场沟通，了解客户需求，建立并维持良好的客户关系。

4. 订单处理。根据客户要求，负责下达销售订单，并跟进、协调各部门，及时为客户提供其需要的产品，并完成订单结算。

5. 产品报关。及时处理海关关系，准备相关资料，确保公司产品顺利过关。

6. 船务运输。负责联系船务公司，及时安排车期与船期，以确保货期。

7. 内部管理。建立并不断完善销售管理制度与销售流程，持续提高销售部门的业绩。

8. 团队建设。负责销售部人才的选拔、任用、培训、绩效管理与激励等工作。

二、职位关系图

销售部职位关系图如下图所示。

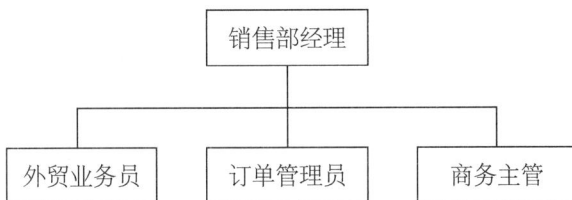

销售部职位关系图

三、职位说明书

1. 销售部经理职位说明书

一、基本信息				
职位名称	销售部经理	所在部门	销售部	所在科室	
直接上司	总经理	职位级别		职位编号	
二、主要职责描述				
1. 客户管理。组织建立客户档案，不定期与客户进行沟通（如打电话、发 E-mail、发微信等），维护客户关系，实现产品销售				
2. 销售洽谈。负责客户接待、商务洽谈及样品跟进等工作				
3. 订单跟进。负责协助订单管理员进行订单跟踪、客户产品交货期跟踪，直到产品出货				
4. 网站建设。负责公司中英文网站建设和中英文说明书的策划工作				
5. 团队建设。负责对下属进行选拔、任用、培训、激励与工作指导，帮助下属解决工作中的难题，同时对下属的工作进行监督与考核				

（续表）

三、岗位KPI
销售目标达成率、销售定价比、账款回收率、培训达成率、客户满意率

四、任职资格要求
1. 学历及专业要求：市场营销或外贸专业本科，英语四级或六级
2. 工作经验要求：五年以上本行业从业经验，五年以上销售管理工作经验
3. 能力要求
（1）专业技能。熟悉对外贸易的相关法律法规，熟悉外贸销售工作流程；具备优秀的英语口语与写作能力；具备优秀的商务谈判技巧，能够很好地维护客户关系
（2）开拓创新能力。能积极开拓新市场、新客户，不受陈规和以往经验的束缚，能为自己设定具有挑战性的目标，并能采取措施实现该目标
（3）沟通能力。具有很强的沟通能力，能够清晰、准确地表达观念、策略，并能根据听众的水平调整沟通方式，是一个优秀的沟通者
（4）分析与解决问题的能力。能处理非常规的、开放性和应用性的问题，在问题解决过程中具有探索性和创造性，有时需要团队合作完成
（5）领导力。能准确制定部门目标，善于培养并激励下属，并促成下属个人价值与部门目标的共同实现
（6）写作能力。具备一般公文的写作能力，以及专业的公司产品信息的撰写能力，掌握客户沟通中需要具备的专业术语

2. 商务主管职位说明书

一、基本信息					
职位名称	商务主管	所在部门	销售部	所在科室	商务组
直接上司	销售部经理	职位级别		职位编号	
二、主要职责描述					

二、主要职责描述
1. 国内客户关系管理。组织建立客户档案，与客户不定期进行沟通（如打电话、发E-mail、发微信等），维护客户关系，实现产品销售
2. 订单管理。将销售合同转变为内部销售订单，控制生产计划与生产进度，跟进直至出货
3. 销售对账。每月5日前和财务部核对上个月所有出货金额（对账单）
4. 内销订单催款。按照合同流程催款并和财务部确认回款情况
5. 样品管理。根据客户需求安排制作样品，并按时交给客户，促成交易
6. 团队建设。负责对下属进行选拔、任用、培训、激励与工作指导，帮助下属解决工作中的难题，同时对下属的工作进行监督与考核

（续表）

三、岗位KPI
销售目标达成率、货款回收率、下单准确率、数据统计准确率
四、任职资格要求
1.学历及专业要求：大专以上学历
2.工作经验要求：五年以上本行业从业经验；五年以上销售管理工作经验
3.能力要求
（1）专业技能。熟悉本公司产品特性；熟练操作公司ERP系统；熟悉订单下达、订单管理流程；电脑打字在每分钟50字以上
（2）沟通能力。能够很好地处理公司内外部的关系，促成各部门之间相互理解、相互支持与配合
（3）解决问题的能力。对异常订单、客户异常需求能做出快速反应，能妥善解决问题

3.订单管理员职位说明书

一、基本信息					
职位名称	订单管理员	所在部门	销售部	所在科室	
直接上司	商务主管	职位级别		职位编号	
二、主要职责描述					
1.打印生产任务单。根据客户订单及时打印生产任务单					
2.跟进生产进度。每天根据客户订单交货期要求，及时跟进生产订单					
3.出货计划的信息通知。每天根据客户订单交货期要求，制订出货计划，并打印出货单交相关部门					
4.出货数据的收集与整理。统计、整理每天的出货信息					
5.制作各类所需表格。制作、提交、整理汇总相关表单					
三、岗位KPI					
生产任务单打印与发放的及时率、出货任务的及时率、出货数据的准确率					
四、任职资格要求					
1.学历及专业要求：高中以上					
2.工作经验要求：两年以上本行业从业经验，一年以上跟单工作经验					
3.能力要求					
（1）专业技能。熟练操作电脑Office办公软件，能熟练制作各种报表，熟悉跟单流程，熟悉公司产品，电脑打字在每分钟50字以上					
（2）沟通能力。能够很好地处理公司的内外部关系，促成各部门之间的相互理解、相互支持与配合					
（3）解决问题的能力。对异常订单、客户异常需求能做出快速反应，能妥善解决问题					

4.外贸业务员职位说明书

一、基本信息					
职位名称	外贸业务员	所在部门	销售部	所在科室	
直接上司	销售部经理	职位级别		职位编号	

二、主要职责描述

1. 实施外贸推广计划。参加展览会、新产品发布会等外贸推广活动，并促成产品销售

2. 客户关系管理。建立国外客户档案，不定期与客户进行沟通（如打电话、发E-mail、发微信等），维护良好的客户关系

3. 外贸网络平台管理。收发外贸市场邮件；通过网络收集国外市场信息；负责阿里巴巴英文站及其他网络平台（B2B\B2C）的信息更新工作

4. 了解客户需求促成交易。通过打电话、发E-mail、发微信、开展商务洽谈、送样等沟通方式全面、准确地了解客户需求

5. 订单管理。将客户需求信息以订单的形式准确、及时地下达到销售部，及时跟进订单情况及至出货

三、岗位KPI

销售目标达成率、货款回收率、下单准确率、客户满意度

四、任职资格要求

1. 学历及专业要求：国际贸易等专业大专以上学历，四级英语水平

2. 工作经验要求：两年以上本行业从业经验，一年以上相关工作经验

3. 能力要求

（1）专业技能。熟练掌握B2B平台操作技巧，能独立开展外贸经营活动；熟悉外贸相关法律法规，熟悉外贸销售工作流程；具备优秀的英语口语表达与写作能力；熟练填制出口相关各类单证；具备处理问题及投诉或建议的能力；具备基本的商务谈判技巧，能够妥善处理客户关系

（2）沟通能力。能清晰、准确地表达相关信息，确保他人能理解自己的思想和意图，能促成各部门之间相互理解、相互支持与配合

（3）积极主动。在客户提出要求前，能主动了解客户需求，并向客户反馈相关信息

【工具2-06】▶▶▶

生产部组织架构与职位体系

一、生产部职能描述

1. 产品实现。根据调度员下达的生产指令，组织本部门员工合理利用人、机、料来安排生

产，控制生产进度，保证按时交货。

2. 安全生产。在完成生产任务的同时，开展安全检查和培训，保证企业安全生产。

3. 成本控制。在完成生产任务的同时，利用现有资源不断降低人力、材料和设备等成本，实现企业利润的最大化。

4. 生产协调。当生产出现异常时，应及时协调工程、品质等部门来解决问题。

5. 物料领用与管控。负责领用、管理物料，以及对物料异常的追踪、改善与盘点。

6. 现场5S。组织开展车间内的5S管理，确保生产现场干净整洁。

7. 设备管理。依照设备保养规程对设备、模工治具、量检具进行日常维护保养。

8. 效率提升。通过技术培训、工艺改良等措施不断提高生产效率。

9. 品质控制。通过技能培训、工艺改良、纠正预防措施以及标准化作业等方法，提高各工序产品质量，确保成品的合格率。

10. 内部管理优化。协助完善生产工艺流程、工艺图纸、品质作业标准，实现企业的标准化生产。

11. 部门建设。负责对部门员工进行选拔、任用、培训及绩效管理。

二、职位关系图

生产部职位关系图如下图所示。

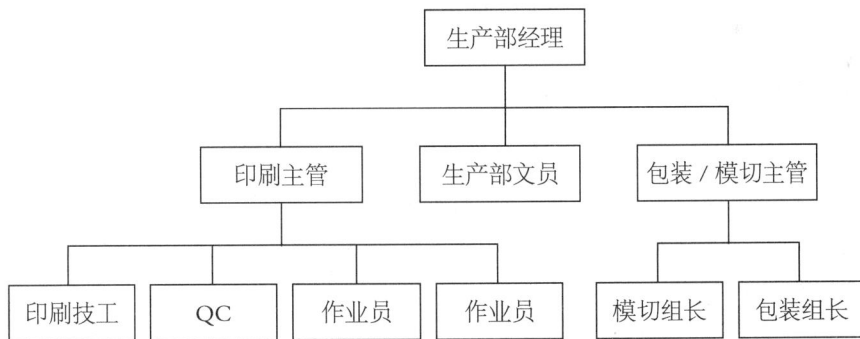

生产部职位关系图

三、职位说明书

1. 生产部经理职位说明书

一、基本信息					
职位名称	生产部经理	所在部门	生产部	所在科室	
直接上司	总经理	职位级别		职位编号	

（续表）

二、主要职责描述

1. 组织安排生产。根据调度部门下达的生产指令，组织本部门员工合理利用人、机、料安排生产，控制生产进度，保证按时交货

2. 现场 5S 管理。负责开展本部门现场 5S 管理，确保现场干净、整洁

3. 生产协调。负责本部门生产流程的管制、工作调度和人员安排

4. 物料领用与管控。负责生产物料的领用、管理以及对物料异常的追踪、改善与盘点管理

5. 品质控制。负责产品质量异常的预防、纠正与改善工作

6. 生产设备管理。负责计划、请购、使用与日常保养生产设备和工具仪器

7. 成本控制。通过统计分析与改善生产过程中物料、设备等的使用状况，减少浪费，降低生产成本

8. 生产效率。通过开展员工培训、改良生产工艺、采用先进设备与工具等，提高生产效率

9. 安全生产。在完成生产任务的同时，保证安全生产

10. 内部建设。负责本部门员工的选拔、培训和绩效管理工作

三、岗位KPI

计划达成率，品质合格率（制程、成品），生产效率，安全生产事故发生次数，制损率

四、任职资格要求

1. 学历及专业要求：大专以上，理工专业

2. 工作经验要求：八年以上本行业从业经验；八年生产管理工作经验

3. 能力要求

（1）专业技能。熟悉制造业生产流程；熟悉 ISO；熟悉 5S 运作；熟悉 QC 七大手法；基本了解模切材料、PET 生产工艺

（2）沟通能力。能够很好地处理公司的内部关系，能够促成各部门之间相互理解、相互支持与配合；具有分析与解决问题的能力；能随时发现安全与品质隐患；能根据公司的相关规定及工艺标准，通过统计分析等手段，及时发现本部门存在的问题，如效率、品质、安全等，并能合理安排本部门员工按照相关规定给予解决

（3）领导力。能准确制定部门目标，善于培养并激励下属，促成下属个人价值与部门目标的共同实现

（4）写作能力。具有较强的文字表达能力，能独立起草各类 5S 作业规范、生产作业流程等制度文件，并能指导他人的工作

2. 生产部文员职位说明书

一、基本信息					
职位名称	生产部文员	所在部门	生产部	所在科室	
直接上司	生产部经理	职位级别		职位编号	

（续表）

二、主要职责描述
1.统计制作生产日报表。统计各组完成的工作量等相关数据，做成日工作总结并上报相关部门
2.生产异常统计。收集与统计分析生产现场的异常信息
3.会议记录。在部门内部发布会议通知，制作会议记录
4.培训资料准备。协助制作培训教材及做好各项培训准备工作
5.各类单据的传递审核。负责日常单据（临时工时单、联络单）传递的审核等
6.部门文件管理。负责本部门来往文件的打印、收发和保管工作
7.部门人力资源工作。负责本部门人员出勤状况的监管及协助处理员工入职、考核、培训、离职等工作
8.办公用品的管理。负责办公用品的申购与发放等工作
三、岗位KPI
生产各类报表的准确性；报表统计的及时性
四、任职资格要求
1.学历及专业要求：中专、高中以上学历
2.工作经验要求：两年以上本行业从业经验，一年以上文员工作经验
3.能力要求
（1）专业技能。电脑打字在每分钟50字以上，能熟练使用Office办公软件编制文档、制作统计报表
（2）沟通能力。具有良好的表达能力，能将日常工作信息很好地传递给相关同事

3.印刷主管职位说明书

一、基本信息					
职位名称	印刷主管	所在部门	生产部	所在科室	
直接上司	生产部经理	职位级别		职位编号	
二、主要职责描述					
1.组织安排生产。根据调度部门的计划安排生产，包括人员调配、物料领发等					
2.品质监控。负责对产品进行抽查，控制并提高产品质量					
3.现场管理。组织生产现场5S管理，保证工作场地的整齐和清洁					
4.安全生产。督促员工严格按操作规程进行生产，严防安全事故的发生					
5.工作指导。对员工进行技术指导、培训及安全教育					
6.工具设备管理。负责监控工具设备的使用状况，确保数量准确及符合保养规程					
7.成本控制。严格控制产品数量及材料数量					
8.团队建设。负责对下属进行选拔、任用、培训、激励与指导，帮助下属解决工作中的难题，同时对下属的工作进行监督与考核					

（续表）

三、岗位KPI
计划达成率、品质合格率、生产效率、安全生产事故发生次数、制损率

四、任职资格要求
1. 学历及专业要求：高中、中专以上学历
2. 工作经验要求：五年以上从业经验，两年以上同职等工作经验
3. 能力要求
（1）专业技能。熟悉制造业流程，精通调油、晒网、拉网定位等，熟悉5S运作
（2）沟通能力。具有良好的表达能力，能将日常工作信息很好地传递给相关同事
（3）督导能力。能将上级信息准确地传达给下属，并监督下属落实

4. 包装／模切主管职位说明书

一、基本信息					
职位名称	包装／模切主管	所在部门	生产部	所在科室	
直接上司	生产部经理	职位级别		职位编号	

二、主要职责描述
1. 组织安排生产。根据调度部门的计划安排生产，包括人员调配、物料领发等
2. 品质监控。负责对产品进行抽查，控制并提高产品质量
3. 现场管理。组织生产现场5S管理，保证工作场地的整齐和清洁
4. 安全生产。督促员工严格按操作规程进行生产，严防安全事故的发生
5. 工作指导。对员工进行技术指导、培训及安全教育
6. 工具设备管理。负责监控工具设备的使用状况，确保数量准确及符合保养规程
7. 成本控制。严格控制产品数量及材料数量
8. 团队建设。负责对下属进行选拔、任用、培训、激励与指导，帮助下属解决工作中的难题，同时对下属的工作进行监督与考核

三、岗位KPI
计划达成率、品质合格率、生产效率、安全生产事故发生次数、制损率

四、任职资格要求
1. 学历及专业要求：高中、中专以上学历
2. 工作经验要求：五年以上从业经验，两年以上同职等工作经验
3. 能力要求

（续表）

（1）专业技能。熟悉制造业流程；熟悉5S运作

（2）沟通能力。良好的表达能力，能将日常工作信息很好地传递给相关同事

（3）督导能力。能将上级信息准确地传达给下属，并监督下属落实

5.模切组长职位说明书

一、基本信息					
职位名称	模切组长	所在部门	生产部	所在科室	
直接上司	模切/包装主管	职位级别		职位编号	
二、主要职责描述					

1.组织安排生产。根据生产计划安排本班生产，包括人员调配、物料领发等

2.品质监控。负责对产品进行抽查

3.现场管理。组织生产现场5S管理，保证工作场地的整齐和清洁

4.安全生产。督促本班员工严格按操作规程进行生产

5.工作指导。对本班员工进行技术指导

6.工具设备管理。负责监控工具设备的使用状况

7.成本控制。严格控制产品数量及材料数量

三、岗位KPI

计划达成率、品质合格率、生产效率、安全生产事故发生次数、制损率

四、任职资格要求

1.学历及专业要求：高中、中专以上学历

2.工作经验要求：三年以上工作经验，从事制造业相关工作两年以上，一年以上同职等工作经验

3.能力要求

（1）专业技能。熟悉制造业流程；熟悉5S运作

（2）沟通能力。良好的表达能力，能将日常工作信息很好地传递给相关同事

（3）督导能力。能将上级信息准确地传达给下属，并监督下属落实

6.包装组长职位说明书

一、基本信息					
职位名称	包装组长	所在部门	生产部	所在科室	
直接上司	模切/包装主管	职位级别		职位编号	

（续表）

二、主要职责描述
1. 组织安排生产。配合车间生产，根据生产计划安排本班生产，包括人员调配、物料领发等
2. 品质监控。负责对产品进行抽查
3. 现场管理。组织生产现场 6S 管理，保证工作场地的整齐和清洁
4. 安全生产。督促本班员工严格按操作规程进行生产
5. 工作指导。对本班员工进行技术指导
6. 工具设备管理。负责监控工具设备的使用状况
7. 成本控制。严格控制产品数量及材料数量

三、岗位 KPI
计划达成率、品质合格率、生产效率、安全生产事故发生次数、制损率

四、任职资格要求
1. 学历及专业要求：高中、中专以上学历
2. 工作经验要求：三年以上工作经验，其中从事制造业工作两年以上，一年以上同职等工作经验
3. 能力要求
（1）专业技能。熟悉制造业流程；熟悉 5S 运作
（2）沟通能力。良好的表达能力，能将日常工作信息很好地传递给相关同事
（3）督导能力。能将上级信息准确地传达给下属，并监督下属落实

【工具 2-07】▶▶▶

品质部组织架构与职位体系

一、品质部职能描述

1. 建立和完善质量保障体系。制定并组织实施公司质量工作纲要，健全质量管理体系，制定和完善质量管理目标负责制，确保产品质量稳步提高，维护并完善 ISO 9001 质量体系的运行。

2. 建立产品检验检测的作业标准。依照相关工艺与作业标准制定质量工作标准和产品质量检验、检测作业标准。

3. 产品检验。依照各项品质检验标准，对产品的来料、生产过程及成品进行检验或检测，并对结果做出判断。

4. 问题改善与纠正预防。收集、整理和分析本公司产品的质量问题，召集相关部门进行整改，并制定纠正预防措施。

5. 供应商评审。负责供应商品质评审、辅导和支持工作。

6. 设备仪器管理。负责本公司量检具的管理、内校和保养工作。

7. 部门建设。负责本部门员工的选拔、任用、培训和绩效管理工作。

二、职位关系图

品质部职位关系图如下图所示。

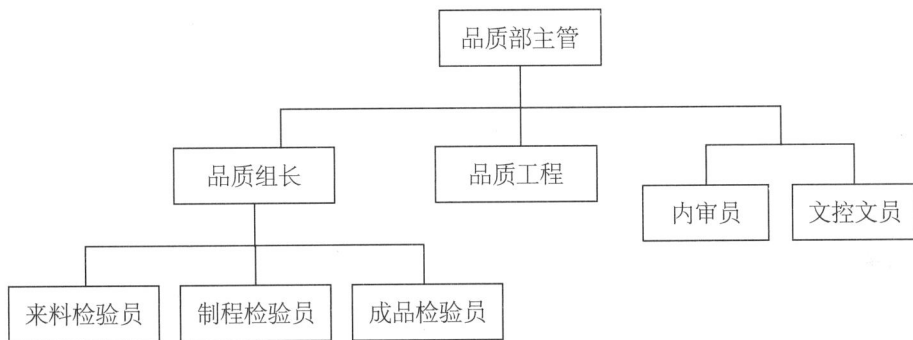

品质部职位关系图

三、职位说明书

1. 品质部主管职位说明书

一、基本信息						
职位名称	品质部主管	所在部门	品质部	所在科室		
直接上司	总经理	职位级别		职位编号		
二、主要职责描述						

1. 建立和完善质量保证体系。制定并组织实施公司质量工作纲要，健全质量管理体系，制定和完善质量管理目标负责制，确保产品质量稳步提高，维护并完善 ISO 9001 质量体系的运行

2. 建立产品检验检测作业标准。依照相关工艺与作业标准制定质量工作标准和产品质量检验、检测作业标准

3. 产品检验。依照各项品质检验标准，组织品质部员工对产品的来料、生产过程及成品进行检验或检测，并对检验或检测结果做出判断

4. 问题改善与纠正预防。对本公司产品的质量问题进行收集、整理、分析，召集相关部门进行整改，直到问题解决，及时制订纠正预防措施和质量提升计划

5. 供应商评审。负责供应商品质评审、辅导和支持工作

6. 设备仪器管理。负责本公司量检具的管理、内校和保养工作

7. 部门建设。负责部门员工的选拔、任用、培训及绩效管理工作

（续表）

三、岗位KPI（4～6项）
培训达成率、检验计划达成率、纠正预防完成率、每月客诉次数

四、任职资格要求
1.学历及专业要求：大专学历，专业不限，有内审资格证

2.工作经验要求：五年以上本行业从业经验，三年制造行业工作经验，一年主管工作经验

3.能力要求

（1）专业技能。精通 ISO 9001 运行维护，能熟练编写并指导实施 ISO 9001 体系各类文件；精通 QC 七大手法，熟练 SPC 运作；熟练操作卡尺、千分尺等基本的量检具；熟悉电子、塑胶产品的质量管控

（2）沟通协调能力。能妥善协调、平衡公司内外部的关系，能够促成各部门之间相互理解、相互支持与配合

（3）文字表达能力。具有较强的文字表达能力，能够独立起草品质作业规范、品质作业流程等的制度文件，并能对他人进行指导

（4）领导力。能准确制定部门目标，善于培养并激励下属，能促成下属个人价值与部门目标的共同实现

2.品质组长职位说明书

一、基本信息					
职位名称	品质组长	所在部门	品质部	所在科室	
直接上司	品质部主管	职位级别		职位编号	
二、主要职责描述					

1.协助品质部主管负责公司产品、制程、进料品质管理工作，达到公司质量目标

2.现场管理。主导现场品质提升方案的实施与监督

3.内部管理。对下属进行培训、指导并监督工作进展情况

4.异常处理。对不合格产品进行处理、跟进

5.沟通协调。同相关部门协调、沟通品质问题，确保产品品质

6.5S现场管理。负责责任区内检验区域及所管辖物料的5S管理工作

7.部门文件管理。负责本部门来往文件的打印、收发、保管工作

8.品质资料统计。负责产品质量数据、质检记录的收集统计及分析工作

9.部门行政事务。负责本部门办公用品的请购、保管和发放工作

10.完成主管交办的其他工作事项

（续表）

三、岗位KPI
检验计划达成率，表单、报表准确率，5S执行情况

四、任职资格要求
1.学历及专业要求：中专以上，有内审资格证
2.工作经验要求：三年以上本行业从业经验，两年制造行业工作经验，一年管理工作经验
3.能力要求
（1）专业技能。熟悉品质部的工作流程和管理模式；能熟练运用QC七大手法
（2）沟通能力。具有良好的口头表达能力，能将日常工作信息很好地传递给同事
（3）督导能力。能将上级信息准确地传达给下属，并监督下属落实

3.文控文员职位说明书

一、基本信息					
职位名称	文控文员	所在部门	品质部	所在科室	
直接上司	品质部主管	职位级别		职位编号	

二、主要职责描述
1.体系文件管理。负责公司质量体系文件的统一管理（包括编目、统计和借阅）
2.各部门文件监管。监督、指导和检查各部门文件与资料管理工作
3.外来文件管理。对外来文件进行分发、核查与监控
4.发放文件。负责质量体系文件的会签、编号和分发等管理工作
5.回收文件。文件变更时更改记录、会签、分发、回收与作废、定期销毁
6.公司内审。协助完成内部审核工作
7.保密工作。严格执行保密制度，做好文件资料保密工作

三、岗位KPI
文件发放、回收准确性，文件发放、回收及时性，文件管理的完整性

四、任职资格要求
1.学历及专业要求：高中、中专以上
2.工作经验要求：两年以上本行业从业经验，一年以上文员类工作经验
3.能力要求
（1）专业技能。电脑打字在每分钟50字以上，能熟练使用Office办公软件编制文档及制作统计报表；熟悉文件管控流程
（2）沟通能力。良好的口头表达能力，能将日常工作信息很好地传递给相关同事

【工具2-08】▶▶▶ ┈┈

PMC部（计划物控部）组织架构与职位体系

一、PMC部职能描述

1. 组织订单评审。进行订单评审，评定生产交货期，以便合理安排生产计划。

2. 编制生产计划。根据订单数量、标准工艺工时、现场人员、设备状况合理编制生产计划，确保各生产车间高效、足量生产并满足客户需求。

3. 编制物料计划。根据生产计划、物料库存数量及BOM（物料清单）合理安排生产与物料计划，确保各生产车间高效、足量生产并满足客户需求。

4. 合理控制库存物料。在编制生产计划与物料计划的同时，将库存数量降到最低，提高库存周转率。

5. 生产计划跟催。依照生产计划，监控、跟进各生产单位的生产计划执行情况，确保交货期。

6. 生产物料跟催。依照物料需求计划，及时跟进仓储组、采购部的物料供给情况，确保准时生产。

7. 生产协调。当实际生产情况与计划发生偏差时，及时组织召开生产协调会，协调处理相关问题，确保交货期。

8. 确保账物卡的准确。依照仓库相关管理制度及作业表单，及时收发货并做账，确保账物卡一致。

9. 收货作业。根据采购订单和供应商送货单等准时、准确地进行收货作业，并做好相关单据、数据的整理与记录工作。

10. 发货或退货作业。依照生产计划和套料单（领料单）或退货单等准时、准确备料发货或进行退货作业，并整理与记录相关单据、数据。

11. 物料的防护。按照产品防护管理规定，确保产品在搬运、储存、运输时防护到位。

12. 现场5S。组织开展责任范围内的5S管理，确保现场干净整洁。

13. 内部管理优化。不断完善生产计划、物料控制、仓库管理等相关作业制度与流程，提高本部门的整体管理水平。

14. 部门建设。负责本部门员工的选拔、任用、培训及绩效管理工作。

二、职位关系图

PMC部职位关系图如下图所示。

```
            ┌─────────────┐
            │  PMC 部主管  │
            └──────┬──────┘
         ┌─────────┼─────────────┐
  ┌──────────┐ ┌──────────┐ ┌──────────┐
  │PC（计划员）│ │MC（物控员）│ │ 仓库组长 │
  └──────────┘ └──────────┘ └────┬─────┘
                                ┌──────┐
                                │ 仓管员 │
                                └──────┘
```

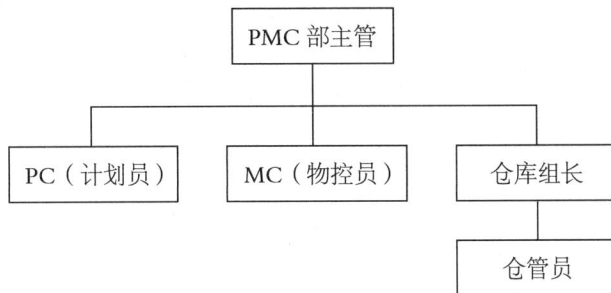

PMC 部职位关系图

三、职位说明书

1.PMC 部主管职位说明书

一、基本信息					
职位名称	PMC 部主管	所在部门	PMC 部	所在科室	
直接上司	总经理	职位级别		职位编号	
二、主要职责描述					

1. 组织订单评审。进行订单评审，评定生产交货期，以便合理安排生产计划

2. 编制生产计划。根据订单数量、标准工艺工时、现场人员、设备状况合理编制生产计划，确保各生产车间高效、足量生产并满足客户需求

3. 编制物料计划。根据生产计划、物料库存数量及 BOM 合理安排生产与物料计划，确保各生产车间高效、足量生产并满足客户需求

4. 合理控制库存物料。在编制生产计划与物料计划的同时，将库存数量降到最低，提高库存周转率

5. 生产计划跟催。依照生产计划，监控、跟进各生产单位的生产计划执行情况，确保交货期

6. 生产物料跟催。依照物料需求计划，及时跟进仓储组、采购部的物料供给情况，确保准时生产

7. 生产协调。当实际生产情况与计划发生偏差时，及时组织召开生产协调会，协调处理相关问题，确保按时交货

8. 确保账物卡的准确。依照仓库相关管理制度及作业表单，及时收发货并做账，确保账物卡一致

9. 收货作业。根据采购订单和供应商送货单等准时、准确进行收货作业，并做好相关单据、数据的整理与记录工作

10. 发货或退货作业。依照生产计划和套料单（领料单）或退货单等准时、准确备料发货或进行退货作业，并整理与记录相关单据、数据

11. 物料的防护。按照产品防护管理规定，确保产品在搬运、储存、运输时防护到位

12. 现场 5S。组织开展责任范围内的 5S 管理，确保现场干净整洁

（续表）

13. 内部管理优化。不断完善生产计划、物料控制、仓库管理等相关作业制度与流程，提高本部门的整体管理水平

14. 部门建设。负责本部门员工的选拔、任用、培训及绩效管理工作

三、岗位KPI

订单达成率、计划导致欠料停工工时、账物卡准确率

四、任职资格要求

1. 学历及专业要求：大专

2. 工作经验要求：八年本行业从业经验，六年以上制造业工作经验，三年以上同职工作经验

3. 能力要求

（1）专业技能。具备优秀的生产计划统筹能力，能有效利用各种资源，合理安排生产与物料计划；熟悉PMC、仓储管理作业流程

（2）沟通能力。能够很好地处理公司内外部的关系，促成各部门之间相互理解、相互支持与配合；搭建沟通平台，对内保持沟通渠道的顺畅

（3）领导力。能准确制定部门目标，善于培养并激励下属，并促成下属个人价值与部门目标的共同实现

（4）写作能力。具有优秀的写作能力，能够编写相关的规章制度及产品作业标准文件

2.PC（计划员）职位说明书

一、基本信息				
职位名称	计划员	所在部门	PMC部	所在科室	PMC组
直接上司	PMC部主管	职位级别		职位编号	
主要职责描述					

1. 订单评审。主导业务订单的评审过程，协调、确认订单交货期

2. 生产计划监管。根据生产计划跟踪生产情况，一旦出现异常情况应及时调整，确定生产计划的合理性

3. 组织生产协调。当生产计划及物料计划发生偏差时，应及时协调处理相关问题，以确保准时交货

4. 生产物料的监管。根据物料需求计划审核和监管物料情况，一旦出现异常情况应及时调整和跟踪，保证生产物料的及时达成率

5. 控制订单交货期的准确率。参与制定订单交货期达成率目标，监管目标的完成情况，及时处理交货期异常的订单，保证订单按期达成

（续表）

三、岗位KPI
生产计划达成率、计划欠料停工工时、计划异常处理及时性

四、任职资格要求
1.学历及专业要求：中专以上学历
2.工作经验要求：三年本行业从业经验，一年以上同职工作经验
3.能力要求
（1）专业技能。熟悉生产计划、物料计划和仓储管理
（2）沟通能力。具有很强的沟通能力和表达能力，能获得对方的理解与支持

3.MC（物控员）职位说明书

一、基本信息					
职位名称	物控员	所在部门	PMC部	所在科室	PMC组
直接上司	PMC部主管	职位级别		职位编号	
二、主要职责描述					
1.主物料需求计划。根据生产计划、在途量、安全库存、备料等制订物料需求计划					
2.物料控制。根据生产计划统筹物料，合理安排物料回厂时间，确保订单物料齐全及库存占用率最低					
3.辅料需求计划。根据生产排程制订生产现场的物料需求计划，减少物料的流转时间，提高生产效率					
4.物料进销。根据订单排查物料的可用量状态，在必要时提出增补申请					
5.呆滞物料处理。定期排查超过6个月的库存物料，对其长期未能使用的原因进行分析，必要时请工程人员协助处理					
6.库存周转率控制。合理控制物料进出库的时间，减少物料的停滞周期					
7.委外加工管理。对需要委外加工的物料进行控制					
三、岗位KPI					
库存周转率、周欠料次数、呆料处理及时性、物料请购错漏误工工时					
四、任职资格要求					
1.学历及专业要求：中专或同等以上学历					
2.工作经验要求：三年以上物控工作经验，一年以上同职经验					

（续表）

3. 能力要求

（1）专业技能。熟悉生产计划、物料计划和仓库管理

（2）沟通能力。能够准确、清晰地表达观点

4. 仓库组长职位说明书

一、基本信息					
职位名称	仓库组长	所在部门	PMC部	所在科室	仓库组
直接上司	PMC部主管	职位级别		职位编号	

二、主要职责描述
1. 确保账、物、卡准确。依照仓库进出管理原则，做好物料进、销、存的账务管理工作
2. 提高物料周转率。根据物控的物料需求计划，协调收货后的物料进仓、出仓进度，保证及时配送生产所需物料；配合物控员定期对呆滞物料进行清理
3. 控制安全库存量。根据物控的安全库存标准，检视物料的实际存量，在物料过多或过少时向物控员提供数据，以便于物控调整计划或在途的量、时间节奏的控制
4. 生产物料的配送。依照BOM对物料进行选配，及时提报欠料，到货后及时发送，以保证按时交货
5. 物料的标识。依照标识与可追溯性控制程序，明确产品的标识及状态
6. 物料的防护。依照ISO产品防护管理规定，确保产品在搬运、储存、运输时的安全性
7. 单据管理。严格按照财务制度规定，保证单据的清晰、准确、真实以及签核权、责任的明确，坚持单、货两清的管理原则，并且按质量记录管理原则做好单据的分类、归档，以便以后查证和检索
8. 收发货物。根据采购单据及发料单据，准确、及时地收、发、退仓库物料
9. 建立部门制度与作业流程。负责制定、完善并指导实施本科室制度及作业流程
10. 团队建设。负责对下属进行选拔、任用、培训、激励与工作指导，帮助下属解决工作中的难题，同时对下属的工作进行监督与考核

三、岗位KPI
账物卡准确率、备料及时率、单据审核及时性

四、任职资格要求
1. 学历及专业要求：中专或同等以上学历
2. 工作经验要求：五年以上电子行业仓库管理工作经验，三年以上同职工作经验
3. 能力要求
（1）专业技能。熟悉仓库管理流程
（2）统筹能力。能有效整合生产系统的各种资源，判断各项工作的轻重缓急，合理安排工作节奏
（3）领导力。能够准确制定本部门目标，善于培养并激励下属

5. 仓管员职位说明书

一、基本信息					
职位名称	仓管员	所在部门	PMC 部	所在科室	仓库组
直接上司	仓库组长	职位级别		职位编号	
二、主要职责描述					
1. 收货。供应商送货时，仓管员要及时清点数量、核对型号、检查质量					
2. 发料。发放物料时要保证所发物料与生产订单上的物料名称及数量一致					
3. 盘点。依照仓库管理制度不定期对仓库进行盘点，做到账、物、卡一致					
4. 不良品信息处理。及时将本仓库的积压品、不良品等各项信息报告给上级，并跟进处理					
5. 仓库现场 5S 管理。负责将仓库内的物料分区摆放，并做好明确标识，保持现场干净整洁					
三、岗位 KPI					
账、物、卡准确率，订单备料完成率，仓库收、发、退及时率					
四、任职资格要求					
1. 学历及专业要求：高中或中专以上学历					
2. 工作经验要求：两年以上本行业从业经验，一年以上同职工作经验					
3. 能力要求					
（1）专业技能。熟悉仓库管理流程及 5S 管理					
（2）沟通能力。能够准确清晰地表达自己的观点及理解他人的观念					

【工具 2-09】▶▶▶

采购部组织架构与职位体系

一、采购部职能描述

1. 物料采购。根据生产计划、物料计划，制订不同时期生产类物料的采购计划，经批准后组织采购。

2. 供应商开发与管理。负责供应商调研、选择、评估及规范管理工作，维护、协调与供应商的合作伙伴关系，确保各项物料的及时稳定供应。

3. 新产品开发。负责新材料、替代物料开发的试用跟进及采购管理。

4. 实施采购。负责询价、比价、议价、订购工作，以及跟催交货期。

5. 采购结算。负责所有供应商的对账及清款申请工作。

6. 更换或退货。负责物料更换或退货工作。

7. 采购成本控制。通过开发、管理供应商，掌握一定的谈判技巧，以及分析、处理市场信息，有效控制采购成本。

8. 品质控制。寻求质优价廉的供应商，确保产品质量。

9. 内部运营管理。建立并完善内部采购作业流程与制度。

10. 部门建设。负责本部门人员的选拔、任用、培训及绩效管理工作。

二、职位关系图

采购部的职位关系图如下图所示。

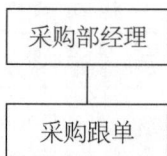

```
采购部经理
    |
采购跟单
```

采购部职位关系图

三、职位说明书

1. 采购部经理职位说明书

一、基本信息					
职位名称	采购部经理	所在部门	采购部	所在科室	
直接上司	总经理	职位级别		职位编号	
二、主要职责描述					
1.供应商管理。负责供应商的开发、评估、考核及管理工作					
2.采购过程管理。了解市场行情，依照PMC提供的物料需求信息制订采购计划，经批准后，跟踪采购计划的落实情况，并确保品质与交货期					
3.采购成本控制。在采购过程中，通过监督各采购员的工作进程及新供应商开发、供应商管理工作，掌握订单技巧、谈判技巧等方法，有效降低采购成本					
4.建立部门制度与作业流程。负责制定、完善本部门制度及作业流程并指导实施					
5.团队建设。负责对下属进行选拔、任用、培训、激励与工作指导，帮助下属解决工作中的难题，同时对下属的工作进行监督与考核					
三、岗位KPI					
采购物料的准交率、采购物料的合格率、采购物料的成本下降率					

（续表）

四、任职资格要求
1. 学历及专业要求：大专以上学历
2. 工作经验要求：两年以上本行业工作经验，一年以上本职工作经验
3. 能力要求
（1）专业技能。熟悉PET材料及包装材料供应链市场行情；熟悉企业内部采购作业流程；熟悉PET材料制作工艺与物料特性
（2）沟通能力。具有良好的表达能力，能将产品信息很好地传递给相关同事
（3）谈判技巧。充分了解对手，能够运用心理战术，以及谈判时的气氛和环境来影响谈判结果，能够利用各种资源来取得谈判的成功
（4）领导力。能准确制定部门目标，善于培养并激励下属，并促成下属个人价值与部门目标共同实现
（5）职业操守。严格遵守公司的各项规章制度，做到忠于职守、坚持原则、保持清廉

2. 采购跟单职位说明书

一、基本信息					
职位名称	采购跟单	所在部门	采购部	所在科室	
直接上司	采购部经理	职位级别		职位编号	
二、主要职责描述					
1. 采购实施。将物料需求计划转化成采购订单传递给供应商，并跟进物料品质与交货期					
2. 对账作业。每月与供应商对账并提交清款申请					
3. 采购异常处理。如遇采购过程中的品质异常及交货期异常，协调供应商及相关部门及时进行处理					
4. 资料收发。负责分发"采购单""不合格单"等所有单据					
5. 物料跟踪。负责跟进已下达采购订单的物料，并建立报表台账					
6. 不良物料退货处理。如采购到不良物料，应及时与供应商沟通，协助仓库在一周内做退货处理					
7. 采购文件管理。负责相关报表的建立和更新工作，负责整理和归档所有单据					
三、岗位KPI					
无					
四、任职资格要求					
1. 学历及专业要求：高中以上学历					
2. 工作经验要求：两年以上工作经验，一年以上采购跟单或采购工作经验					

（续表）

3. 能力要求

（1）专业技能。熟悉采购作业流程；掌握谈判、比价技巧；电脑打字在每分钟 40 字以上，能熟练使用 Office 软件编制文档及制作统计报表

（2）沟通能力。具有良好的口头表达能力，能将日常工作信息很好地传递给相关同事

【工具 2-10】▶▶▶

财务部组织架构与职位体系

一、财务部职能描述

1. 内部体系建立。建立健全公司财务管理制度。

2. 税务申报。督导公司的税务筹划和纳税申报工作。

3. 审计。对公司各项合同及费用的科学性、真实性和合规性（合理性）进行审核。

4. 资产管理。负责对公司各项资产进行盘点与监管。

5. 资金管理。加强对公司流动资金的管理并逐步提高资金周转率，统筹安排公司的各项费用支出。

6. 成本核算。核算产品标准成本，进行成本核算、控制与管理。

7. 财务预算与监管。依据公司年度经营目标编制公司年度财务预算，并且根据预算对各部门费用进行审计、分析与监管。

8. 编制财务报表。编制各项财务报表，为董事会提供决策参考。

9. 部门建设。负责本部门员工的选拔、任用、培训及绩效管理工作。

二、职位关系图

财务部职位关系图如下图所示。

```
              ┌──────────┐
              │  财务主管  │
              └──────────┘
                   │
        ┌──────────┼──────────┐
   ┌─────────┐┌─────────┐┌─────────┐
   │ 成本会计 ││ 应付会计 ││  出纳   │
   └─────────┘└─────────┘└─────────┘
```

财务部职位关系图

三、职位说明书

1. 财务主管职位说明书

一、基本信息					
职位名称	财务主管	所在部门	财务部	所在科室	
直接上司	总经理	职位级别		职位编号	

二、主要职责描述

1. 预算管理。依据公司年度经营目标编制公司年度财务预算，并根据预算对各部门费用进行审计、分析与监管

2. 财务报表及分析。每月定期提交财务报表，并进行有效的财务报表分析，为董事会制定经营决策提供依据

3. 成本核算。统筹并建立健全成本分析资料，分析各订单标准成本与实际成本

4. 税务筹划管理。负责公司税务筹划工作

5. 税务申报。按时完成税务申报及年度审计工作

6. 审计。对公司各项合同及费用的科学性、真实性和合规性（合理性）进行审核

7. 资产管理。负责对公司各项资产进行盘点、造册与监管

8. 资金管理。精准监控和预测现金流量，确定和监控公司负债与资本的合理结构，统筹管理和运作公司资金并对其进行有效的风险控制

9. 部门制度与作业流程。建立健全公司各项财务管理制度、财务作业流程与审核体系，并且指导实施

10. 财务单据审核。正确进行会计核算，填制和审核会计凭证，登记明细账和总账。核算款项的收付、财物的收发、增减和使用，以及经费支出

11. 档案管理。组织部门员工及时做好会计凭证、财册、报表等资料的收集、汇编、归档等工作

12. 团队建设。负责对部门员工进行选拔、任用、培训、激励与工作指导，帮助下属解决工作中的难题，同时对下属的工作进行监督与考核

三、岗位 KPI

报表准确率、报表及时率、资金周转率、财务分析报告预算控制率

四、任职资格要求

1. 学历及专业要求：财务专业大专以上学历，具有《会计资格证》

2. 工作经验要求：八年财务管理工作经验，四年以上制造型企业财务工作经验，两年同职工作经验

3. 能力要求

（1）专业技能。具备系统的财务理论知识，熟悉国家的财政、税收、统计、审计及银行的政策法规；熟悉制造型企业成本核算、资金管理、税务申报等工作；能独立构建财务管理制度；能独立完成财务预算、财务报表和财务分析工作

（续表）

（2）财务管理技能。能通过分析财务数据和公司发展状况，建立公司财务风险管理机制，并提出规避风险的方法

（3）统筹规划能力。具有优秀的统筹规划能力，能根据公司的发展目标对财务制度、财税政策及财务预算进行统筹规划

（4）数据分析能力。能通过财务基础数据分析出潜在的机会和风险，能为公司的财务规划提出预见性的改进措施

（5）沟通协调能力。善于协调、平衡公司内外部各方面的关系，促成相互之间的理解、支持与配合

（6）文字表达能力。具有较强的文字表达能力，能够独立起草财务报告及财务制度文件

（7）领导力。能正确制定部门目标，善于培养并激励下属，能促成下属个人价值与部门目标的实现

2. 应付会计职位说明书

一、基本信息					
职位名称	应付会计	所在部门	财务部	所在科室	
直接上司	财务主管	职位级别		职位编号	
二、主要职责描述					
1. 审核仓库出入库单据					
2. 核对供应商往来账目，确保往来账目清晰、准确					
3. 及时与各往来单位进行对账，做到账账相符，并定期进行往来账分析					
4. 核对仓库账及总账，做到账账相符，并与仓库进行账实核对、盘点、清算					
5. 建设和完善公司往来账务制度					
6. 负责会计资料的整理、保管工作					
三、岗位KPI					
应付账款准确率					
四、任职资格要求					
1. 学历及专业要求：财务专业中专以上学历，有《会计资格证》					
2. 工作经验要求：两年本行业从业经验，一年以上制造业应收应付会计工作经验					
3. 能力要求					
（1）专业技能。熟悉往来会计工作流程，有会计专业知识，能对每一笔业务进行准确的账务处理；熟悉使用Excel，有ERP系统操作经验					
（2）数字敏感力。能够正确把握数量之间的关系，具有对一般性数量关系进行迅速分析和判断的技能。对数字分析与运算较为敏感					

3. 出纳职位说明书

一、基本信息					
职位名称	出纳	所在部门	财务部	所在科室	
直接上司	财务主管	职位级别		职位编号	

二、主要职责描述
1. 付款办理。负责办理各种付款及报销业务，保证货币资金的安全、完整
2. 账本登账。负责登记现金和银行存款日记账、各类明细账，并及时编制资金余额日报表
3. 现金盘点。负责每月现金盘点，并编制现金盘点表
4. 支票保管。负责保管公司支票、合同章，并正确填开支票
5. 银行事务。负责办理支票进账、转账，以及银行单据打印等事务
6. 凭证整理。负责每月会计凭证的装订工作，并保证会计资料的安全和完整
7. 统计表编制。负责编制每月应付账款明细表
8. 凭证编制。负责录入每月各部门领用物料清单及编制凭证
9. 保管有关印章、空白收据和空白支票

三、岗位KPI
资金准确率

四、任职资格要求
1. 学历及专业要求：财务专业中专以上学历，有会计从业资格证
2. 工作经验要求：两年本行业从业经验，一年以上出纳工作经验
3. 能力要求
（1）专业技能。了解会计专业知识，熟悉国家及地方银行的政策与法律法规；熟悉银行业务办理流程
（2）沟通能力。能协调、平衡公司内部各方关系
（3）工作细心。考虑问题细心周到，能够妥善管理公司现金

4. 成本会计职位说明书

一、基本信息					
职位名称	成本会计	所在部门	财务部	所在科室	
直接上司	财务主管	职位级别		职位编号	

二、主要职责描述
1. 成本核算。进行完工产品的成本核算，并保证成本核算的准确性
2. 监督审核工厂材料的领用情况，监督工厂资产的安全与完整

（续表）

3. 负责制造费用分摊及固定资产折旧等各类成本费用核算工作

4. 复核监督工厂工时费用；同材料计划员做好材料的控制使用工作

5. 对固定资产进行期末盘点

6. 编制成本报表，并对工厂订单的盈亏情况进行分析，会同工厂经理或总经理进行讨论，为制定解决方案提供建议

7. 整理、保管会计资料

三、岗位 KPI
报表及时性、报表准确性

四、任职资格要求

1. 学历及专业要求：财务专业大专以上学历，有会计从业资格证和《初级会计师资格证》

2. 工作经验要求：三年本行业从业经验，有两年以上制造行业成本会计工作经验

3. 能力要求

（1）专业技能。熟悉国家及地方的财税政策与法律法规；熟练掌握 ERP 财务软件、Office 办公软件的运用技巧；能独立编制制造型企业的成本核算报表

（2）沟通能力。协调、平衡公司内部各方关系

（3）数字敏感力。能够正确把握数量之间的关系，具有对复杂性数量关系进行迅速分析和判断的技能。对数字的分析与运算较敏感

（4）分析能力。熟悉财务理论知识，比较了解国内各项财务政策；能根据公司提供的各项财务数据进行分析，并为公司制定决策提供依据

【工具 2-11】 ▶▶▶

行政与人力资源部组织架构与职位体系

一、行政与人力资源部职能描述

1. 人力资源规划。根据公司的经营发展战略，制订公司的年度人力资源规划并组织实施。

2. 培训与开发。根据公司的人力资源战略规划，建立并完善与公司经营发展战略相匹配的培训管理制度与政策，并组织实施。

3. 绩效管理。根据公司年度经营管理计划组织实施绩效管理工作，对各部门绩效评价结果进行监控，并不断完善绩效管理体系。

4. 薪酬福利。配合公司的经营发展战略制定、设计公司的薪酬福利政策，并组织实施和

监控。

5. 员工发展。根据公司业务发展和员工职业发展的需要，组织建立健全相应的人力资源培训与开发体系，制订企业内部员工职业规划与后备人才的梯队培养计划并组织实施。

6. 人才招募。定期组织实施公司人力资源供给和需求情况的预测与分析工作，落实公司各类人才的招聘与储备工作。

7. 人力资源管理。负责处理公司人力资源的日常事务性工作，包括劳动合同、社会保险、异动管理、劳资纠纷、转正晋升、入职离职、考勤休假、任免调配、薪资核算和员工申诉等。

8. 企业文化建设。根据公司的经营理念和价值体系，组织和筹划各项文宣活动。

9. 安全保障。负责财产、人员、设备的安全保障工作，并对员工进行安全生产培训与指导。

10. 生活保障。每天为员工提供基本的就餐、用水、用电、住宿、环境卫生等后勤服务保障。

11. 工作保障。负责为公司提供办公文具、工作制服、生产用电用水等基础保障。

12. 员工纪律监督。根据公司的各项规章制度（如车间制度、工作纪律、考勤制度、安全生产、食堂管理制度和宿舍管理制度等）随时开展检查，并对不规范的员工行为进行整改与教育。

13. 车辆管理。负责公司车辆的使用、调配、维修保养和保险等工作。

14. 5S管理。负责建立公司的5S管理制度，并监督实施。

15. 网络维护。负责电脑的维护与管理，保证正常办公及公司信息资源的安全性。

16. 软件的导入与维护。负责电脑系统软件的引入与维护。

17. 部门建设。负责部门员工的选拔、任用、培训和绩效管理。

二、职位关系图

行政与人力资源部的职位关系图如下图所示。

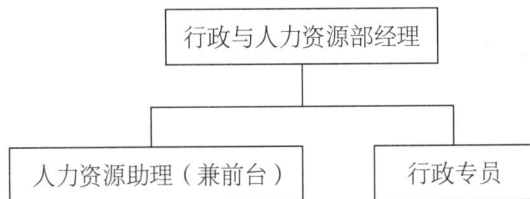

行政与人力资源部职位关系图

三、职位说明书

1. 行政与人力资源部经理职位说明书

一、基本信息					
职位名称	行政与人力资源部经理	所在部门	行政与人力资源部	所在科室	

（续表）

| 直接上司 | 总经理 | 职位级别 | | 职位编号 | |

二、主要职责描述

1. 人力资源规划。参与制定人力资源发展规划，为重大人力资源决策提供信息支持和建议

2. 人力资源管理制度。组织制定、执行和完善公司的人力资源管理制度，为实现公司战略目标提供有效的人力资源政策

3. 人才招聘。根据公司的人力资源规划，建立人员引进与选拔体系，并招聘与选拔公司主管以上职位及公司重要职位的人员，为各部门工作的正常开展提供人力保障

4. 培训发展。建立并实施各职系人员的培训与发展体系，使公司员工的综合素质得到整体提升，以适应公司快速发展的需要

5. 绩效管理。根据公司的绩效管理要求，制定人员评价政策，并组织实施人员绩效管理，同时，对各部门绩效评价的过程进行监控，及时解决出现的问题，不断完善绩效管理体系

6. 薪酬管理。根据公司的人力资源规划，制定薪酬福利和人员晋升政策，组织相关人员进行涨薪和人员晋升评审，落实公司的激励杠杆

7. 人力资源管理。指导并监督人力资源管理工作，如劳动合同、劳动安全、员工档案、员工关系、社会保险等工作

8. 行政管理制度。组织制定、执行和完善公司行政管理制度，保障公司后勤工作的正常、高效运作

9. 信息管理。组织、制定、执行公司的电脑信息管理制度

10. 内部管理。开展部门员工招聘选拔、绩效管理和沟通等工作

11. 企业文化建设。根据公司提倡的核心价值观，组织开展各项文化宣传活动

12. 外部关系管理。协调公司外部关系，协助总经理处理突发事件

三、岗位KPI

行政费用控制率、员工满意度、招聘达成率、培训计划达成率、员工流失率、安全事故控制率

四、任职资格要求

1. 学历及专业要求：人力资源、行政管理专业大专以上学历，人力资源管理师优先

2. 工作经验要求：八年以上本行业从业经验，四年以上制造行业人力资源管理工作经验，担任经理职务一年以上

3. 能力要求

（1）人力资源专业技能。系统了解现代企业人力资源管理与开发工作，并有实践经验，对人力资源规划、员工培训、人才引进与选拔、薪酬管理、绩效管理、员工职业规划设计、组织与人员调整等有较强的操作能力

（2）行政人力资源技能。对人力资源管理的事务性工作有娴熟的处理技巧，熟悉人力资源工作流程

（3）国家政策。熟悉国家、当地及企业的劳动合同、保险福利、薪资管理等人力资源政策

（4）亲和力。热情谦和，容易与人交心，具有一定的个人魅力

| （5）沟通协调能力。善于协调、平衡公司内外部各方面的关系 |
| （6）文字表达能力。具有较强的文字表达能力，能够独立起草人力资源文件，并对他人进行指导 |

2. 行政专员职位说明书

一、基本信息					
职位名称	行政专员	所在部门	行政与人力资源部	所在科室	
直接上司	行政与人力资源部经理	职位级别		职位编号	
二、主要职责描述					
1. 固定资产管理。负责公司固定资产的管理与登记造册工作					
2. 车辆使用管理。负责公司行政车辆的调度，协调各部门的车辆使用情况					
3. 信息硬件管理。负责公司办公电脑的维护、维修工作，确保办公电脑的正常运行					
4. 网络管理。负责公司网络设备、打印设备的正常使用					
5. 食堂管理。建立、完善食堂管理制度并监督实施					
6. 宿舍管理。根据公司现状，制定、完善宿舍管理制度并监督实施					
7. 环境卫生管理。制定、完善环境卫生管理制度并监督执行					
8. 维修、维护。及时维护和保养公司公共设施、设备					
9. 行政采购。负责办公与后勤物资的采购，编制采购计划，控制行政费用					
10. 安全管理。对厂区消防安全、财产安全、人身安全的管理					
11. 供应商对账。每月底对后勤采购物品单据进行对账核实					
12. 基础设施的管理。对行政管理基础设施进行定期保养					
13. 水电管理。对水电进行维护与管理，负责水电费用、房租的审核与申报工作					
三、岗位KPI					
行政费用控制率、员工满意度、后勤设施保养率					
四、任职资格要求					
1. 学历及专业要求：中专以上学历					
2. 工作经验要求：在中型制造行业工作两年，从事总务工作三年以上					
3. 能力要求					
（1）专业技能。对现代企业行政管理有系统的了解和实践经验；熟悉100人以上的食堂、宿舍、清洁卫生、后勤服务等作业；熟悉电脑硬件的基本维护工作					
（2）沟通能力。能够清晰表达日常行政事务性工作，并促成员工理解与配合					

3.人力资源助理职位说明书

一、基本信息					
职位名称	人力资源助理	所在部门	行政与人力资源部	所在科室	
直接上司	行政与人力资源部经理	职位级别		职位编号	

二、主要职责描述
1.招聘管理。制订员工招聘计划，编制"招聘计划表"；实施招聘计划，进行简历筛选，建立人才储备库；负责安排应聘人员进行面试
2.每天考勤异常处理。主要核查有无旷工、迟到、早退及未刷卡人员
3.薪资计算。统计每月考勤，制作"考勤表"，计算员工工资
4.人力资源日报表统计。每天新进、离职人员与招聘、请假数量的统计
5.员工劳动合同管理。在一个月内与新进人员签订劳动合同
6.入职/离职作业。为新进人员办理工作证、安排宿舍，统计离职人员考勤
7.员工保险办理。负责公司员工各种保险的办理及劳动保险的处理
8.员工关系。受理员工投诉、咨询，并及时向上级汇报
9.企业文化。开展有助于融洽员工关系的活动，推动企业文化建设
10.行政制度管理。负责发放、回收、保管公司行政管理制度
11.办公用品管理。保管各种后勤和办公物品，做好每月的盘存与统计工作
12.人力资源事务工作。协助行政与人力资源部经理做好员工的晋升、考核、调岗等工作
13.电话转接。负责将外部来电转接给相关人员
14.来访接待。热情、礼貌地接待公司来访客人，并及时通知被访人
15.报纸刊物管理。分类整理各类报纸刊物

三、岗位KPI
招聘达成率、人力资源信息和报表的准确率与及时率、人力资源档案归档的及时率、办公物品账务管理的准确率、员工投诉率

四、任职资格要求
1.学历及专业要求：人力资源专业中专/大专以上学历
2.工作经验要求：两年以上人力资源文员工作经验，一年以上人力资源管理工作经验
3.能力要求
（1）专业技能。电脑打字在每分钟50字以上，能熟练编制文档及制作统计报表；能依照公司各项人力资源政策独立开展工作
（2）沟通能力。能横向协调、平衡本部门与其他部门之间的关系
（3）具有较强的亲和力，能与员工亲切交流

> 第三章
人力资源配置规划

人力资源配置是指，企业为提高工作效率、实现人力资源管理的最优化，对企业的人力资源进行的科学和合理的分配。人力资源配置的规划工作包括岗位序列设计、岗位胜任素质模型和晋升通道设计。

学习目标

1. 了解岗位序列设计的意义，掌握岗位序列的分类、岗位序列归属判定的方法和原则。

2. 了解岗位胜任素质模型的基本元素和结构要素，掌握岗位素质模型的构建过程及操作方法与要求。

3. 了解晋升通道的设计原则，掌握晋升通道的设计步骤及操作方法与要求。

人力资源配置规划学习指引

序号	培训内容	时间安排	期望目标	未达目标的改善措施
1	岗位序列设计			
2	岗位胜任素质模型			
3	晋升通道设计			

3.1 岗位序列设计

在大中型企业中，其内部员工的工作内容总会有所不同，我们将这些不同岗位进行归类管理，划分出不同的"岗位序列""岗位群落"或"职能别"等。

3.1.1 岗位序列设计的意义

划分岗位序列是人力资源管理的基础工作之一。划分岗位序列在人力资源管理方面有两个作用：第一，根据序列的不同设计不同的薪酬体系，如管理序列采用年薪制，管理支持序列采用岗位业绩工资制；第二，根据员工的特长及未来的发展规划，可选择不同的序列，在同一序列内又会设计若干上升空间（即薪酬通道），为员工提供充足的发展空间。

设计不同的岗位序列，主要是为了方便企业对岗位任职者采取差异化管理。差异化管理主要体现在薪酬激励与绩效考核方面。不同岗位序列的考核方式、考核指标、薪酬结构、薪酬元素和激励模式都不同。

3.1.2 岗位序列的分类

根据工作内容、工作性质的不同，常见岗位可被分为五大序列，如表 3-1 所示。

表 3-1 岗位序列的分类

序号	分类	说明
1	管理序列	从事管理工作并拥有一定职务的职位。通俗的理解是"手下有兵"的管理者，企业把其承担的计划、组织、领导、控制职责作为主要的付薪依据。在一般企业中常用所谓的"中层和高层"的概念
2	职能序列	从事某方面的职能管理、生产管理等职能工作且不具备或不完全具备独立管理职责的职位。与"管理序列"岗位的区别在于，该岗位下可能也有下属人员，但企业付薪的主要依据不是其承担的计划、组织、领导、控制职责，而是其指导、监督、督促执行、辅助、支持等方面的职责
3	技术序列	从事技术研发和设计等工作的岗位，有一定的技术含量。企业付薪的主要依据是其专业技能，付薪依据不体现为计件的产品，但不排除会有类似项目奖金的目标性激励

（续表）

序号	分类	说明
4	营销序列	营销序列是指从事销售或市场开拓等工作的岗位，这类工作的工作场所不固定，甚至在外时间比在公司时间还要长。这些岗位绩效考核、薪酬激励的内容与其他岗位相比差异是最大的
5	操作序列	操作序列是指从事生产作业类工作的职位。这类工作一般工作场所比较固定，专业化程度较高，工作内容的重复性较强，创造性较少。在有些企业中，这类工作的任职者是构成"基层员工"的主要群体

岗位序列划分以岗位工作性质和任职资格要求为主要依据，将同类岗位归并而成。这些岗位要求任职者具备的素质相同或相关，承担的责任和功能相似或相同。

岗位序列划分要明确各序列的定义，并与企业的薪酬体系、员工的职业生涯规划联系起来，以利于企业实际运作为前提。

3.1.3 岗位序列归属判定的方法和原则

在划分完成岗位序列后，企业要对具体岗位进行岗位序列归属分析，以明确每个岗位属于哪个序列。在实际工作中，有些岗位既从事技术工作，也从事管理工作，无法清晰界定其归属。判定这类岗位的归属时应遵循如下原则。

（1）按岗位序列定义进行归属。

（2）中层及以上管理岗位，因薪酬结构和考核方式与其他序列明显不同，原则上应归属于管理序列，但各实体单位如车间等一线生产部门，车间主任等中层岗位可以归属于生产管理序列。

（3）岗位职责偏重原则。例如，某岗位的关键职责有 70% 属于技术工作，30% 属于管理工作，在这种情况下该岗位应归属于技术序列。

（4）薪酬就高原则。例如，某岗位既可归属于技术序列，又可归属于管理序列，除遵循以上三项原则外，还可对可归属各序列对应级别的年收入总额进行比较，最终将其归属于年收入总额较高的序列中。例如，某岗位归属于技术序列时，对应技术序列为 9 级，年收入为 60 000 元；当它归属于管理支持序列时，对应管理支持序列为 9 级，年收入为 55 000 元，最终该岗位应归属于技术序列。

3.2 岗位胜任素质模型

3.2.1 岗位胜任素质模型的基本元素

胜任素质也称能力素质，是指促使员工做出卓越绩效的一系列综合素质，如员工的知识水平、职业素养、技能或能力、自我认知、性格特征等。

能否显著区分员工的工作绩效差异是判断员工具备某项胜任素质的标准，即工作业绩卓越和工作业绩一般的员工在该项标准方面的行为表现是有明显差别的。HR 从业人员可以从以下四个角度识别员工的能力素质或岗位胜任特征。

（1）知识

此处提到的知识，既包括员工从事某一职业领域的工作必须具备的专业知识，如财务管理、人力资源管理、市场营销等学科的专业知识，也包括员工在某一组织中工作必须掌握的相关知识，如公司知识、客户信息和产品知识等。岗位胜任模型中的知识应包括行业知识、专业知识和公共知识三类。

（2）技能／能力

技能是指完成某项具体工作应具备的技术或能力，如计算机操作技能、财务分析能力等。

能力是指员工具备的、不容易改变的特质，如人际关系协调能力、问题分析能力、判断推理能力和市场拓展能力等。

（3）职业素养

职业素养是指员工应具备的思想道德、意识及行为习惯，如主动性、责任心、忠诚度、团队意识和诚信意识等。

（4）性格特征

性格特征是指持续而稳定的行为与心理特征，如稳重型、开朗型、忧患型等。

3.2.2 胜任素质模型之结构要素

素质模型结构是指根据某岗位员工应具备的胜任素质，从知识、技能／能力、职业素养、性格特征四个层面来构建其胜任素质模型，如图 3-1 所示。

125

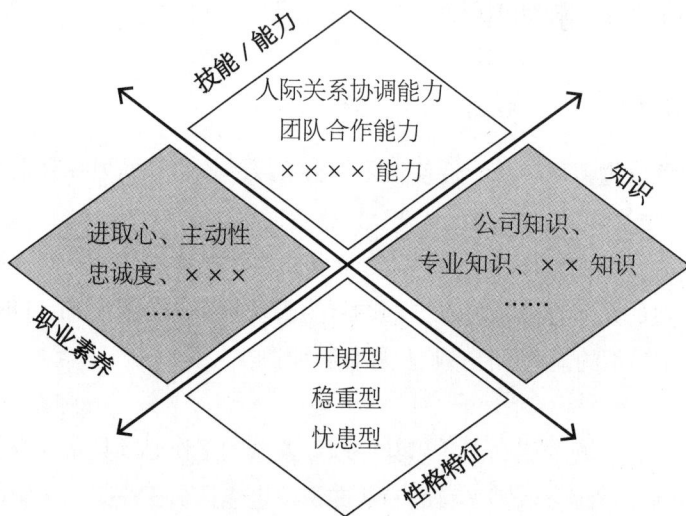

图 3-1　素质模型结构

（1）胜任素质模型的知识要素，如表 3-2 所示。

表 3-2　胜任素质模型的知识要素

素质结构要素	维度	具体说明	举例	测评方法
知识	行业知识	包括行业的运作方式，代表性企业，发展现状，业务或产品种类、特征，业务或产品覆盖范围、市场分布等	物流的概念，物流的运作模式，中国物流的发展现状等	笔试试卷考试
	专业知识	包括专业知识体系、各模块知识，工作中常涉及的相关专业知识	人力资源专业知识、市场营销专业知识	笔试试卷考试
	企业管理知识	对企业日常管理的认知，包括企业文化知识、办公自动化知识、行政管理知识、公共关系知识、法律知识和财务知识等	行政管理知识指日常行政事务处理、档案管理、公文处理、后勤服务管理等方面的知识	笔试试卷考试
	公共基础知识	包括人际交往知识、礼仪知识、安全知识、写作知识等	礼仪、人际沟通方面的知识	笔试试卷考试

（2）胜任素质模型的技能／能力要素，如表 3-3 所示。

表3-3 胜任素质模型的技能／能力要素

素质结构要素	维度	具体说明	测评方法
技能	办公软、硬件操作技能	在日常办公中经常会用到的技能，如 Office 办公软件使用技能	
	专业技能	工作中常会用到的专业技能，如招聘、财务分析、文字编辑、C 语言编程、处理客户投诉等技能	
	其他技能	工作中常会用到的非专业技能	
独立工作能力	目标导向	关注最终的工作结果，按照预定计划实施	
	分析能力	将数据转化为信息，理解信息和数据之间的关系，寻找现象的根源和诱因	
	洞察力	对组织内部和外部发生的变化、本职工作或专业领域的新进展保持清醒的认识	
	创新能力	能够围绕任务的价值和成本，创造性地改进工具、流程、制度和习惯，能鉴别可利用的机会和方法，能清晰地定义客户需求，并围绕客户需求对产品和服务进行改进	
	适应能力	能随条件、任务、人员和职责的变化进行调整，以适应新的情景	
	服务导向	对顾客有礼貌、有耐心，乐于帮助顾客，能理解顾客的意见，并以实际行动满足顾客的需要	
	自我发展	能够认识到工作所需的知识、技能和能力，能有针对性、有计划、系统性地提高自己的知识和技能	
人际关系协调能力	倾听能力	倾听时能配合非语言交流因素，能理解他人的表述，能复述他人表述的要点；当他人表述不清时，能提出反问；当他人的表述偏离主题时，能把话题重新引回主题	
	语言表达能力	能够清晰、有条理、准确地表达自己的观点和看法，能配合表情和动作表达观点，能根据对方的表情和反应调整自己的表达方式和措辞	
	书面表达能力	能够清晰、有条理、准确地以书面形式表达自己的观点和看法，能站在阅读者的立场思考自己的表达形式和措辞	

（续表）

素质结构要素	维度	具体说明	测评方法
人际关系协调能力	人际关系处理	能与他人和谐、友好地相处和合作，能与上司保持顺畅沟通，及时报告问题并寻求指导	
	协作精神	能意识到自身工作对公司整体目标的影响和贡献，能服从于公司整体目标；能感知到他人的想法和兴趣，能站在他人的立场思考问题，能积极地影响和引导他人并服从于公司整体目标	
	利他精神	能积极主动地帮助新同事适应工作环境，愿意帮助同事解决工作中出现的问题，愿意分担同事的工作任务	
	获得信任能力	能向上级和合作的同事及时通报工作进展，在责任边界不清晰时，愿意主动承担责任；对下级能提供支持，能在公共场合肯定同事和下属对成果的贡献	
	会议发言能力	会议发言能围绕主题，发言时观点明确、表述直接，能为自己的观点寻找证据；当与他人意见不一致时，能就观点展开讨论，而不是为了面子而展开辩论	
	冲突处理能力	能够判断冲突的来源，在发生冲突时，能将注意力集中在双方的共同点上；能够用现实的收益，而不是假想的损失来定义成果；在冲突中，能分清人、观点和利益，并且能够引导大家关注利益	
	组织意识	能积极维护公司的名誉，澄清外界对公司的误解；能主动提出改善运作的建议；能积极参加公司组织的各种活动；能在公共场合意识到自己代表的是公司	
	工作／家庭平衡能力	能获得配偶的支持，也能支持配偶对工作的投入，在事业上与配偶是相互欣赏的关系，能认识到自己在情感、经济、家务以及个人行为上的家庭角色和责任	
管理领导能力	决策能力	开发备选方案，做出 SWOT 分析，综合信息和合理的假设，做出更符合逻辑的选择	
	计划能力	为系统、全面完成任务做出计划，确定时间表和行动方案，制定资金和资源预算	

（续表）

素质结构要素	维度	具体说明	测评方法
管理领导能力	组织能力	分配资源、争取必要的资源，明确流程间的衔接和过渡	
	领导能力	激发他人的工作动机，了解他人的工作行为，提升他人对组织的忠诚度和归属感	
	控制能力	具有根据结果反向推理流程的能力，跟进流程进展，跟踪资金和资源的使用情况，及时提醒其他成员按计划完成目标	
	授权能力	在为下属分配工作时，能充分考虑到任务的重要性、时间要求、下属的能力和技能、工作量、下属开发的需要，在与下属讨论完成方法时，能承诺提供必要的资源和支持	
	预案开发能力	能针对工作中出现的各种情景制定相应的应对方案；能组织讨论和演练各种预案，以提高预案的有效性和实操性	
	下属指导能力	能预测下属的绩效表现、诊断下属的绩效问题，能围绕绩效目标指导下属改进工作行为、提高工作技能	
	下属开发能力	能充分利用工作情景启发和提高下属的领导能力和管理思维	
	结构塑造能力	能根据长远目标调整组织结构和部门职能，能根据各职能部门的任务特征决定管理的深度、跨度、指令线路、汇报线路和权力集中度	
	文化建设能力	能为组织成员描绘共同的愿景；能确定组织推崇的工作态度、沟通方式、工作方式、领导方式和管理方式；能确定组织推崇的生活方式、人际关系和社区关系	
	变革推动能力	能发现组织现状和长期战略之间的冲突，能发现员工整体习惯和企业文化中的不良因素，能唤醒员工的激情，从而有计划、有步骤地推动变革	

（3）胜任素质模型的职业素养要素，如表3-4所示。

表 3-4 胜任素质模型的职业素养要素

素质结构要素	维度	具体说明	测评方法
职业素养	现实投入性	现实、理性、时间观念强	
	思维逻辑型	合理推理、因果推理	
	成就动机	方向一致、持久	
	人际沟通能力	有效倾听、高效表达、非语言交流	
	组织沟通力	层级沟通能力、阅读书写能力	
	独立意识	情感独立、经济独立、思维独立	
	团队意义	能理解公司整体目标、服从性强	
	服务意识	服务内部客户、外部客户	
	成本意识	消费的理性与计划性	
	学习能力	阅读习惯、系统学习、工具性学习	
	尽责性	在正常情况下和压力、变化下，仍能有效、独立地完成工作，并能从头到尾检查工作是否有错误或遗漏	
	严谨性	关注工作细节，了解任务的整个流程和关键因素，能根据情景和数据预测流程的进展情况	
	主动性	为实现更高绩效，能主动采取超出预期的行动，并寻找机会改进工作流程	
	挑战性	能为自己或他人设定较高的工作目标，寻求有挑战性的任务，并能尽责、高效地完成工作	
	自信心	能坚持自己的观点并能明确表达自己的观点，相信自己的技能和完成任务的能力，坚持自己对结果的预测	

（4）胜任素质模型的性格特征要素，如表3-5所示。

表 3-5　胜任素质模型的性格特征要素

素质结构要素	维度	具体说明	测评方法
性格	内向型（I）	优点：独立自主、埋头工作、勤勉、坚持按自己的想法行事 缺点：易对外在环境产生误解，遇到困难容易逃避，易错失良机，易被他人误会，不愿工作被打断	
	外向型（E）	优点：善于运用外在环境、乐意与他人来往、有开放的态度、行动派、易被他人了解 缺点：需要和他人共事、喜欢变化、冲动派、讨厌被规则约束	
	直觉型（N）	优点：能以整体概念评价事物、富有想象力、愿意尝试新鲜事物、喜欢复杂的工作、喜欢解决新奇的问题 缺点：不注意实际、不注重细节、不合逻辑	
	知觉型（S）	优点：注意细节、重视实际、能记住琐碎细节、能接受烦闷的工作、有耐性、做事细心有系统性 缺点：易失去整体的概念，不求创新，难以应付太复杂的工作，不喜欢预测未来	
	思考型（T）	优点：坚持逻辑，善于分析，能客观、公正、逻辑性地思考问题，做事坚定 缺点：易忽略他人感受、误解他人价值观，不易表露感情、同理心较少、难以说服他人	
	感受型（F）	优点：能体谅他人感受、了解他人的需要、喜欢和谐的人际关系、易表露情感、喜说服他人 缺点：不合逻辑，不够客观，无系统性的思考，没有批判精神，易感情用事	
	熟思型（P）	优点：可从各角度欣赏事物，具备弹性、开放的态度，会依据可靠的资料做决定，不任意批评他人 缺点：犹豫不决、散漫无计划、无法有效控制情况、易分心、不照计划做事	
	决断型（J）	优点：能依据计划性的、系统性的思维做决断，有控制能力，能明快地做出决定 缺点：固执、不易妥协、无弹性、总是依据现有的少量数据做出决定	

131

3.2.3 岗位胜任素质模型的构建过程

岗位胜任素质模型的构建过程如图 3-2 所示。

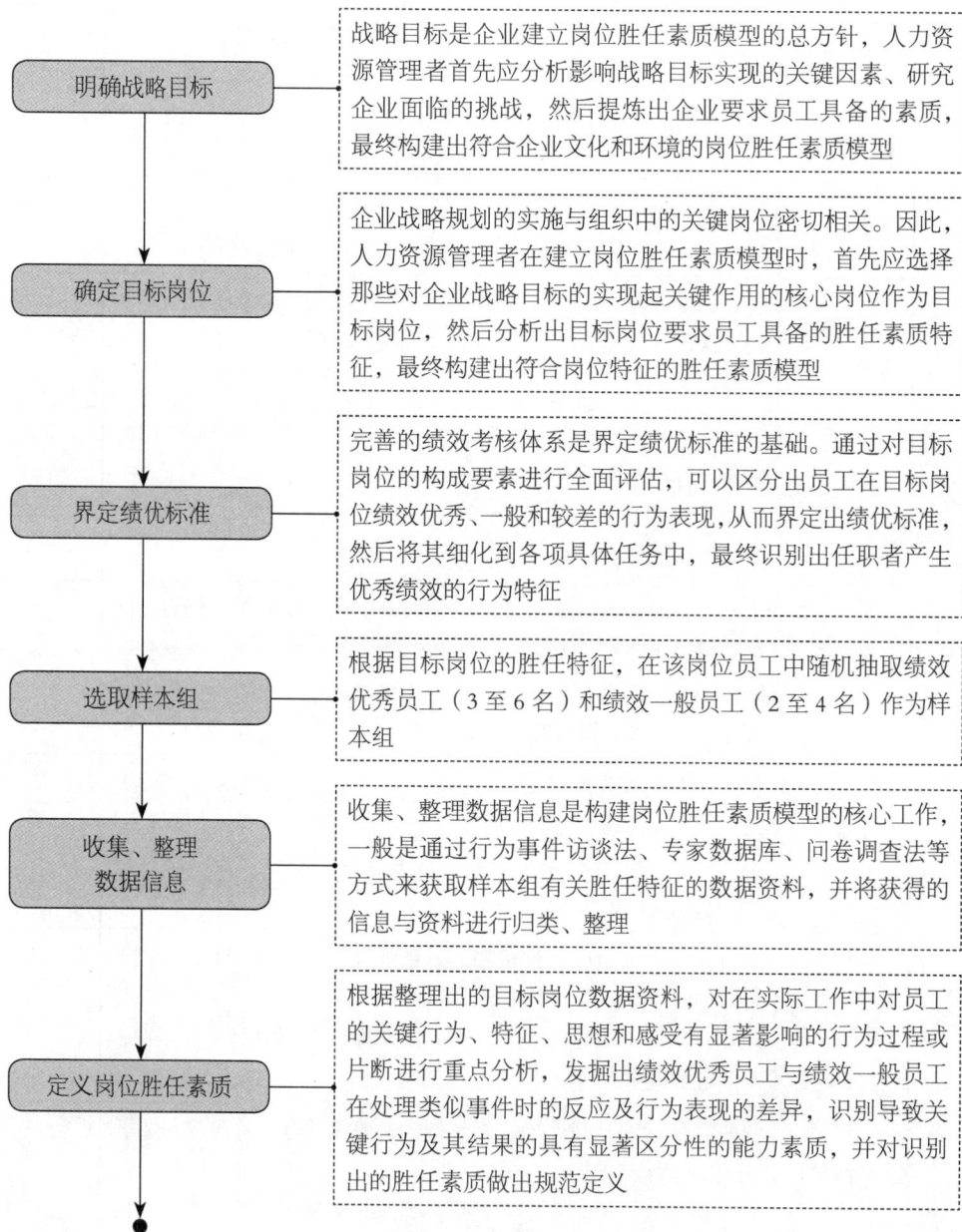

图 3-2 岗位胜任素质模型的构建过程

（流程图内容）

明确战略目标 → 战略目标是企业建立岗位胜任素质模型的总方针，人力资源管理者首先应分析影响战略目标实现的关键因素、研究企业面临的挑战，然后提炼出企业要求员工具备的素质，最终构建出符合企业文化和环境的岗位胜任素质模型

确定目标岗位 → 企业战略规划的实施与组织中的关键岗位密切相关。因此，人力资源管理者在建立岗位胜任素质模型时，首先应选择那些对企业战略目标的实现起关键作用的核心岗位作为目标岗位，然后分析出目标岗位要求员工具备的胜任素质特征，最终构建出符合岗位特征的胜任素质模型

界定绩优标准 → 完善的绩效考核体系是界定绩优标准的基础。通过对目标岗位的构成要素进行全面评估，可以区分出员工在目标岗位绩效优秀、一般和较差的行为表现，从而界定出绩优标准，然后将其细化到各项具体任务中，最终识别出任职者产生优秀绩效的行为特征

选取样本组 → 根据目标岗位的胜任特征，在该岗位员工中随机抽取绩效优秀员工（3 至 6 名）和绩效一般员工（2 至 4 名）作为样本组

收集、整理数据信息 → 收集、整理数据信息是构建岗位胜任素质模型的核心工作，一般是通过行为事件访谈法、专家数据库、问卷调查法等方式来获取样本组有关胜任特征的数据资料，并将获得的信息与资料进行归类、整理

定义岗位胜任素质 → 根据整理出的目标岗位数据资料，对在实际工作中对员工的关键行为、特征、思想和感受有显著影响的行为过程或片断进行重点分析，发掘出绩效优秀员工与绩效一般员工在处理类似事件时的反应及行为表现的差异，识别导致关键行为及其结果的具有显著区分性的能力素质，并对识别出的胜任素质做出规范定义

划分岗位胜任素质等级 → 定义出目标岗位胜任素质的所有项目之后，要对各个素质项目进行等级划分，并对不同的素质等级做出行为描述，建立初步的岗位胜任素质模型

构建岗位胜任素质模型 → 结合企业发展战略、经营环境和目标岗位在企业中的地位，将初步建立的岗位胜任素质模型与企业、岗位、员工这三者进行匹配和平衡，构建并不断完善岗位胜任素质模型

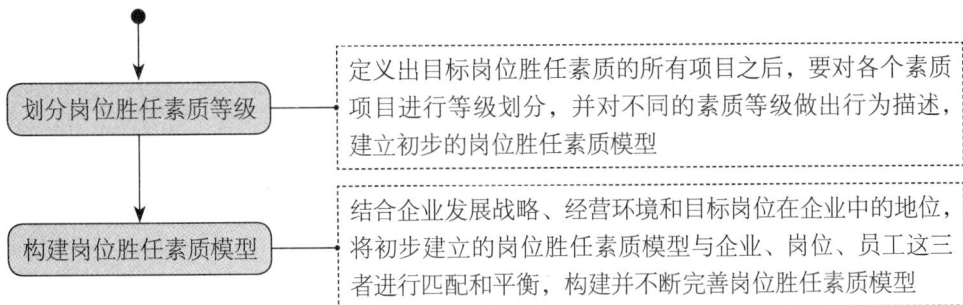

图 3-2　岗位胜任素质模型的构建过程（续）

3.3　晋升通道设计

为合理、充分、有效地利用企业内部的人力资源，促进员工的发展，调动员工的积极性，留住优秀人才，增强企业的核心竞争力，促进企业的长足发展，人力资源管理者有必要对员工的晋升通道进行设计。

3.3.1　员工晋升通道的设计原则

人力资源管理者在设计员工晋升通道时，应遵循如图 3-3 所示的原则。

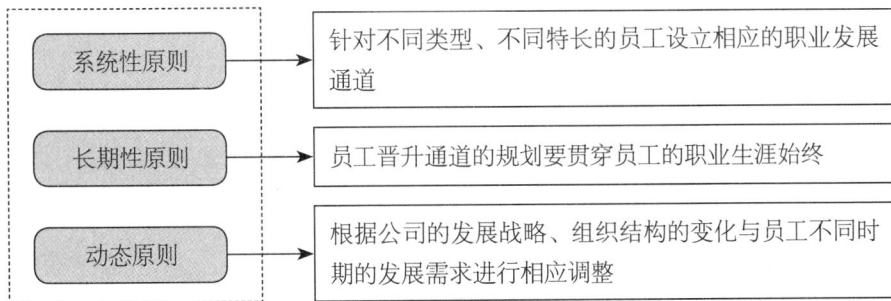

系统性原则 → 针对不同类型、不同特长的员工设立相应的职业发展通道

长期性原则 → 员工晋升通道的规划要贯穿员工的职业生涯始终

动态原则 → 根据公司的发展战略、组织结构的变化与员工不同时期的发展需求进行相应调整

图 3-3　员工晋升通道的设计原则

3.3.2　员工晋升通道设计的步骤

（1）设计出各部门人员的晋升通道。以下列出了技术研发部人员的两条晋升通道：管理晋升通道（如表 3-6 所示）和技术晋升通道（如表 3-7 所示），供读者参考。

表 3-6　技术研发部人员的管理晋升通道

晋升	职位	待遇	职责与绩效目标
↑	技术总监（正、副）	工资：×× 资金：×× 岗位津贴：×× 股权：××	**职责**：技术发展战略规划、技术管理与支持、新产品开发 **关键绩效指标**：产品质量合格率应在 ××% 以上，新产品开发计划完成率应在 ××% 以上，工艺改造计划完成率应达 ××%
	研发部经理（正、副）	工资：×× 资金：×× 岗位津贴：××	**职责**：研发管理、成果测试与验收、组织技术论证与交流 **关键绩效指标**：新技术课题完成率应达 ××%，新产品开发完成率应达 ××%，新产品测试达标率应达 ××%
	工艺主管（正、副）	工资：×× 资金：×× 岗位津贴：××	**职责**：组织研发调研，制定研发方案，管理研发过程，组织新产品鉴定 **关键绩效指标**：研发费用应控制在 ×× 万元以内，新产品课题完成率应达 ××%，新产品开发达成率应达 ××%
	技术研发员	工资：×× 资金：××	**职责**：执行研发调研，实施研发方案 **关键绩效指标**：新技术应用生产提高率应在 ××% 以上，研发项目完成率应达 ××%

表 3-7　技术研发部人员的技术晋升通道

晋升	职位	待遇	职责与绩效目标
↑	总工程师	工资：×× 资金：×× 津贴：×× 股权：××	**职责**：负责新产品的研发计划编制和研发管理，提供技术支持与设计改进，负责技术资料管理 **关键绩效指标**：新技术课题完成率应达 ××% 以上；新产品开发计划完成率应在 ××% 以上；新产品测试达标率应在 ××% 以上
	工程师（高级、中级）	工资：×× 资金：×× 津贴：××	**职责**：协助总工程师编制研发计划和研发管理，提供技术支持，执行研发计划 **关键绩效指标**：新技术开发达成率应达 ××%；新产品测试达标率应达 ××%
	助理工程师	工资：×× 资金：×× 津贴：××	**职责**：负责研发过程管理，执行研发计划 **关键绩效指标**：新产品开发达成率应达 ××%；新产品测试达标率 ××%
	技术研发员	工资：×× 资金：××	**职责**：执行研发调研，实施研发方案 **关键绩效指标**：新技术应用生产提高率应在 ××% 以上；研发项目完成率应达 ××%

（2）设置相应的晋升标准，如绩效考核标准、资格与能力素质标准。

班组长的关键绩效指标考核标准范例，如表3-8所示。

表3-8 班组长关键绩效指标考核表

姓名：   考核起止日期：

职位：班组长   考核日期：

所属部门：生产部   记录人：

绩效指标名称	权重	绩效评分标准	计算公式	得分
生产计划完成率	0.40	生产计划完成率应达××%以上，每增加（降低）1%加（扣）1分	100×权重+（实际完成率－计划完成率）×100	
产品合格率	0.30	产品合格率应达××%以上，每增加（降低）1%加（扣）1分	100×权重+（实际合格率－计划合格率）×100	
工伤事故发生率	0.30	年度员工工伤事故最大允许发生率应控制在××‰，每增加（降低）1‰应扣（加）1分	100×权重+（最大允许发生率－实际发生率）×1000	
总计	1.00			

考核等级划分标准						
等级	A	B	C	D	E	
分值区间	100分及以上	90～100分（含90分）	80～90分（含80分）	60～80分（含60分）	60分以下	
评价结果	优秀	良好	合格	待提高	差	

受评人（签字）：   考核人（签字）：   复核人（签字）：

表3-9给出了资格与能力素质标准评价表，请根据自身企业各部门员工的工作性质，选择相应的评价项目，以确定权重。

表 3-9 资格与能力素质标准评价表（范例）

姓名： 　　　　　　所属部门： 　　　　　　晋升职位：

评价项目		权重	得分	分值区间	评分标准
能力素质标准	决策能力	0.15		0～30分	面对问题有些优柔寡断，需要在别人的帮助下做出决策
				40～70分	能快速做出判断，并做出正确的决策
				80～100分	能很快做出判断，并做出科学合理的决策
	组织能力	0.15		0～30分	能在他人的帮助下做好组织工作
				40～70分	能独立做好组织工作，实现工作目标
				80～100分	能高效做好组织工作，实现工作目标
	沟通能力	0.1		0～30分	基本不了解下属或他人的顾虑和问题，很少与他们交流
				40～70分	能注意到下属或他人的顾虑和问题，并与他们交流
				80～100分	经常与下属交流，能迅速体会他人处境，设身处地地思考问题，产生思想共鸣
	团队合作能力	0.1		0～30分	了解团队的任务，在团队中承担一般性工作，协助团队工作
				40～70分	能运用专业知识提出自己的建议，善于与同事交流，推动团队开展工作
				80～100分	善于接纳别人的观点，能与同事进行深入交流，共同解决工作中的问题，推动团队开展工作
	问题解决能力	0.1		0～30分	能对问题进行一般性分析，最终找到解决方案
				40～70分	能运用逻辑思维分析问题、有效解决问题，并能将结论记录下来以指导将来的工作
				80～100分	能运用严密的逻辑思维高效解决问题，并利用结论合理配置资源、把握公司的战略方向
	学习能力	0.05		0～30分	学习能力一般
				40～70分	学习能力较强
				80～100分	学习能力很强

（续表）

	评价项目	权重	得分	分值区间	评分标准
资格标准	技术资格	0.1		30分	初级
				70分	中级
				100分	高级
	技术成果	0.1		0～30分	两项及以下
				40～70分	3～5项
				80～100分	6项及以上
	工作年限	0.1		0～30分	3年及以下
				40～70分	4～7年
				80～100分	8年以上
	学历	0.05		0～30分	大专及以下
				40～70分	本科
				80～100分	研究生及以上

记录人（签字）：　　　　　　　　　审核人（签字）：

一般情况下，基层、中层员工每三年晋升一次职位，管理者依据这三年评价结果的平均分来判断是否给予员工晋升；高层人员每五年晋升一次职位，同样是依据这五年评价结果的平均分来判断是否给予高层人员晋升。

（3）晋升评价包括三个步骤，即评价、面谈与试用、结果公布。

①评价。根据已设置的绩效标准与资格、能力素质标准，按照员工的实际表现进行打分，根据得分情况和等级标准来判断是否给予晋升。晋升总评分表如表3-10所示，等级评定标准如表3-11所示。

表3-10　晋升总评分表

姓名：　　　　　　　　　所属部门：　　　　　　　　　晋升职位：

评价指标	权重	评分	备注
绩效	0.7		
资格与能力素质	0.3		

总得分：＿＿＿＿＿＿

表 3-11   等级评定标准

姓名：   所属部门：   晋升职位：

等级	A	B	C
分值	≥ 90分	60~90分	< 60分
结果	晋升	保持原职	下调

是否晋升：_____

注：请根据企业自身情况自行调整各岗位人员绩效、资格与能力素质的权重。

②面谈与试用（人力资源管理者根据企业情况决定是否要设置面谈和试用环节）。经过评价环节，获得晋升机会的人员将进入下一环节——面谈。面谈主要是各级领导针对评价过程中未涉及的方面与员工进行面谈。员工面谈记录表如表 3-12 所示。

表 3-12   员工面谈记录表

姓名：   所属部门：   晋升职位：

评价项目	评价维度	面谈纪要
综合项目	态度	
	责任心	
	思想品质	
	沟通能力	
	创新学习能力	
综合项目	语言表达能力	
	组织协调能力	
专业技能	职业技能	
	职业兴趣	
总评	签字： 日期： 年 月 日	
晋升部门意见	签字： 日期： 年 月 日	

（续表）

人力资源部意见	签字： 日期： 年 月 日
总经理意见	签字： 日期： 年 月 日

注：请根据企业情况选择面谈内容。

可安排面谈合格者在新职位上试用。试用结束后，各级领导对其在试用期内的表现进行评价。表 3-13 为晋升人员试用情况评价表。

表 3-13　晋升人员试用情况评价表

姓名：　　　　　　　　　所属部门：　　　　　　　　　晋升职位：

晋升部门意见	签字： 日期： 年 月 日
人力资源部意见	签字： 日期： 年 月 日
总经理意见	签字： 日期： 年 月 日

时间：＿＿＿＿＿＿＿＿　签字（晋升人员）：＿＿＿＿＿＿

注：试用期一般为三个月，请根据企业情况自行调整。

③结果公布。评价、面谈、试用均合格后，人力资源部确定晋升名单，形成文件，并张榜公布。晋升评价结果如表 3-14 所示。

表 3-14　晋升评价结果

序号	晋升者姓名	所属部门	原职位	晋升职位	评价得分

人力资源部签章：　　　　　　　　　　　　　　　　　　时间：

（4）应用与改善

①晋升通道设计可应用于以下三个方面：

一是职位／级别的晋升，职位／级别的晋升是对员工工作能力的肯定和进一步的期待，可以对员工起到一定的激励作用；

二是薪酬调整，员工的职业发展情况应与薪酬待遇变化相对应；

三是员工激励，要让员工看到工作的希望，激励员工发挥潜能，使企业与员工达到"双赢"。

②改善。改善包括晋升通道设计的完善和员工自我完善。

管理工具

【工具 3-01】▶▶▶ ··

岗位序列实施办法

根据公司人才战略规划，为了给员工提供良好的发展空间，实现公司人力资源的优化配置，以及员工与公司的共同发展。结合公司的实际情况，制定如下实施办法。

一、专业序列及岗位

1. 专业序列的岗位阶梯主要包括管理岗位、研发（设计）岗位、技术岗位、专业管理岗位、销售（供应）岗位和操作岗位等，各专业序列由低到高又包括若干岗位。

2. 各中心在实施本办法时，可将各岗位细分为若干层级，如"助理技术员"岗位可细分为一级助理技术员、二级助理技术员等。

3. 各中心可根据具体情况，将辅助、服务岗位人员纳入操作岗位序列，并比照实施。

4. 以下是公司专业序列及岗位阶梯。

管理岗位	研发（设计）岗位	技术岗位	专业管理岗位	销售（供应）岗位	岗位操作
董事长 总经理	高级专家				
副总经理	专家	专家	专家	专家	专家
总监	资深研发（设计）员	资深技术员	资深管理员	资深销售（供应）员	资深操作工
经理 部长	主任研发（设计）员	主任技术员	主任管理员	主任销售（供应）员	三星操作工
副经理 副部长	副主任研发（设计）员	副主任技术员	副主任管理员	副主任销售（供应）员	二星操作工
首席专员	主管研发（设计）员	主管技术员	主管管理员	主管销售（供应）员	一星操作工
专员	研发（设计）员	技术员	管理员	销售（供应）员	技术操作工
员工	助理研发（设计）员	助理技术员	助理管理员		操作工
	见习员	见习员	见习员		见习工

二、岗位评价

1. 根据本专业序列的特点，不再进行各岗位的横向评价，只进行各序列内部纵向的岗位评价。即通过评价各岗位人员的工作责任、工作业绩、知识技能、工作强度和工作态度等的相对价值，确定岗位梯次。

2. 评价工作要坚持"对事不对人"的原则，同时要明确岗位评价是衡量岗位的相对价值，而不是绝对价值。它根据各项指标的权重比例、分值来划定区间，进而划定不同的岗位等级。

3. 对于研发（设计）、专业管理、技术、销售（供应）等岗位的岗位评价标准，各中心可根据自身情况选取评价指标，并确定指标所占比例。

岗位评价标准表

（研发设计、技术、专业管理、销售供应岗位）

一级指标	序号	二级指标	评价标准	比例
工作态度	1	工作态度	在思想上是否与公司保持一致	
			敬业负责、服从安排	
			工作上能与其他人协调配合	
工作业绩	2	××年以来工作业绩（包含考核和业绩成果）评价分档	一般	
			胜任	
			良好	
			优秀	
知识技能	3	文化素质	技校及以下学历	
			专科学历	
			本科学历	
			硕士及以上学历	
	4	基本工作	经一定指导，能从事辅助性或简单的工作	
			能完成一般性的业务工作	
			业务熟练，能完成较复杂的业务工作，有一定的组织能力	
			精通本专业，有较强的综合分析能力和组织能力	
	5	工作经验	本专业工作经验或年限在××年以上	
工作责任	6	管理、指导层次	接受管理、指导，不管理、指导他人	
			单层管理、指导	
			双层管理、指导	
			多层管理、指导	
	7	复杂程度	辅助性工作	
			基本日常工作	
			较复杂的工作	
			复杂的和有创造性的工作	

（续表）

一级指标	序号	二级指标	评价标准	比例
工作责任	8	工作责任和失误责任	承担微小的工作责任和失误责任	
			承担较小的工作责任和失误责任	
			承担较大的工作责任和失误责任	
			承担全部的工作责任和失误责任	
工作强度	9	工作负荷	工作量	
			加班量	
	10	精神疲劳度	工作简单重复，心理压力较小	
			工作呈多样性，有一定的心理压力	
			工作的创新性、开拓性、多样性较强，心理压力较大	
			工作的创新性、开拓性、决策部分影响大，心理压力大	

4. 对于操作岗位的岗位评价标准，各中心可根据自身情况选取评价指标，并确定指标所占比例。

岗位评价标准表

（操作岗位）

一级指标	序号	二级指标	评价标准	比例
工作态度	1	工作态度	在思想上是否与公司保持一致	
			敬业负责、服从安排	
			完成工作时能与其他人协调配合	
工作业绩	2	××年以来工作业绩评价分挡	一般	
			胜任	
			良好	
			优秀	

（续表）

一级指标	序号	二级指标	评价标准	比例
知识技能	3	基本工作能力	经一定指导，能从事辅助性或简单的作业	
			能进行一般性作业	
			具备熟练操作能力	
			能从事较高技术难度的作业	
			能从事高技术难度、复杂的作业，排除作业中的疑难问题	
	4	知识技能	技术等级中级工以下，或尚不能独立操作的中级工	
			技术等级中级工	
			技术等级高级工	
			技术等级技师	
			技术等级高级技师	
	5	工作经验	本专业工作经验或年限××年以上	
	6	技能比赛	各层次技能比赛的名次	

5.管理岗位员工按在职岗位认定，不再进行岗位评价。

6.研发（设计）、专业管理、技术、销售（供应）岗位主管以上级别员工，操作岗位一星操作工以上级别员工，在进行岗位评价时，应同时具备以下基本条件。

（1）要认真贯彻和落实公司的路线与方针政策，要在思想和行动上与公司保持一致。

（2）要认同公司的文化，做到爱岗敬业。

（3）要积极配合和支持中心工作，服从领导，在工作上要与相关方面进行协调配合。

（4）要遵守并执行公司和中心的各项规章制度，以及岗位规程的相关要求，并且自××年以来没有受过行政处分等。

（5）在本工种岗位、本专业领域内具有较丰富的知识和较高的技能。

（6）全面履行岗位职责，自××年以来工作业绩考核优秀。

三、各中心各专业岗位人员职数（比例）

1.公司根据各中心的编制、专业特点等，对各单位主管和一星操作工以上级别岗位人员的具体职数（比例）做出规定，其他梯次人员的职数或比例由各中心根据岗位评价情况确定。

2.各中心主管和一星操作工以上级别岗位人员的职数（比例）由公司总经理确定。

四、职业发展阶梯和人才库

1.公司各中心、各专业、各梯次的人员确定后，各中心应上报给公司，由公司统一建立各梯次的人才库。通过动态的升降级，既可以为员工的职业发展提供明确、顺畅、多途径的通道，也可以帮助公司识人、用人，合理配置、盘活、共享人才，还可以为实现公司人力资源管理的规范化、科学化提供有效的保障。

2.基于业绩、职责和能力等的不同，公司将以各专业的岗位骨干为主，通过实施精神鼓励、晋升等多方式和多手段的激励，让员工关心企业发展、投入企业发展，同时实现员工的个人发展。

五、岗位职责描述

1.各中心通过岗位评价对各岗位的梯次人员进行定岗后，需对各梯次岗位进行详细的职责描述，对岗位职能进行细化描述。

2.主管和一星操作工以上级别人员应承担的基本职责如下。

（1）协助本中心领导做好本中心的工作。

（2）富有团队精神，在工作上与相关方面协调配合。

（3）参与公司和本中心的技术创新、改革发展、管理创新、质量改善、节能降耗、民主管理等工作，并提出合理化建议。

（4）服从安排，接受本中心的业务培训安排。

（5）指定"师带徒"组合和培养接班人。

（6）介绍和推广经验，在同专业、同岗位员工中起到示范和表率的作用。

（7）维护公司利益，能制止和举报侵占公司利益的行为。

六、任职资格及晋升

1.任职资格

满足公司关于各岗位的学历、技术等级、经验知识技能的有关规定。

2.晋升资格

（1）根据岗位评价和各类人员职数比例确定岗位后，各序列和岗位梯次人员的晋升将以绩效考核为主，各类人员按绩效考核和组织任免程序实施晋升。

对于工作能力、创造力等指标，中心根据需要会同人力资源部利用考试、测评等手段予以确定。

（2）操作类晋升资格标准

	晋升到上一岗需具备的最少从业年数	晋升所需绩效等级	技术等级	工作能力	创造力	技术指导
专家	5	年度绩效考核结果为优秀	高级技师	精通本专业和相关专业的知识，理论水平为专家级水平，在行业或相关领域具有相当的影响力，为专业带头人	创新、创造力强，对公司或中心全面工作提出议案、建议，具体参与规划、立项、管理和改善工作	语言和文字表达能力强，协调沟通能力强，参与公司和中心的培训、带徒工作
资深操作工	5	年度绩效考核结果为优秀	高级技师	精通本专业知识和技能，有很强的问题解决能力，理论水平高	创新、创造力强，对中心全面工作提出议案和建议，具体参与规划、管理、立项和改善工作	语言和文字表达能力强，协调沟通能力强，参与中心的培训、带徒工作
三星操作工	3	年度绩效考核结果为优秀	中级或以上	能够从事高技术、复杂的作业，能排除作业中的疑难问题，具有较高的理论水平	有较高的创新、创造能力，能提出相关建议，并实施改进	有较高的技术指导和带徒能力，语言和文字表达能力较强，能按中心要求进行培训工作，带徒人数不少于4人
二星操作工	3	年度绩效考核结果为优秀	中级或以上	能从事高技术、复杂的作业，能排除作业中的疑难问题，具有较高的理论水平	有较高的创新、创造能力，每年提出多项相关建议，并实施改进	有较高的技术指导和带徒能力，有一定的语言和文字表达能力，能按中心安排进行培训工作，带徒人数不少于3人
一星操作工	2	年度绩效考核结果为优秀	中级或以上	能从事较高技术水平的作业，能排除作业中的一般问题，有一定的理论水平	有一定的创新、创造能力，能提出相关建议，并实施改进	有一定的技术指导和带徒能力，带徒人数不少于1人

	晋升到上一岗需具备的最少从业年数	晋升所需绩效等级	技术等级	工作能力	创造力	技术指导
技术操作工	2	年度绩效考核结果为良好或以上	中级或以上	具备熟练操作能力		具备技术指导和带徒能力
操作工	2	见习期考核和转正定级考试合格	达到转正条件	可以从事一般性作业		

（3）其他类晋升资格标准

	晋升到上一岗需具备的最少从业年数	晋升所需绩效等级	职称等级	工作能力	创造力	技术指导
高级专家		年度绩效考核结果为优秀	高级	负责公司相关重要工作，精通本专业和相关专业知识，理论水平高，在行业或相关领域内具有很高的影响力，为专业带头人	创新、创造力很强，能对公司的全面工作提出议案、建议，能完成课题、项目，能为公司带来很高的效益，在行业内影响力很大	参与公司的培训、技术指导工作
专家	5	年度绩效考核结果为优秀	高级	负责公司和中心的相关重要工作，精通本专业和相关专业知识，理论水平高，在行业或相关方面具有一定的影响力，为专业带头人	创新、创造力很强，能对公司和中心的全面工作提出议案，能完成课题、项目，能为公司带来很高的效益，在行业内的影响力很大	语言和文字表达能力强，协调沟通能力强，能参与公司和中心的培训、带徒工作

（续表）

	晋升到上一岗需具备的最少从业年数	晋升所需绩效等级	职称等级	工作能力	创造力	技术指导
资深	5	年度绩效考核结果为优秀	高级	负责中心或专业方面的重要工作，精通本专业业务，有很强的分析、解决问题的能力，专业知识的理论水平高	创新、创造力很强，对中心的全面工作提出议案，能完成课题、项目，为公司带来较高效益，行业影响力较大	语言和文字表达能力强，协调沟通能力强，参与中心的培训、带徒工作
主任	3	年度绩效考核结果为优秀		负责相关重要工作，业务水平高，分析和解决实际问题的能力较强，专业知识理论水平较高	有较高的分析、创新、创造能力，每年实施多项创新项目或提出多项建议，具体参与有关规划、立项、管理和改善工作，为公司带来较高效益	有较高的技术指导和带徒能力，语言和文字表达能力较强，按中心要求开展培训工作
副主任	3	年度绩效考核结果为优秀		负责较重要的工作，业务水平较高，分析和解决实际问题的能力较强，专业理论水平较高	有较高的分析、创新、创造能力，每年实施多项创新项目或提出多项建议，参与有关规划、立项、管理和改善工作，为公司创造较高效益	有较高的技术指导和带徒能力，语言和文字表达能力强，按中心安排开展培训工作
主管	2	年度绩效考核结果为优秀		业务能力熟练，具有一定的独立判断和决策能力，专业理论水平全面	有较高的分析、创新、创造能力，每年实施多项创新项目或提出多项建议，参与有关规划、立项、管理和改善工作，为公司创造一定的效益	有一定的技术指导和带徒能力

（续表）

	晋升到上一岗需具备的最少从业年数	晋升所需绩效等级	职称等级	工作能力	创造力	技术指导
专员	2	年度绩效考核结果为良好或优秀		具备熟练的工作能力		具备技术指导和带徒能力
助理员	2	见习期考核和转正定级考试合格		可从事一般性工作		
见习员	1		符合基本资质	经指导，能从事一般性工作，招聘测评满足基本能力要求	招聘测评满足基本能力要求	招聘测评满足基本能力要求

3.降级

出现下列情况之一者，中心根据情况将降低任职者的岗位等级：

（1）年度绩效考核不合格者；

（2）发生重大质量事故或工作失误者；

（3）年旷工累计达5天以上者。

七、薪酬

1.操作类

（1）星级以下员工：按各中心现行分配政策执行。

（2）星级员工：在执行各中心现行分配政策的同时，每月给予活动津贴，一星操作工×元，二星操作工×元，三星操作工×元，活动津贴和每月绩效考核结果挂钩，胜任工作职责方可发放。

（3）资深操作工和专家

参照其他类资深员工和专家月薪标准，各中心要结合本中心工作特点和中心总体分配政策，将资深操作工和专家的薪酬与绩效考核结果挂钩。

2. 其他类参照管理类（职能工资）月薪标准确定

管理岗位	研发（设计）岗位	技术岗位	专业管理岗位	销售（供应）岗位
董事长总经理	高级专家			
副总经理	专家	专家	专家	专家
管理岗位	研发（设计）岗位	技术岗位	专业管理岗位	销售（供应）岗位
总监	资深研发（设计）员	资深技术员	资深管理员	资深销售（供应）员
经理部长	主任研发（设计）员	主任技术员	主任管理员	主任销售（供应）员
副经理副部长	副主任研发（设计）员	副主任技术员	副主任管理员	副主任销售（供应）员
首席专员	主管研发（设计）员	主管技术员	主管管理员	主管销售（供应）员
专员	研发（设计）员	技术员	管理员	销售（供应）员
员工	助理研发（设计）员	助理技术员	助理管理员	
	见习员	见习员	见习员	

3. 薪酬晋升

（1）各专业人员完成岗位晋升后，薪酬或活动津贴（操作类）标准也应随之进行调整。

（2）如公司经营效益良好或超额完成年度经营目标，公司可有序安排总体涨薪计划，为各专业岗位人员提供薪酬的晋升空间；反之则降薪。公司薪酬与业绩挂钩的具体实施方案另行制定。

八、长期激励、员工福利和带薪休假计划

1. 在为各专业岗位人员提供薪酬的晋升空间的同时，公司将实施以期权、股权制度为主的长期激励、员工福利的完善计划和带薪休假计划，以完善薪酬福利体系。

2. 在满足全员激励的基本职能的同时，长期激励、员工福利的完善计划和带薪休假计划将向各专业岗位的骨干人员倾斜。具体实施方案另行制定。

九、绩效考核

1. 各中心根据公司绩效考核的总体要求，以及各专业类别和岗位梯次人员的岗位职责，制定精细化的考核方案，建立完善的考核体系，确保中心各项工作内容、职责得到落实。

2. 各中心要加大薪酬与绩效考核挂钩的比例，特别是除操作类以外的其他类岗位，虽然各中心的分配政策有所不同，但每月在薪酬标准中与绩效考核挂钩的比例不应低于总额的40%。

十、职业生涯规划

建立公司各专业序列和岗位梯次后，公司在给予各岗位梯次员工精神激励和物质激励的同时，应建立员工的职业发展激励体系，实施员工职业生涯规划，为员工提供良好的职业发展空间。具体实施方案另行制定。

【工具3-02】▶▶

员工岗位胜任能力考核管理办法

1. 目的

为提高一线员工对岗位理论基础知识和基本技能的掌握程度，增强一线员工学习业务、掌握技能的主动性，提高其岗位胜任能力，达到"以考促培"的目的，打造一支高素质、业务精干的人才队伍；同时也为培训、岗位调动以及薪酬调整、奖惩等提供客观合理的依据，特制定本办法。

2. 适用范围

本办法适用于本公司一线员工的岗位胜任能力考核。

3. 管理规定

3.1 考核内容

各岗位员工必须了解、知道、掌握的基本知识和基本技能，即"应知应会"的知识和技能。其中，应知部分的考核内容包括专业基础知识、安全操作规程、技术规程、流程制度等岗位基本知识，应会部分的考核内容为岗位任职者必须具备的基本操作技能。

3.2 考核周期

3.2.1 考核周期为定期考核、不定期考核、试用期考核、见习期考核。

3.2.2 定期考核：每年一次。

3.2.3 不定期考核。总经理办公会根据公司发展目标，结合员工岗位胜任能力等因素综合安排。进行不定期考核时，需至少提前两个月将考核时间、考核范围、考核项目及基本技能评分标准等通知员工，并安排学习和培训。

3.2.4 试用期考核。对于试用期员工，结合试用期评估情况，依据本制度考核试用期员工的岗位胜任能力。

3.2.5 见习期考核。对于见习期员工，可根据岗位特点并结合见习期评估情况，依据本制度考核见习期员工的岗位胜任能力。见习期包括但不限于调岗、晋升、降职等阶段。

3.3 培训方式。以自我学习为主，部门培训和公司培训为辅。

3.3.1 公司提供各岗位所需的专业基础知识、安全规程、操作规程、技术规程、规章制度等相关学习资料及考核大纲，并根据实际情况适时安排统一培训。

（1）生产运营部提供考核大纲及相关学习资料，建立考试题库和技能考核项目评价标准，并负责试卷的准备工作。

（2）人力资源部提供与公司管理相关的规章制度考核题库。

（3）所在部门配合生产运营部制定本部门各岗位基本技能考核项目和评价标准，并负责安排本部门员工实操技能的培训、指导和答疑工作。必要时可向人力资源部申请内部或外部师资支持，人力资源部应予以协调安排。

3.3.2 各部门内勤人员负责保存培训资料、员工签收签到表等相关培训文件。

3.3.3 员工主动学习自己任职岗位的应知应会知识。

3.4 考核方法

3.4.1 考核方法包括理论考试和现场实操考评。

3.4.2 理论考试是考核员工对本岗位应知应会知识的掌握程度，由生产运营部主导，确定理论考试题库，每个岗位至少应准备两套考试试卷和答案。试卷考题必须结合员工所在岗位的应知内容。考试采用闭卷的形式。

3.4.3 现场实操考评是考核员工对基本操作技能的掌握程度，由生产运营部会同各部门负责人研究制定岗位的基本技能考核项目及评价方法和标准，并逐步将之模板化，形成实操技能考核项目库。

3.4.4 为保证考核的公平公正，理论和实操考试均由人力资源部统一组织。理论考试由人力资源部和生产运营部共同监考与评卷，各业务部门负责人参与巡考。现场实操由技术总监、生产运营部、各业务部门负责人等不少于五人组成考评组共同监考和评分，最后取平均分作为最终考核得分，必要时可聘请外部专家参与考评。

3.5 考核标准

3.5.1 理论考试：80分（含）以上视为合格，80分以下视为不合格。对于理论考试不合格者，一个月内给予一次补考机会。补考仍不合格者视为不胜任该岗位工作。

3.5.2 现场实操考评：每一个项目的技能操作达到60（含）分以上，视为合格。有任一项目的技能考评在60分以下，均视为不合格。对于技能考评不合格者，一个月内给予一次补考机会。补考仍不合格者视为不胜任该岗位工作。

3.6 考核结果

3.6.1 奖励。对于理论考试和实操考评综合得分优异的员工，公司进行奖励。奖励金额由公司管理层决定。

3.6.2 培训。部门负责人要结合考核结果对本部门人员进行有针对性的培训，以提升各岗位人员的综合技能。

3.6.3 评估和晋升。考核最终得分将作为月度评估、年度评估以及员工晋升的重要依据。

3.6.4 调职调薪甚至解除劳动合同

（1）对于不胜任本岗位工作的员工，公司给予调岗处理，并给予一个月的见习期。调岗见习期结束之前，人力资源部再次对其进行岗位胜任能力考核。如果考核结果仍为不胜任该岗位工作，则给予待岗处理。

（2）待岗期为三个月，员工在待岗期间要主动学习应知应会知识和技能，部门负责人为其安排相应的培训和指导。

（3）公司对待岗员工只发放基本工资，其不享受年终奖金。

（4）待岗结束前，人力资源部对待岗员工进行第三次岗位胜任能力考核。如果考核结果仍为不胜任该岗位工作，则公司有权解除劳动合同，该员工不享受任何经济补偿。

【工具3-03】▶▶

员工职业通道和晋升管理制度

1. 总则

1.1 目的

为达到人尽其才、各尽其能的目的，实现优良的工作绩效，保证本公司职位升迁通道畅通，满足公司和员工个人发展的需要，提高公司和员工个人的核心竞争力，特制定本制度。

1.2 范围

适用于公司所有员工（不含派遣员工）。

1.3 基本原则

1.3.1 德能和业绩并重的原则。晋升需全面考虑员工的个人素质、能力以及在工作中取得的成绩。

1.3.2 逐级晋升与越级晋升相结合的原则。员工一般逐级晋升，为公司做出了突出贡献或有特殊才干者，可以越级晋升。

1.3.3 纵向晋升与横向晋升相结合的原则。员工既可以沿一条通道晋升，也可以随着发展方向的变化而调整晋升通道。

1.3.4 能升能降的原则。根据绩效考核结果，员工职位或薪资可升可降。

1.3.5 当公司职位发生空缺时，首先考虑内部人员，在没有合适人选时，方考虑外部招聘。

1.4 晋升需具备的条件

1.4.1 掌握胜任较高职位的技能。

1.4.2 相关的工作经验和资历。

1.4.3 工作表现及品行。

1.4.4 完成职位所需的有关培训课程。

1.4.5 具有较好的适应性和潜力。

1.5 晋升核定权限

1.5.1 高层由董事长提议，经董事会核定。

1.5.2 副总经理、总监以上由董事长核定。

1.5.3 各部门经理、副经理、主管由总经理核定。

1.6 管理职责划分

人力资源部负责员工任职资格条件的审查、晋升工作的组织、任职的公布等相关工作，是员工职位晋升的具体执行部门。各用人部门负责向公司推荐符合晋升条件的员工；当员工主动提出晋升要求时，任职部门负责初步核查其任职条件。

2. 员工职业发展通道

2.1 纵向发展

2.1.1 职务晋升

（1）职能（管理、技术）序列：员工→专员→主管→经理／副经理→副总／总监→总经理→高层（董事会、股东）。

（2）销售序列：员工→专员→主管→城市经理经理／副经理→办事处经理／副经理→片区／大区总监→副总→总经理→高层（董事会、股东）。

（3）按公司发展调整定义序列。

2.1.2 专业晋升

（1）员工→专员→专家（主管）→中级专家（经理／副经理）→高级专家（副总／总监）。

（2）员工和专员等级一般不做区分。

2.2 横向发展

员工除了在本岗位序列内按照岗位层级的要求晋升外，考虑到员工的不同发展意愿，公司也提供跨序列拓展的平台和机会。横向发展主要以内部调配和招聘的方式体现。

3. 员工职业发展管理

3.1 根据公司的实际情况，对于具有大专以上学历或主管级以上人员的职业发展实行规划管理。

3.2 职业发展管理模式

3.2.1 人力资源部负责建立员工的职业发展档案，并负责保管与及时更新档案。各部门负责人是本部门员工的职业发展辅导人，如果员工转部门或调整工作岗位，则新部门的负责人为辅导人。

3.2.2 实行新员工与部门负责人谈话制度。新员工入职后三个月内，所在部门负责人与新员工进行谈话，主题是帮助新员工根据自己的具体情况，如职业兴趣、技能、资质、个人背景等分析、权衡其个人发展方向，大致明确其职业发展意向。人力资源部跟踪和督促新员工谈话制度的执行情况。

3.2.3 进行个人特长及技能评估。人力资源部和职业发展辅导人指导员工填写"员工职业发展规划表"。表中包括员工知识、技能、资格证书及职业兴趣情况等内容，以备日后对照检查，不断完善，一般每年填写一次，在新员工转正后一个月内填写。

3.2.4 人力资源部每年组织一次员工培训需求调查，员工根据目前岗位职责、任职资格要求和个人职业发展规划并结合自身情况填写。人力资源部制订年度培训计划及培训课程时，应从员工需求出发，参考员工培训需求确定培训内容。

3.2.5 人力资源部每年对照"员工职业发展规划表"检查一次，了解公司在一年中有没有为员工提供培训、晋升的机会，以及员工当年的考核情况及晋升情况，并提出员工下阶段的发展建议。

3.2.6 在每年年底考核结果确定后，各部门负责人要与本部门员工就个人工作表现和未来发展规划谈话，确定下一步的目标与方向。

3.2.7 员工要根据个人发展的不同阶段及岗位的变更情况确定不同的发展策略，调整能力需求，以适应岗位工作及未来发展的需要。

3.2.8 职业发展档案包括员工的职业发展规划表、考核记录、员工培训需求、培训记录等，是员工调整职业生涯规划的依据。

4. 员工晋升管理

4.1 员工晋升的条件

4.1.1 员工晋升的基本条件

当岗位序列、职务序列不能满足企业发展需要时，可依实际情况增设。

序号	职务名称	职务角色	学历要求	职称	工作经验
1	主管	具有该领域丰富的经验和娴熟的技能，分配、协调和指导本领域专业人员开展工作，并对其工作成果进行审核	专科及以上	初级	一年以上相关工作经验
2	副经理	分管本部门部分领域的业务工作，协助部门负责人进行部门综合管理工作	专科及以上	初级	三年以上相关工作经验

（续表）

序号	职务名称	职务角色	学历要求	职称	工作经验
3	经理	制订部门工作计划并监督执行，全面负责本部门综合的管理工作	本科及以上	中级	五年以上相关工作经验
4	总监、副总经理	参与制定公司战略；在公司范围内制定和执行符合公司愿景、文化和长期业务目标的发展战略	本科及以上	高级	六年以上相关工作经验

4.1.2 满足以下条件的员工具备职务晋升资格

（1）在部门内担任低一级职务满一年，或在公司内不同部门担任低一级职务满两年（特殊情况需经总经理审批）。

（2）历年年度考核成绩为平均90分以上，且未受过处罚。

（3）具备拟任岗位任职条件：自身基本条件符合岗位说明书列明的任职资格条件。

（4）具备拟任岗位所需能力：经评价考核，符合拟任岗位所需的综合素质与能力要求，考核成绩要求在80分以上。

4.2 员工晋升的办理

4.2.1 晋升时机

（1）根据公司经营需要及发展规划，为保证高效运作，同时充实内部人才队伍，人力资源部每年组织一次员工晋升。

（2）当职位出现空缺时，若已有具备晋升条件的适当人选，可随时按晋升程序办理晋升。

4.2.2 晋升办理程序

（1）确定拟晋升职位。人力资源部根据公司的战略规划及人员需求，定期发布拟新任领导者的职务类别、数量及具体要求。

（2）推荐合适人选

①推荐。员工任职部门推荐，应填写"管理职务晋升推荐表"并经初步审查后交人力资源部。

②自荐。若是员工自荐，员工应填写"员工晋升申请表"，经部门负责人、分管领导核查后交人力资源部。

（3）晋升考核。人力资源部根据职位要求，审查所有人选的任职资格，对于符合条件的，考评组（由相关部门负责人层级以上人员组成考评组，每次考评人数为5～9人）按照拟任职岗位要求对其进行考核，填写"员工晋升综合素质与能力考核表"。

（4）决定人选。人力资源部汇总考核结果，考评组开会讨论后决定候选人，报公司高层确定，由最高核定人签发任命通知。

4.3 其他规定

4.3.1 晋升得到批准后，员工需接受新岗位的任职培训，考核合格后方可正式上任。

4.3.2 聘任期一般为一年，聘任期满后可根据考核结果决定是否续聘。

4.3.3 晋升条件不足时可设职务代理。

（1）当职位出现空缺时，若无符合晋升条件的人员，应提升适当代理人员。

（2）主管级以上人员除任职年限不足外（以不足一年为限），其余条件不足者不得晋升。

（3）同等职位的代理人员，视代理期间的工作绩效可办理直接调任。不同职等的代理人员，跨一职级代理满半年、跨两职级代理满一年时，视代理期间的工作绩效情况可晋升。

5. 职位轮换

5.1 职位轮换的对象

5.1.1 在同一职位工作超过五年的管理人员。

5.1.2 大学专科以上、有一定的专业技术知识和管理经验、有较大发展潜力的员工，储备领导者优先。

5.2 办理程序

5.2.1 每年根据公司运作的需要，由人力资源部会同各用人部门拟定参加轮换的管理岗位的名单。

5.2.2 职位轮换的具体操作应按内部调动的形式进行，审批手续按内部调动的程序执行。

6. 储备领导者管理

6.1 晋升考评组领导人力资源部定期统计、分析各公司的人员结构，建立公司人才储备库。

6.2 储备领导者的条件：在工作中表现出色，综合素质高、能力强，具备较大的发展潜力，在个人职业发展规划中希望任职的职位是公司的核心职位。

6.3 工作流程

6.3.1 确定关键职位。人力资源部会同各用人部门对公司职位进行分析，确定哪些职位是关键的、需要建立人才储备的职位，并明确关键职位要求。

6.3.2 储备人才的来源。由部门定期或不定期推荐，或每年办理员工晋升时选拔出的后备人选。

6.3.3 对初选的储备人才的考核。按要接替职位的要求进行考核。

6.3.4 储备领导者的任用。当公司出现职位空缺时，经考核选拔后为储备领导者办理晋升。

7. 领导者优化体系

7.1 系统性地发现不合格领导者，用科学的方法进行分析，最后用公平的方式进行处理。

7.2 找出不合格的领导者。满足下列条件之一的应视为不合格领导者。

7.2.1 年度绩效考核成绩低于 75 分的。

7.2.2 连续三次月度绩效考核成绩低于 80 分的。

7.2.3 连续三年年度绩效考核成绩为 75 ~ 80 分的。

7.3 收集每个个案的资料，并进行分析。对于部门负责人层级，由人力资源部准备个人材料，公司对不合格领导者进行讨论与分析。对于主管人员层级，由所在部门准备个人材料，由人力资源部和分管领导、所在部门负责人对其进行分析。

7.4 决定处理策略

领导者表现不佳的原因有很多，通过事前资料收集和会议讨论，拟定相应的处理方法，报总经理批准。

7.4.1 降级使用。对于能力不够的领导者予以降级处理，但必须按比例严格执行。

7.4.2 轮换。对于能力不适合现职的领导者，给予职位轮换。

7.4.3 留职察看（转入观察期）。对于仍有潜力或不合格原因不明的领导者要转入观察期，建立在短期内（3 ~ 6 个月）必须达到的量化或具体的目标，当领导者有明显改进时，要鼓励并进行告知；当无明显改进时，可采取其他措施进行处理。

7.4.4 解雇。解雇那些没有改进可能的领导者，但也给予情有可原或仍有潜力的领导者改进的机会。

【工具3-04】▶▶▶

员工职业发展规划表

填表日期： 年 月 日　　　　　　　　　　　　　　　　填表者：

姓名		年龄		公司（部门）		岗位名称	
最高学历		毕业时间	年 月		毕业学校		
参加过的培训	1.				5.		
	2.				6.		
	3.				7.		
	4.				8.		

（续表）

目前具备的技能/能力	技能/能力的类型		证书/简要介绍此技能

其他公司/部门工作经历简介					
	公司	部门	职务	对此工作满意的地方	对此工作不满意的地方
1					
2					
3					
4					

你认为对自己最重要的三种需要是：
□弹性的工作时间 □成为管理者 □报酬 □独立 □稳定 □休闲 □和家人在一起的时间
□挑战 □成为专家 □创造

请详细介绍自己的专长

结合自己的需要和专长，你对目前的工作是否感兴趣，请详细说明原因

请详细介绍自己希望选择哪条晋升通道

请详细介绍自己短期、中期和长期的职业发展设想

【工具3-05】▶▶▶ --

管理职务晋升推荐表

（主管及以上人员适用）

姓名		性别		年龄		户口所在地		籍贯	
最高学历		所学专业			政治面貌		毕业学校		
个人爱好及特长					计算机水平				
参加工作时间				工作年限			在本公司工作年限		
现任职									
部门			职务			聘任日期： 年 月 日		累计聘任年限	年 个月
拟晋升职位									
推荐	□晋升			拟晋升部门（公司）					
	□后备领导者			拟晋升职务					
推荐理由及晋升原因									
员工自评（优劣势）									
部门负责人意见									
公司负责人意见									
人力资源部任职资格审查	职缺状况	○是　○否 ○后备人才　○其他							
	考核成绩	历年考核成绩规定的标准是：							
	审核意见	○具备推荐职务基本资格条件，同意晋升：							
		○尚有不足，建议先代理职务或延期_____办理；							
		○同意推荐为储备领导者：_____							
		○建议其他部门_____职务_____							
		签名： 日期：							

（续表）

公司领导意见：	
	签名： 日期：

说明:"推荐理由及晋升原因"栏,员工自荐时,由员工本人填写并签名;公司（部门）推荐时,由公司（部门）负责人填写并签名。

【工具3-06】▶▶▶

员工晋升申请表

申请日期：　　年　月　日

部门		姓名	
原任公司／部门		原职位	
新任公司／部门		新职位	
个人资料	年龄：　　年　月　日出生,现　　岁		
	学历：		
	外部工作年限：　　年,内部工作年限：　　年,合计：　　年		
公司经历	入职日：　　年　月　日		
	公司　　　部　　年,职务：		
	公司　　　部　　年,职务：		
	公司　　　部　　年,职务：		
	公司　　　部　　年,职务：		
	公司　　　部　　年,职务：		
晋升说明			
人力资源部复核			
总经理		分管领导	部门负责人

【工具3-07】▶▶▶ --

员工晋升综合素质与能力考核表

（主管人员适用）

姓名：　　　　　　拟任职部门：　　　　　　拟任职职务：

考核项目	考核内容	分值	员工自评	主管评估	小计
工作态度	1. 把工作放在第一位，努力工作	20			
	2. 对新工作表现出积极的态度				
	3. 忠于职守				
	4. 对下属的过失勇于承担责任				
工作与团体协作	1. 正确理解工作目标，能有效制订适当的实施计划	30			
	2. 按照员工能力和个性合理分配工作				
	3. 做好部门之间的协调和联系工作				
	4. 在工作中能保持协作的态度，稳步推进工作				
管理监督	1. 善于放手，让员工独立工作，能鼓励大家积极合作	20			
	2. 注意生产现场的安全卫生和整理、整顿工作				
	3. 妥善处理工作中的失误和临时性的工作				
	4. 在人事安排方面，下属对其没有不满或很少有不满				
指导协调	1. 经常注意下属工作的积极性	15			
	2. 努力改善工作环境，提高工作效率				
	3. 积极训练、教育下属，提高他们的技能和素质				
	4. 注意进行目标管理，使工作能够协调进行				
工作能力	1. 正确认识工作的意义，能带领下属取得好成绩	15			
	2. 工作成绩达到预期目标或计划要求				
	3. 工作总结汇报准确、真实				
	4. 工作方法正确，时间与费用使用合理、有效				
总评分		100			

（续表）

主管评语	签名：
员工签名	

说明：1. 请根据行为出现的频率，结合以下标准进行评价，满分为100分。评分标准："总是"为90% ~ 100% 分值；"经常"为70% ~ 80% 分值；"有时"为40% ~ 60% 分值；"偶尔"为10% ~ 30% 分值；"从不"为0分。

2. "小计"栏的成绩计算为：员工评分 ×0.4+ 主管评分 ×0.6；各项合计得分为考核成绩。

【工具3-08】▶▶▶

员工晋升综合素质与能力考核表
（管理人员适用）

姓名：　　　　　　　　　　拟任职部门：　　　　　　　　　　拟任职职务：

序号	项目	要素	分值	员工自评	主管评估	小计
1	团队合作	在工作中善于寻求他人的帮助和支持，或主动调动各方面的资源以实现目标	10			
2		积极主动地与团队成员沟通，并给予他人积极的反馈				
3		在成绩面前常说"我们"，而不是"我"				
4	不断创新	能够在现有工作的基础上，提出新的观点和方法	10			
5		乐于接受他人的建议，改进自己的工作				
6		善于发现问题并尝试解决，敢于尝试新的方法来改善工作				
7	快速学习并不断分享知识	主动学习并能够快速适应新岗位及新工作的要求	15			
8		主动寻求各种途径来提高业务技能，了解和跟踪本行业的先进技术和发展趋势				
9		乐于与他人相互学习，并分享经验和信息				

（续表）

序号	项目	要素	分值	员工自评	主管评估	小计
10	责任心与主动性	重视客户需求，努力为客户解决问题	15			
11		工作尽心尽责、任劳任怨				
12		有高度的主人翁精神，能主动关注工作疑难问题并着手解决				
13	工作能力	保证完成每项工作的准确性与及时性	15			
14		能贯彻执行相关规章制度	15			
15		遇事善于分析判断且判断结果准确，具备较强的数据分析能力	10			
16		与人合作时沟通表达能力强，能准确领悟对方的意思或表达自己的意图	10			
	合计		100			
主管评语					签名：	
员工签名						

说明：1. 请根据行为出现的频率，结合以下标准进行评价，满分为100分。评分标准："总是"为90%～100%分值；"经常"为70%～80%分值；"有时"为40%～60%分值；"偶尔"为10%～30%分值；"从不"为0分。

2. "小计"栏的成绩计算为：员工评分×0.4+主管评分×0.6；各项合计得分为考核成绩。

【工具3-09】▶▶▶

员工能力开发需求表

填表日期：　　年　月　日　　　　　　　　填表者：

姓名		公司（部门）		岗位名称	
主要工作内容明细					

（续表）

所承担的工作	自我评价			上级评价			上级评价的事实依据
	完全胜任	胜任	不能胜任	完全胜任	胜任	不能胜任	

我对工作的希望和想法	目前实施的结果
1. 2. 3. 4.	1. 2. 3. 4.

达到目标所需的知识和技能：

需要掌握但目前尚欠缺的知识和技能	所需培训的课程名称

通过培训已掌握的知识和技能	已培训的课程名称

需要公司提供的非培训方面的支持	上级意见

【工具3-10】▶▶▶ --

续聘人员汇总表

填表日期： 年 月 日

部门（公司）	姓名	学历	聘任职位	累计任期	考核成绩是否达标	拟续聘任期

说明：此表适用于主管级及以下人员，用人部门填写后交人力资源部审核，报总经理批准生效。

总经理审批： 人力资源部： 部门负责人：

日期： 日期： 日期：

> 第四章

薪酬福利规划

薪酬管理在人力资源管理体系中占据着重要地位，也是企业高层管理者和员工最关注的工作。合理有效的薪酬体系，不仅能激发员工的积极性和主动性，而且能帮助企业吸引和留住一支素质优良且具有竞争力的队伍。

学习目标

1.了解薪酬体系设计的策略，掌握薪酬体系的结构、薪酬体系设计的基本模式和薪酬体系设计模型。

2.掌握薪酬管理的内容。建立全面薪酬制度、定期进行薪酬体系诊断、进行岗位测评、对薪酬进行调整等。

3.了解员工福利的构成、弹性福利计划，掌握福利管理的事项及各项内容、操作要求和方法。

薪酬福利规划学习指引

序号	培训内容	时间安排	期望目标	未达目标的改善措施
1	薪酬体系设计			
2	薪酬管理规划			
3	员工福利规划			

4.1 薪酬体系设计

在薪酬管理工作中，通过金钱发挥激励作用是薪酬设计的关键。但是，有时提高工资并不能带来员工士气的提高。究其原因，是薪酬体系设计工作没有做好。

4.1.1 薪酬体系设计的策略

薪酬总额的多少，与能否留住人员有关；而薪酬结构如何，与能否激励人员有关。那么，什么样的薪酬结构才有激励性呢？以下是企业在不同发展阶段的薪酬策略表（如表 4-1 所示）。

表 4-1　企业不同发展阶段的薪酬策略表

企业发展阶段	基本薪资	奖金	福利
初创期	低	高	低
成长期	具有竞争力	高	低
成熟期	具有竞争力	具有竞争力	具有竞争力
稳定期	高	低	高
衰退期	高	无	高
更新期	具有竞争力	高	低

4.1.2 薪酬体系的结构

科学的薪酬体系是保证薪酬公平性的基础。薪酬体系设计的科学性主要体现在薪酬体系设计与企业发展战略的结合上，这样可以使收入分配向对企业发展做出突出贡献的员工倾斜，以达到企业的发展目标。一个完整的薪酬体系结构如图 4-1 所示。

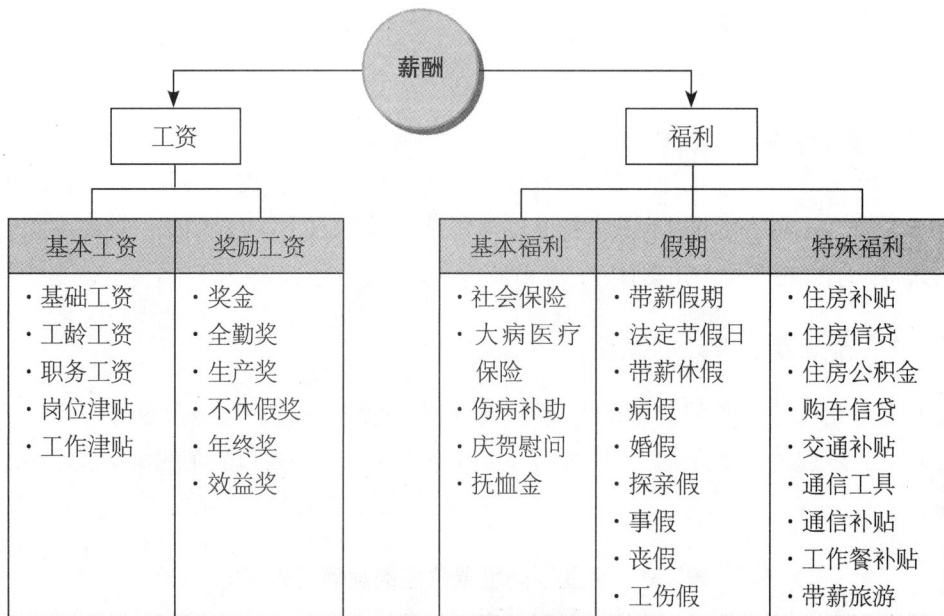

图 4-1　薪酬体系的结构

4.1.3　薪酬体系设计的基本模式

企业的薪酬体系由多部分构成，其中主要有基本工资、奖励工资和福利等，这些不同的薪酬组成部分具有不同的刚性和差异性。薪酬模式是将上述几部分按不同比例组合在一起。目前薪酬体系主要有三种基本模式，如表 4-2 所示。

表 4-2　薪酬体系的基本模式

序号	类别	具体说明
1	高弹性型薪酬模式	高弹性型薪酬模式是一种激励性很强的薪酬模式。绩效薪酬是薪酬模式的主要组成部分，基本薪酬处于非常次要的地位，所占的比重非常低。这种模式的薪酬结构中固定的比例非常低，而浮动的比例非常高。若采用这种薪酬模式，当员工绩效非常优秀时，他的薪酬则非常高；当绩效非常差时，他的薪酬则非常低。这种模式的激励性强，但员工的安全感差
2	高稳定型薪酬模式	高稳定型薪酬模式是一种稳定性很强的薪酬模式。基本薪酬是薪酬结构的主要组成部分，绩效薪酬处于非常次要的地位，所占比重非常低。这种模式的薪酬结构中固定的比例非常高，而浮动的比例非常低。采用这种薪酬模式时，员工的收入非常稳定，比较容易获得全额的薪酬，但缺乏激励作用

（续表）

序号	类别	具体说明
3	调和型薪酬模式	调和型薪酬模式是一种既具有激励性又具有稳定性的薪酬模式，绩效薪酬和基本薪酬各占一定比例。这种模式既可以演变为以激励为主的薪酬模式，也可以演变为以稳定为主的薪酬模式

4.1.4 薪酬设计模型

在决定采用哪种计薪模式之前，企业应明确实施该策略的意义是什么以及需要达成的目标是什么，同时要考虑对薪酬总额的控制。以下是根据不同岗位设计的薪酬模型，企业人力资源管理者在进行薪酬设计时可以参考。

（1）销售人员薪酬设计模型

销售人员有别于一般管理人员和生产人员，他们工作时间自由、开放度大，很难以上班时间的长短来计算。销售人员的薪酬一般是以销售业绩来衡量的，每天、每月、每季度的销售量能够清楚地反映销售人员的工作业绩。

销售人员的薪酬设计模型较简单，常见以下五种：纯基本工资制、"基本工资 + 奖金"制、"基本工资 + 业务提成"制、"基本工资 + 业务提成 + 奖金"制、纯业务提成制，如表 4-3 所示。

表 4-3　销售人员的薪酬设计模型

模式	底薪	业务提成	奖金	福利	缺点	优点
纯基本工资制	A	0	0	V	完全没有激励性	员工收入稳定
"基本工资 + 奖金"制	A	0	B	V	激励性不强	员工收入稳定且有一定的激励性
"基本工资 + 业务提成"制	A	N%× 业务量	0	V	—	员工收入稳定且有较强的激励性
"基本工资 + 业务提成 + 奖金"制	A	N%× 业务量	B	V	—	员工收入稳定且有较强的激励性，员工有归属感
纯业务提成制	0	N%× 业务量	0	V	员工收入没有保证	激励性非常强

（2）生产人员的薪酬设计模型

生产人员的薪酬设计模型通常包括计时制、计件制及计效制。计时制又可分为简单计时制和差别计时制，计件制也可分为简单计件制和差别计件制，如表4-4所示。

表4-4　生产人员的薪酬设计模型

序号	模型	说明
1	简单计时制	月薪或工作天数 × 日薪
2	差别计时制	工作天数 × 日薪 + 加班小时数 × 时薪
3	简单计件制	生产数量 × 产品生产单价
4	差别计件制	标准产量 × 产品生产单价1+ 超额产量 × 产品生产单价2
5	计效制	完成标准产量部分的基本薪酬 + 超额奖金

（3）管理人员的薪酬设计模型

大多数企业管理人员的薪酬设计模型都具有挑战性和战略性。通常，企业对高级管理人员（如决策者、职业经理人、高级经理等）实行在高难度经营目标基础上的高额"年薪"制，而对一般管理人员则实行在业绩评价基础上的"月薪"制。

年薪制与月薪制相比，更能体现出高级管理人员的经营管理能力和价值，是人力资源商品化、管理人才突显价值的一种发展趋势。

（4）技术人员的薪酬设计模型

技术人员是指在企业特定技术岗位工作的人员，如研发工程师、品质工程师、网络工程师等。通常，技术人员薪酬设计模型的设计方法有两种：第一种是以职称高低为主要依据的"职称评定法"，第二种是以内部层级为主要依据的"评聘分离法"。

4.2　薪酬管理规划

4.2.1　建立全面薪酬制度

薪酬不仅指货币形式的报酬，还包括精神方面的激励，如优越的工作条件、良好的工作氛围、培训机会、晋升机会等。内在薪酬和外在薪酬完美结合，物质激励和精神激励并重，就是目前业界提倡的全面薪酬制度。

4.2.2 定期进行薪酬体系诊断

（1）薪酬体系诊断的标准

判断一家企业的薪酬体系是否完善的四个主要标准，如图 4-2 所示。

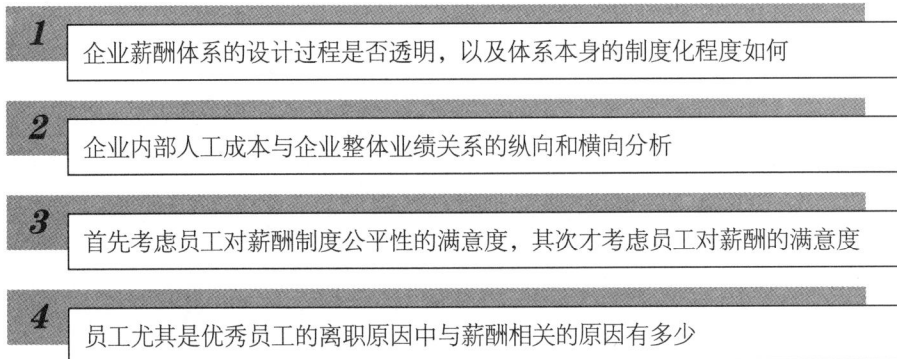

1 企业薪酬体系的设计过程是否透明，以及体系本身的制度化程度如何

2 企业内部人工成本与企业整体业绩关系的纵向和横向分析

3 首先考虑员工对薪酬制度公平性的满意度，其次才考虑员工对薪酬的满意度

4 员工尤其是优秀员工的离职原因中与薪酬相关的原因有多少

图 4-2　薪酬体系完善的标准

（2）薪酬体系诊断的内容

在战略的指导下，薪酬体系诊断的内容如表 4-5 所示。

表 4-5　薪酬体系诊断的内容

序号	诊断项目	目的	内容
1	薪酬政策的诊断	检查当前企业执行的薪酬政策是否符合相关原则	（1）与企业经营战略的基本方向和未来目标是否一致 （2）与企业人力资源管理系统及各环节之间的关系是否协调 （3）是否体现了职、能、绩统一的原则 （4）是否考虑了现实的可行性与未来调整的空间
2	薪酬水平的诊断	检测当前企业的总体薪酬水平与市场薪酬水平的关系，以保持企业薪酬的外部竞争性	（1）当前的市场环境是否发生了新的变化，这些新变化对企业薪酬水平（特别是核心员工的薪酬水平）的外部竞争性是否产生了影响 （2）当前的薪酬水平是否与企业目前的经营状况和财务目标一致 （3）当前的薪酬水平和薪酬结构之间的关系是否协调

（续表）

序号	诊断项目	目的	内容
3	薪酬结构的诊断	检测当前企业薪酬的纵向结构是否合理，以保持企业薪酬的内部一致性	（1）薪酬的等级数目、确定标准和级差是否合理，是否体现了公平性的原则 （2）各类、各级别员工的薪酬关系是否协调，是否体现了公平性的原则 （3）核心员工的流失率是否与薪酬结构，特别是薪酬等级结构的设计有关
4	薪酬组合的诊断	检测当前企业薪酬的横向结构是否合理，以保持企业薪酬的激励作用	（1）在员工的薪酬组合中，各薪酬要素之间的比例是否合理，是否具有激励作用 （2）员工的努力程度是否与薪酬有直接关系，薪酬对员工是否有吸引力 （3）当前的薪酬支付方式是否合理，是否考虑了时间性和差异性

（3）薪酬诊断的方式

薪酬诊断的方式可以分为正规方式和非正规方式两种，如图4-3所示。

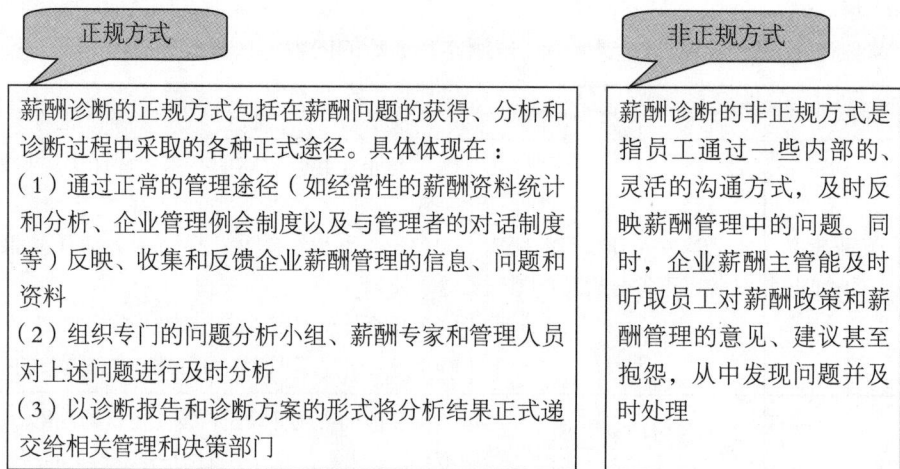

正规方式

薪酬诊断的正规方式包括在薪酬问题的获得、分析和诊断过程中采取的各种正式途径。具体体现在：
（1）通过正常的管理途径（如经常性的薪酬资料统计和分析、企业管理例会制度以及与管理者的对话制度等）反映、收集和反馈企业薪酬管理的信息、问题和资料
（2）组织专门的问题分析小组、薪酬专家和管理人员对上述问题进行及时分析
（3）以诊断报告和诊断方案的形式将分析结果正式递交给相关管理和决策部门

非正规方式

薪酬诊断的非正规方式是指员工通过一些内部的、灵活的沟通方式，及时反映薪酬管理中的问题。同时，企业薪酬主管能及时听取员工对薪酬政策和薪酬管理的意见、建议甚至抱怨，从中发现问题并及时处理

图4-3　薪酬诊断的方式

4.2.3　进行岗位测评，评估岗位相对价值

岗位测评是指根据企业的发展战略，结合经营目标，利用科学的方法对企业所设岗位的

职责大小、难易程度和技能要求等方面进行测评，评估出各岗位的相对价值，并根据岗位相对价值及其对企业的贡献度，划分出职位等级，确定各岗位的相对工资率和工资等级。

岗位测评的对象是岗位，而不是从事这些工作的员工。也就是说，岗位测评是评价某岗位应该承担的职责，而不是评价该岗位员工行使的职能。因此，企业要建立一套规范、合理、公正的岗位评估体系和程序，通过严格、科学的岗位测评，公平体现各岗位的相对价值，有效解决员工薪酬的内部公平问题。

4.2.4　薪酬调整

企业应根据市场变化情况和生产管理的实际需要，定期或不定期地对薪酬体系和薪酬水平进行调整，使薪酬管理与绩效管理、市场变化、物价指数变化和企业赢利能力变化相关联，从而使薪酬起到吸引、保留和激励员工的作用。

薪酬调整包括薪酬水平调整、薪酬结构调整和薪酬构成调整三个方面。

（1）薪酬水平调整

薪酬水平调整，是指在薪酬结构、薪酬构成等不变的情况下对薪酬水平进行调整的过程。薪酬水平调整包括薪酬整体调整、薪酬部分调整以及薪酬个人调整三个方面。

①薪酬整体调整。薪酬整体调整是指企业根据国家政策和物价水平等因素的变化、行业及地区的竞争状况、企业发展战略的变化、企业整体效益的情况以及员工工龄和司龄的变化，对企业所有员工进行的薪酬调整。

薪酬整体调整就是整体调高或调低所有岗位任职者的薪酬水平，调整方式如表 4-6 所示。

表 4-6　薪酬整体调整的方式

序号	调整方式	说明
1	等比例调整	所有员工在原工资基础上增长或降低同一百分比。等比例调整使工资高的员工调整幅度大于工资低的员工，从激励效果来看，这种调整方法能对所有人产生相同的激励效果
2	等额式调整	无论员工原有工资高低，一律给予等幅调整
3	综合调整	综合了等比例调整和等额式调整的优点，同一职等岗位的调整幅度相同，不同职等岗位的调整幅度不同，一般情况下，高职等岗位的调整幅度大，低职等岗位的调整幅度小

在管理实践中，薪酬整体调整是通过调整工资或津贴、补贴等项目实现的。

如果是因为物价上涨等因素增加薪酬，应该采用等额式调整，一般采取增加津贴、补贴项目数额的方法；如果是因为外部竞争和企业效益等因素进行调整，应该采用等比例调整或综合调整方式，可通过调整岗位工资来实现；如果是因为工龄或司龄因素进行调整，可采取等额式调整，对工龄、司龄的工资或津贴进行调整。

调整岗位工资时，一般是对每个员工的岗位工资进行调整，调整成固定的等级，调整形式由工资等级表决定。一般情况下，不同等级员工岗位工资的调整要大致符合等比例原则，同等级员工岗位工资的调整要大致符合等比例原则或等额原则。

②薪酬部分调整。薪酬部分调整是指定期或不定期地根据企业的发展战略、经营效益、部门及个人的业绩、外部市场价格的变化、年终绩效考核情况，对某一类岗位任职员工进行的调整。调整对象可以是某一部门员工，也可以是某一岗位序列员工，或是符合一定条件的员工。

年末，人力资源部可根据企业经营效益、物价指数，以及部门、个人的绩效考核情况，提出岗位工资的调整方案，经企业管理层讨论后实施。一般情况下，个人绩效考核的结果会成为员工岗位工资调整的主要影响因素。对年终绩效考核结果为优秀的员工，应进行岗位工资晋级激励；对年终绩效考核结果为不合格的员工，可进行岗位工资降级处理。

根据外部市场价格的变化，可以调整某岗位序列员工的薪酬水平。薪酬调整既可以是调整岗位工资，也可以通过增加奖金、津贴补贴项目等形式来实现。

根据企业的发展战略及经营效益情况，可以调整某部门员工的薪酬水平。薪酬调整不要通过调整岗位工资来实现，因为那样容易触发其他部门员工的不公平感。薪酬调整一般是通过增加奖金和津贴、补贴项目等形式实现的。

③薪酬个人调整。薪酬个人调整是由于个人岗位变动、绩效考核或者为企业做出突出贡献，而给予岗位工资等级的调整。

员工岗位变动或者试用期满被正式任用后，要根据新岗位确定工资等级；根据绩效管理制度，绩效考核优秀者可以晋升工资等级，绩效考核不合格者要降低工资等级；对公司有突出贡献者，可以给予晋级奖励。

（2）薪酬结构调整

在薪酬体系的运行过程中，随着企业发展战略的变化，组织结构应随着战略的变化而调整，尤其是在组织结构扁平化的趋势下，企业的职务等级数量会大大减少。另外，受到外部市场供求变化因素的影响，公司不同层级、不同岗位的薪酬差距也有可能会发生变化，这些都促使企业对薪酬结构做出调整。

一般情况下，企业通过调整各岗位工资的基准等级，能够实现对不同岗位、不同层级的薪酬差距的调整要求。但当变化较大，现有薪酬结构不能适应变化后的发展要求时，就需要对企业的薪酬结构进行重新调整和设计。对薪酬结构的调整和设计包括职等薪酬增长率设计、薪酬职等数量设计、薪级级差设计及薪级数量设计等方面。

（3）薪酬构成调整

薪酬构成调整就是调整固定工资、绩效工资、津贴补贴以及奖金的比例关系。

一般情况下，调整固定工资和绩效工资主要是调整其占岗位工资的比例。在企业刚开始进行绩效考核时，绩效工资往往占较小的比例，随着绩效考核工作落到实处，绩效工资会逐步加大比例。

津贴、补贴项目也应根据企业的实际情况进行调整，在津贴、补贴理由已经不存在的情况下，应取消相应的津贴、补贴项目。

奖金调整则是根据企业的经营效益情况及外部市场价格的变化，做出增加或降低的调整。

4.3 员工福利规划

福利是薪酬体系的重要组成部分。随着经济的发展、企业竞争的加剧，丰厚的福利待遇比高薪更能有效地激励员工。因此，企业根据自身情况和员工需求设置不同的福利项目，往往可以更有效地改善员工关系，达到管理的目的。

4.3.1 员工福利的构成

员工福利的构成如图4-4所示。

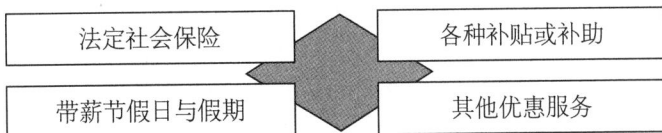

图4-4 员工福利的构成

（1）法定社会保险

在我国，法律规定的社会保险项目包括医疗保险、失业保险、养老保险、生育保险及工伤保险，具体如表4-7所示。

表 4-7　法定社会保险

序号	类别	具体说明
1	医疗保险	医疗保险是指由国家立法，通过强制性社会保险原则和方法筹集医疗资金，保证人们平等地获得适当的医疗服务的一种制度
2	失业保险	失业保险是指为遭遇失业风险、收入暂时中断的失业者提供的基本保障。它的覆盖范围包括社会经济活动中的所有劳动者
3	养老保险	养老保险是为退出劳动领域、失去劳动能力的人提供的社会保护和社会救助措施，是我国目前覆盖面最广、社会化程度最高的社会保险形式
4	生育保险	生育保险是为女员工设置的专门保险项目，为妇女提供生育期间的生活保障，体现对妇女和儿童的特殊保护
5	工伤保险	工伤保险是针对最容易发生工伤事故和职业病的工作人群的一种特殊社会保险

（2）带薪节假日与假期

带薪节假日与假期的具体内容如表 4-8 所示。

表 4-8　带薪节假日与假期

序号	类别	具体说明
1	公休假日	公休假日是指劳动者工作满一个工作周之后的休息时间。我国实行每周 40 小时工作制，劳动者的公休假日为每周两天
2	法定假日休假	员工在法定假日享受正常的工资是法律授予劳动者的权利。我国法定的休假节日为元旦、春节、清明节、国际劳动节、端午节、国庆节以及法律、法规规定的其他休假节日
3	带薪年休假	年休假是指员工满一定工作年限，每年享有照发工资的连续休假时间。企业通常将一定的企业工龄作为享受休假待遇的基本条件，休假时间长短可根据企业工龄、员工年龄、员工职级等因素来确定。休假期间的薪金标准可以是平常的工资标准。我国《劳动法》规定，劳动者连续工作一年以上，可享受带薪年休假待遇
4	带薪事假、带薪病假、带薪产假	带薪事假是指员工因某些事由请假不超过一定的期限，企业仍给付一定的薪金，并为其保留工作岗位。带薪病假实质上属于医疗保险待遇的范畴。带薪产假实质上属于员工生育保险待遇的范畴。由于病假、产假期间工资仍由企业支付，因此二者被视为员工福利的内容

（3）各种补贴或补助

各种补贴或补助的具体内容如表4-9所示。

表4-9　各种补贴或补助

序号	类别	具体说明
1	家庭补贴	常见项目有结婚补贴、安家补贴、育儿补贴、赡养老人补贴、子女教育补贴、生活费用补贴等
2	住房补贴	一些企业为员工提供住房补贴，或者提供购房内部优惠贷款，或者无偿或低租金分配员工住房，或者建立住房公积金计划，帮助员工积累购房资金
3	交通补贴	交通补贴有多种形式。例如，直接提供班车，在固定时间接送员工上下班；提供现金交通补贴；企业直接向公交企业付费，员工在固定线路上免费乘车等
4	工作餐补贴	工作餐补贴是企业普遍实行的员工福利项目。具体形式有提供现金补贴、免费或低价提供工作餐等
5	教育补贴	对想要提高文化水平和工作技能的员工来说，教育补贴是一项福利待遇，对企业而言，则是一项重要的人力资本投入。有的企业为员工支付全部培训费用，有的企业支付一定比例的培训费用，有的企业则按统一标准支付培训费用

（4）员工福利实施的类型

企业员工的福利项目日益呈现出多样化的趋势，主要有以下几种类型。

①健康福利计划。企业之所以致力于制订健康福利计划，主要基于以下几个原因，如表4-10所示。

表4-10　企业制订健康福利计划的原因

序号	原因	说明
1	控制健康福利成本上升	随着企业健康福利成本的不断上升，企业需要寻找新的途径来控制医疗成本，统筹员工的医疗费开支。促使健康福利成本上升的原因主要有以下三个。 （1）项目不断增加。在一些发达国家，健康保险除了日常的疾病治疗以外，还包括健康护理、牙齿保健及视力保健等众多项目 （2）管理体制造成浪费低效。例如，医疗部门收费标准不断提高和员工过度消费是发达国家的企业面临的共同问题 （3）随着人口老龄化程度的加剧，企业劳动力也在逐步老化，这些因素都使企业健康福利的成本呈上升趋势

（续表）

序号	原因	说明
2	增大人力资本投入	健康投资也属于人力资源投资。目前企业逐步认识到员工的身心健康是人力资源开发管理的一个重要方面。以往，企业将健康保健的重点放在员工生理疾病的治疗方面，而不是在心理和精神健康方面。随着人们对心理和精神健康的重视，企业在这方面的投入也在增加
3	满足员工不断提高的健康需求	随着生活水平和教育水平的提高，员工的健康保险意识越来越强，对保健的需求也在日益增加。为了迎合这些需求，企业加大了对员工健康保险的投入
4	吸引和留住优秀员工，降低核心员工流失率	仅凭货币工资已不足以吸引和留住优秀员工，许多企业将健康福利计划作为吸引人才的一种手段，以及对员工的一种承诺

②住房计划。住房计划是许多企业激励和留住员工、解决员工特别是年轻和新进员工住房问题的重要手段。许多企业都制订和实施了住房计划。例如，目前我国大部分企业都遵守并执行了住房公积金制度。图4-5所示的几种情况是有条件的企业为员工提供的福利。

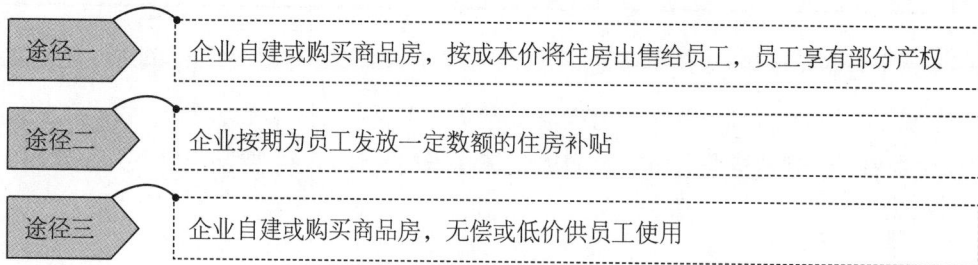

途径一	企业自建或购买商品房，按成本价将住房出售给员工，员工享有部分产权
途径二	企业按期为员工发放一定数额的住房补贴
途径三	企业自建或购买商品房，无偿或低价供员工使用

图4-5　解决员工住房的途径

③教育培训计划。员工的教育培训计划具有多重性质。它可以在两方面发挥作用：一是改变企业福利仅提供生活服务的功能，将企业福利与企业人力资源开发战略很好地结合起来；二是迎合员工对自身能力开发的需求，将企业开发与员工自我开发很好地结合起来。

④其他。带薪休假计划、为子女和家庭提供各种服务的福利计划与方案仍然在许多企业中实施，方式也更加多样化。近年来，许多企业推行自助式福利计划，主要是针对传统福利项目的弊端，为适应员工新的需求而产生的。例如，不同的家庭模式具有不同的需求：单身员工没有照顾家庭和子女的需要；单身母亲更需要获得抚养孩子方面的支持，而不是带薪休假；无子女的员工认为养老计划对他们来说更重要。因此，自助式福利计划的提倡者认为，

该计划的实施有助于协调这些矛盾，满足员工多样化的需求，同时有助于克服传统福利计划中利益享受不均的弊端。

4.3.2 弹性福利计划

弹性福利计划就是员工自行选择福利项目的福利管理模式，也称"自助餐式福利计划""菜单式福利模式"等。在实践中,该计划或模式通常由企业提供一份列有各种福利项目的"菜单"，员工根据自己的需求从中选择自己需要的项目，组成一套属于自己的福利"套餐"。这一制度非常强调员工参与的过程。当然，员工的选择不是完全自主的，某些项目如法定福利就是必选项。此外，企业通常会根据员工的薪资或家庭背景等因素设定每个员工拥有的福利限额，同时福利"菜单"中的每个福利项目都会附上一个金额，员工只能在自己的限额内选择自己需要的福利。

（1）弹性福利计划的优缺点

弹性福利计划的优缺点如图 4-6 所示。

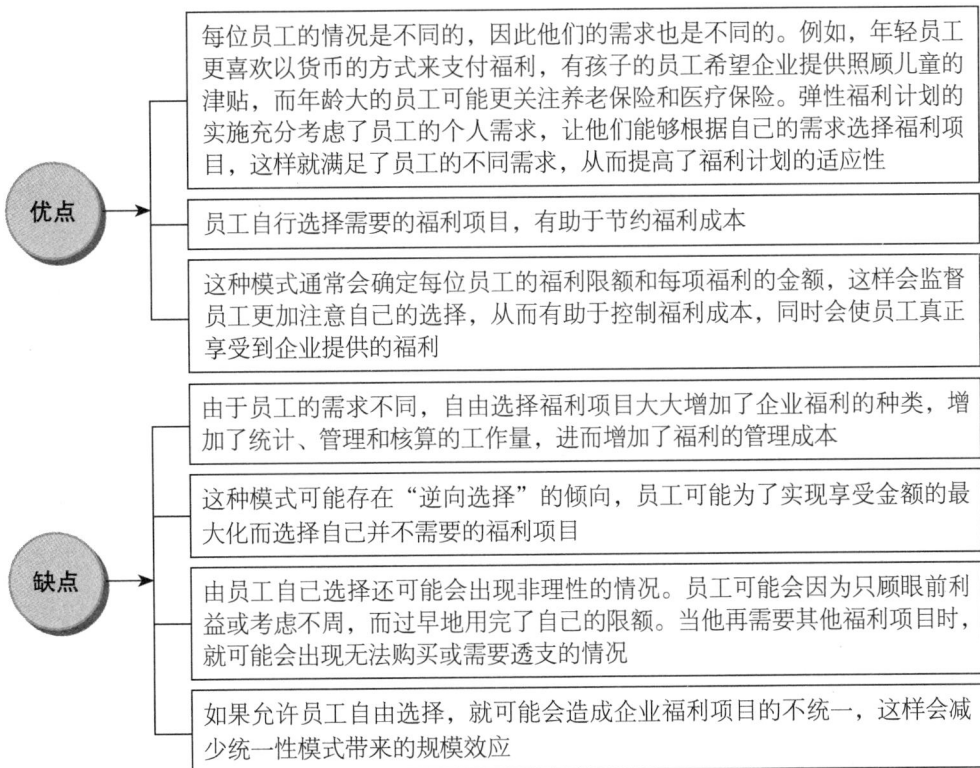

优点

每位员工的情况是不同的，因此他们的需求也是不同的。例如，年轻员工更喜欢以货币的方式来支付福利，有孩子的员工希望企业提供照顾儿童的津贴，而年龄大的员工可能更关注养老保险和医疗保险。弹性福利计划的实施充分考虑了员工的个人需求，让他们能够根据自己的需求选择福利项目，这样就满足了员工的不同需求，从而提高了福利计划的适应性

员工自行选择需要的福利项目，有助于节约福利成本

这种模式通常会确定每位员工的福利限额和每项福利的金额，这样会监督员工更加注意自己的选择，从而有助于控制福利成本，同时会使员工真正享受到企业提供的福利

缺点

由于员工的需求不同，自由选择福利项目大大增加了企业福利的种类，增加了统计、管理和核算的工作量，进而增加了福利的管理成本

这种模式可能存在"逆向选择"的倾向，员工可能为了实现享受金额的最大化而选择自己并不需要的福利项目

由员工自己选择还可能会出现非理性的情况。员工可能会因为只顾眼前利益或考虑不周，而过早地用完了自己的限额。当他再需要其他福利项目时，就可能会出现无法购买或需要透支的情况

如果允许员工自由选择，就可能会造成企业福利项目的不统一，这样会减少统一性模式带来的规模效应

图 4-6　弹性福利计划的优缺点

（2）弹性福利计划的基本要求

一套好的弹性福利计划应符合以下几个要求，如图 4-7 所示。

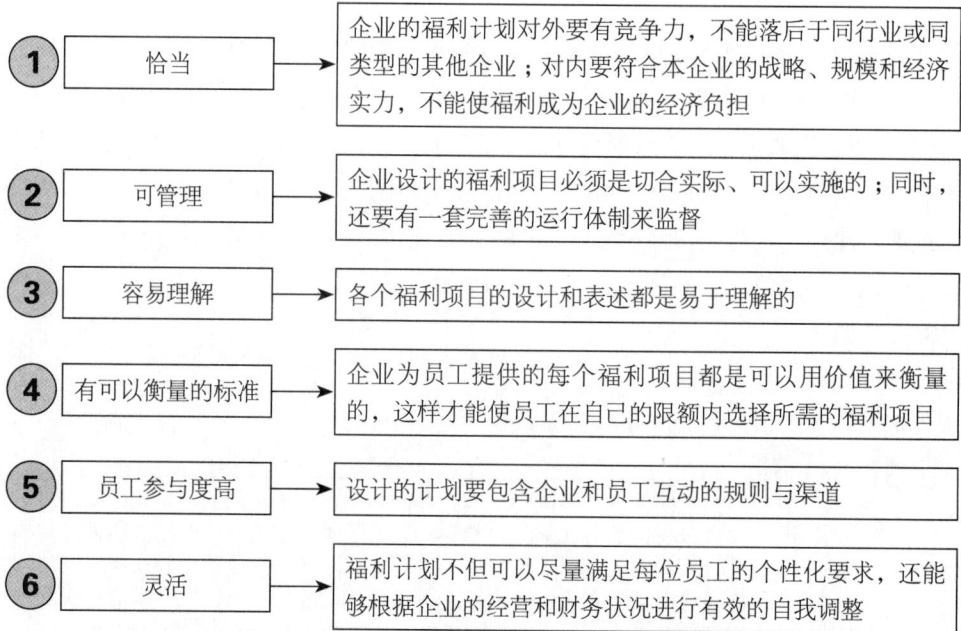

①	恰当	企业的福利计划对外要有竞争力，不能落后于同行业或同类型的其他企业；对内要符合本企业的战略、规模和经济实力，不能使福利成为企业的经济负担
②	可管理	企业设计的福利项目必须是切合实际、可以实施的；同时，还要有一套完善的运行体制来监督
③	容易理解	各个福利项目的设计和表述都是易于理解的
④	有可以衡量的标准	企业为员工提供的每个福利项目都是可以用价值来衡量的，这样才能使员工在自己的限额内选择所需的福利项目
⑤	员工参与度高	设计的计划要包含企业和员工互动的规则与渠道
⑥	灵活	福利计划不但可以尽量满足每位员工的个性化要求，还能够根据企业的经营和财务状况进行有效的自我调整

图 4-7　弹性福利计划的要求

（3）弹性福利计划的实施步骤

弹性福利计划的实施步骤如图 4-8 所示。

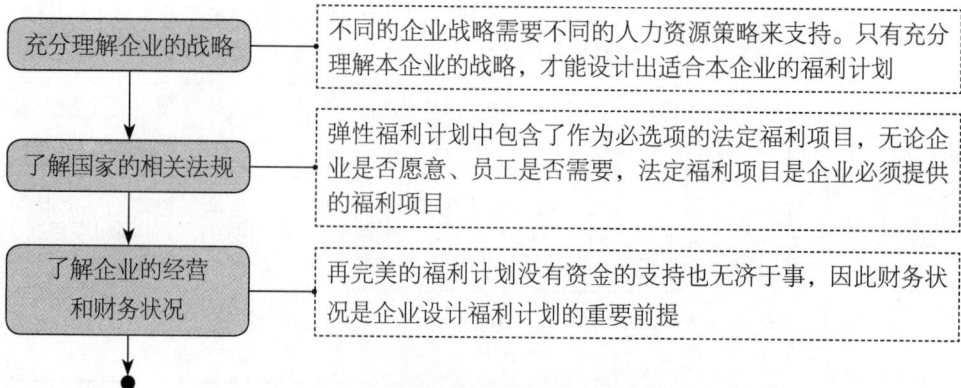

充分理解企业的战略	不同的企业战略需要不同的人力资源策略来支持。只有充分理解本企业的战略，才能设计出适合本企业的福利计划
了解国家的相关法规	弹性福利计划中包含了作为必选项的法定福利项目，无论企业是否愿意、员工是否需要，法定福利项目是企业必须提供的福利项目
了解企业的经营和财务状况	再完美的福利计划没有资金的支持也无济于事，因此财务状况是企业设计福利计划的重要前提

图 4-8　弹性福利计划的实施步骤

盘点企业现有的福利项目并进行财务分析	有些项目由于实施得相当普遍，所以经常被人们忽视，有些项目因为真正需要或者因实际受益的人数比较少也容易被忽略。只有对这些项目进行统一的列举、测算和盘点，才能精确测算现有的福利成本
调查员工对福利项目的需求	不同的员工对企业的福利项目有不同的需求，因此，企业要设计出尽可能满足各类员工需要的福利项目，就必须充分了解员工的需求
确定每位员工的福利限额	通常，我们用点数来表示这一限额，并通过资历、工资、绩效、家庭情况等一系列因素进行综合评定。在确定了每位员工的福利点数之后，需要进一步确定这些点数的现金价值，即福利点的单价，它等于企业福利计划的成本总额与全体员工获得的总福利点数之比。这样就能保证弹性福利支出的总额与预算基本一致
确定福利项目清单及点数价格	根据上述几步的分析和综合，可以确定企业为员工提供的所有福利项目的清单，并能够根据这些福利项目的市场定价和福利点的单价，折算出相应的福利点数，作为福利项目的点数价格
员工选择福利项目	当每位员工有了各自的福利点数，同时福利项目又逐一按点数定价后，员工就可以选择自己需要的福利项目了。在这一过程中，将不可避免地出现员工购买力不足和"储蓄"的情况。这就需要企业预先根据具体情况设定规则
协调、管理和沟通	企业需要针对交易中的纠纷以及员工的意见反馈采取措施，并根据具体情况合理调整和不断优化福利计划

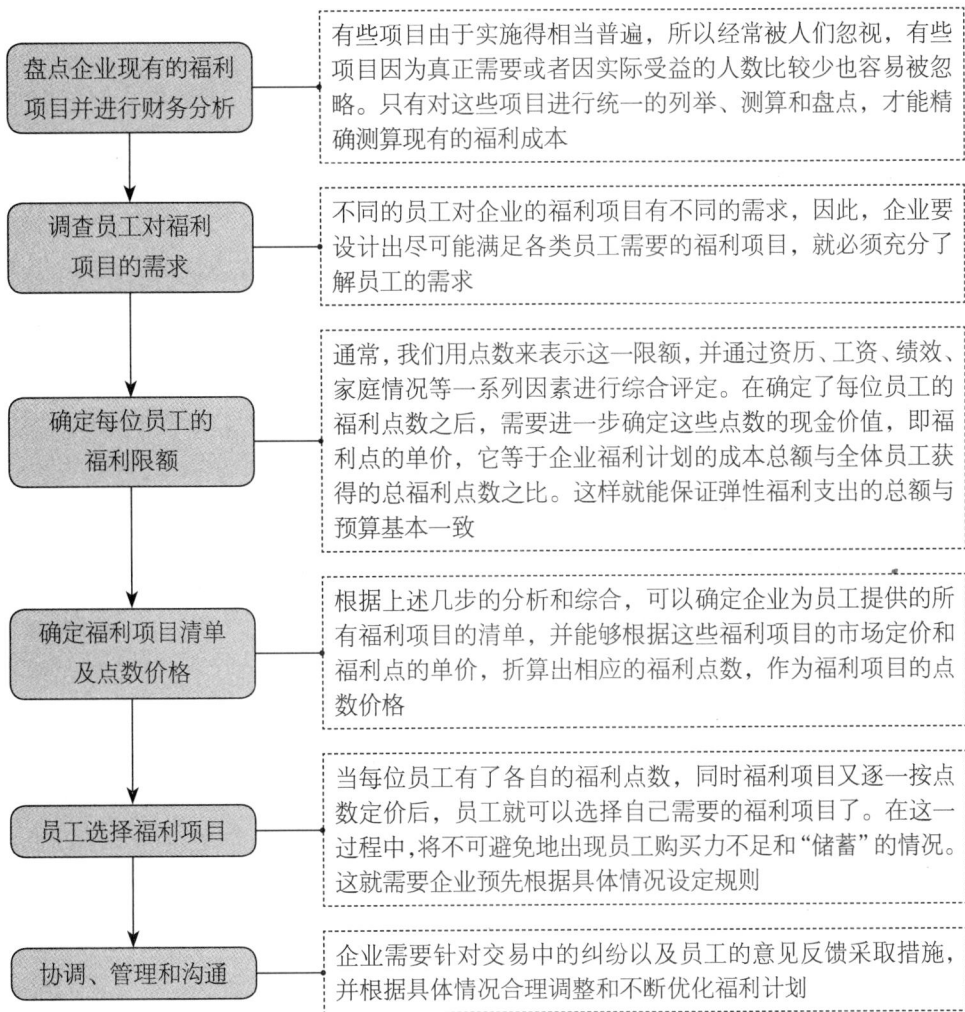

图 4-8　弹性福利计划的实施步骤（续）

4.3.3　福利管理

（1）确定企业福利的内容

在考虑设立什么样的福利计划时，企业应当从以下几个方面入手：

①了解国家相关法律；

②开展福利调查；

③做好企业的福利规划与分析；

④对企业的财务状况进行分析。

（2）确定福利对象

如果企业仅希望保留某些特定的员工群体，而不关心其他员工群体的去留，那么不同的员工群体就有可能得到不同的福利组合。这是成本与福利问题的延伸，即福利支出应该为组织创造价值。

大多数企业有至少两种以上的福利组合，一种适用于经理人员，另一种适用于普通员工。很多企业对普通员工也是分别对待的，如销售类员工和技术类员工的福利待遇就是不一样的。出于对控制福利成本的考虑，很多企业还会聘用非全日制员工来代替全日制员工。

（3）处理福利申请

一般情况下，员工会根据企业的福利制度和政策向企业提出享受福利的申请，企业需要对这些福利申请进行审查，判断其是否合理。

在受理和审理福利申请时，福利计划管理者要进行认真的审查和恰当的处理，这样可以为企业节省很多不必要的支出。

（4）福利沟通的方式

福利沟通的方式如图 4-9 所示。

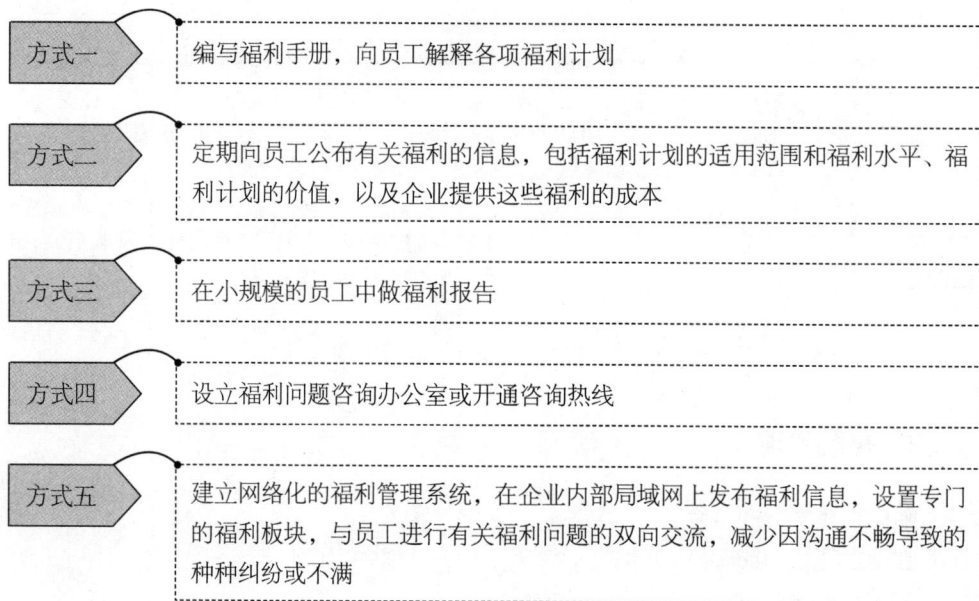

方式一	编写福利手册，向员工解释各项福利计划
方式二	定期向员工公布有关福利的信息，包括福利计划的适用范围和福利水平、福利计划的价值，以及企业提供这些福利的成本
方式三	在小规模的员工中做福利报告
方式四	设立福利问题咨询办公室或开通咨询热线
方式五	建立网络化的福利管理系统，在企业内部局域网上发布福利信息，设置专门的福利板块，与员工进行有关福利问题的双向交流，减少因沟通不畅导致的种种纠纷或不满

图 4-9　福利沟通的方式

（5）福利监控

①在与福利相关的法律法规发生变化时，企业要依据这些规定进行自检。

②员工的需要和偏好也会随着员工构成的变化以及员工自身发展阶段的变化而不断变化。

③了解其他企业的福利实践也是企业参与市场竞争的一种重要手段。

④对企业而言，最复杂的问题莫过于外部组织提供的福利成本发生了变化，如保险公司提供的保险价格的改变等。

⑤成本与效果调查。企业应对当年度的福利实施情况进行成本核算，并以各种方式调查菜单式福利的实施效果。年度弹性福利方案的实际成本和员工的满意度调查结果将用于方案的改进。

管理工具

【工具4-01】▶▶▶ --

薪酬管理制度

1. 目的

为了以薪酬为杠杆激励员工，为公司创造更高的价值，特制定本制度。

2. 适用范围

2.1 本制度适用于本公司实施绩效工资支付制的员工的薪酬管理工作。

2.2 提成工资仅适用于一线销售人员及销售管理人员。

3. 术语解释

3.1 薪酬是指基本工资、绩效工资、加班工资、各项奖金、工龄工资及福利的总称。

3.2 薪资是基本工资和绩效工资的总和。

3.3 底薪是当地最低标准工资。

3.4 级幅度是指每级最小值与最大值之间的增幅比，级幅度＝（本级最大值－本级最小值）/本级最小值。

3.5 薪资职等是根据职位职等而设定的、体现在"薪资等级表"中的层级单位，共分8职等。

3.6 薪资级等是指每层"薪资等级表"中的最小层级单位，每个薪资职等共分11级。

4. 权责

4.1 人力资源部

4.1.1 负责本制度的执行与完善，以及年度薪酬总额的预算与管控。

4.1.2 负责工资表的制作、薪酬的计算。

4.2 财务部负责薪酬的发放及监督。

4.3 总经理负责审批本制度。

5. 管理规定

5.1 薪酬分配原则

5.1.1 薪酬分配要贯彻按劳分配、奖勤罚懒和效益优先等原则，并兼顾公平，确保薪酬方案在公司内部实施的一致性和公正性。

5.1.2 在薪资分配过程中，要根据激励、高效的原则，把员工的收入与其为公司创造的效益及工作业绩挂钩，将奖励计划与实现绩效目标挂钩。

5.1.3 根据简单、易操作的原则，公司在建立公正竞争、"能者上庸者下"的用人制度及相应职务系列的基础上，鼓励员工进行有效的合作，互相帮助并激励他人创造佳绩，实现公司经营目标。

5.2 薪酬管理规则

5.2.1 根据聘任、管理、考核、分配"四权一体化"的原则，公司各类人员的薪酬分配工作统一由人力资源部负责，并实行统一的职等薪资制度。

5.2.2 公司的年度实发薪资总额由总经理决定。财务部及人力资源部根据总经理的指示，将年度薪资总额与公司年度经济效益指标挂钩，实行浮动管理。

5.3 薪酬结构

5.3.1 薪酬的基本构成

（1）薪资＝基本工资＋绩效工资。

（2）基本工资＝底薪＋岗位津贴。

（3）底薪即目前当地最低工资。

（4）本制度描述的薪资是指每天正常工作 8 小时，每周工作 5 天（不含法定假日）时每月所得总额。

5.3.2 薪酬类别与结构

薪酬类别	薪酬结构	适用人员
绩效工资制	薪酬＝（基本工资＋绩效工资）＋工龄工资＋全勤奖＋福利＋加班工资＋各项奖金	以计时为基础、以绩效管理为主导的岗位

```
                        ┌──────────┐
                        │ 薪酬总额 │
                        └────┬─────┘
              ┌──────────────┴──────────────────┐
        ┌───────────┐                      ┌────────┐
        │现金形式薪酬│                      │  福利  │
        └─────┬─────┘                      └───┬────┘
    ┌───┬───┬───┬───┬───┬───┐         ┌────┬────┬────┐
  ┌────┐┌────┐┌────┐┌────┐┌────┐┌────┐  ┌────┐┌────┐┌────┐
  │薪资││工龄││全勤││加班││年终││提成│  │法定││统一││专项│
  │    ││工资││ 奖 ││工资││ 奖 ││工资│  │福利││福利││福利│
  └─┬──┘└────┘└────┘└────┘└────┘└─┬──┘  └────┘└────┘└────┘
 ┌───┬───┐                    ┌───┬───┐
┌────┐┌────┐                  ┌────┐┌────┐
│绩效││基本│                  │提成││产品│
│工资││工资│                  │ 奖 ││特别奖│
└────┘└─┬──┘                  └────┘└────┘
    ┌───┬───┐
  ┌────┐┌────┐
  │底薪││岗位│
  │    ││津贴│
  └────┘└────┘
```

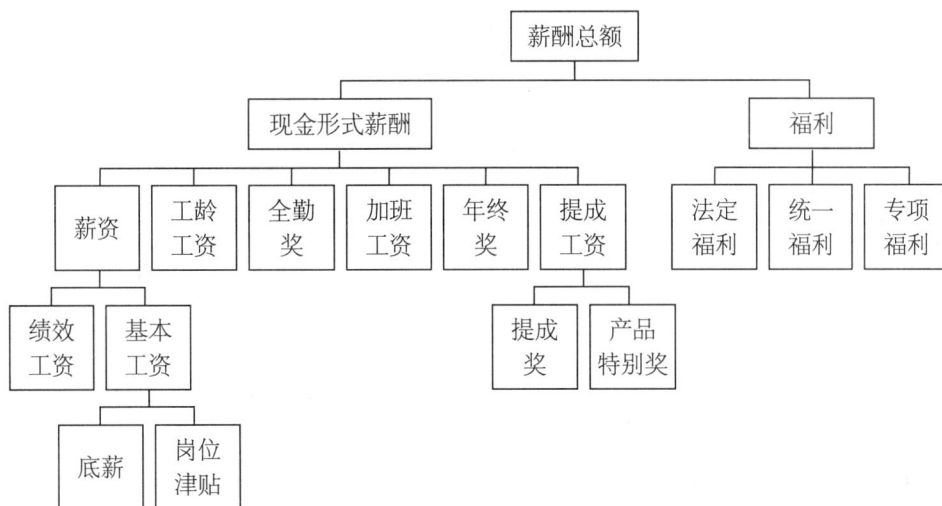

薪酬的基本构成

5.3.3 基本工资

（1）基本工资是员工较稳定的基本收入，是保障员工基本生活的费用。

（2）基本工资是根据每个员工所在职位对公司经营影响的重要性，通过设定基本工资占该职位薪资总额的一定比例来确定的。

（3）基本工资相对固定，主要参考当地及其延伸地区的最低生活费、行业收入水平和员工所在的职位来确定，并根据员工出勤等劳动纪律的执行情况于每月按时核发。

5.3.4 绩效工资

（1）绩效工资是根据员工业绩计付的工资。

（2）绩效工资是根据每个员工所在职位对公司经营影响的重要性，通过设定绩效工资占该职位薪资总额的一定比例来确定的。

（3）绩效工资是根据业绩目标的完成情况，并参考出勤等劳动纪律的执行情况，分不同考核周期进行核发。

（4）绩效工资比例可参见"薪资等级表"，绩效工资具体计付标准可参见公司绩效管理办法。

5.3.5 加班工资

（1）加班工资是员工在公司规定的正常工作时间以外的时间工作而计付的工资。

（2）加班工资按照员工工作所在地的最低工资标准进行计算，即周一至周五加班，工资按1.5倍计付；周六、日加班，工资按2倍计付；法定节假日加班，工资按3倍计付。

（3）本公司周六为全员加班日，按当地最低工资标准依法向员工支付加班费。

（4）生产部一线操作岗位（计件岗位除外）以及"薪资等级表"中的指定岗位，享有除周六以外加班而支付的加班费；其他岗位实行岗位责任制工资管理制度。

5.3.6 工龄工资。公司为服务超过1年的员工发放工龄工资，工龄工资随着工龄的增加按以下标准逐年递增。

工作年限	1～10年	11年及以上
工龄工资每1年递增标准	××元/月	0元/月

5.3.7 全勤奖，是指员工当月依照考勤管理制度出满勤而被支付的奖金，全勤奖标准为××元/月。

5.3.8 年终奖，是指每年根据企业业绩、员工个人业绩以及出勤情况而支付的奖金，年终奖计付标准可参见《年终奖管理办法》。

5.3.9 提成工资。提成工资的计算、发放可参见《销售人员提成工资管理办法》。

5.3.10 员工福利。员工福利的管理，具体可详见《福利管理办法》。

5.4 薪资管理

5.4.1 薪资总额的管理

（1）人力资源部根据公司主要经济指标的完成情况对公司年度薪资实施总额管理。薪资总额及经济指标的核定分别由人力资源部与财务部负责，并由人力资源部汇总后于执行年度前两个月月内报总经理批准后发布实施。

（2）人力资源部负责公司薪资总额的预算、控制与管理。

5.4.2 薪资对位

（1）"薪资等级表"的结构。公司员工的薪资等级分为8等，每等11级，即"薪资等级表"分为8等11级。各级薪资的中点值跃升度为1.2～1.6倍。各级薪资的级幅度原则上最低为40%，最高为80%。

（2）职位薪资对位原则。公司每位员工职位薪资的对位应比照公司"薪资等级表"进行。在进行职位薪资对位时，应先对位薪资职等，后对位薪资级等。在对位薪资级等时，职位薪资原则上最低不能低于级等的最低值，最高不能高于级等的最高值。在确定薪资级等时，应严格按照11级等的数值来确定。

（3）职位薪资对位方法

①已有职位

——依据"薪资等级表"确定应聘人员所在职位的薪资职等和级等。

——综合考虑应聘者的学历、工作经验、市场薪酬水平和综合技能等因素，以及相同职位人员的薪资水平，以确定应聘者的薪资水平。

②职位要素变动的职位和新设职位

——凡职位要素有所变动的职位和新设职位，均由职位的直接上级撰写其《职位说明书》。

——人力资源部根据公司《职位管理办法》，参照《职位说明书》，确定新设职位的所属职位系列和职等；确定的职位系列和职等将作为薪资对位的参考依据。

——职位评估小组根据公司职位评估标准对职位进行评估。

——人力资源部将评估结果对照"薪资等级表"，确定新设职位在"薪资等级表"中的位置，并将新设职位添加到表中，从而得到新设职位在表中的位置。

——综合考虑任职者的学历、工作经验、市场薪酬水平和综合技能等因素，以及相同职位人员的薪资水平，以确定新设职位的薪资水平。

（4）新员工入职定薪

①新入职岗位定薪的原则与流程

应严格遵循"职位评估得分与薪资成正比关系"的原则，即职位评估得分低值的职位薪资不得高于职位评估得分高值的职位薪资，由人力资源部负责人严格把控，特殊情况要报总经理批准。

试用期人员的薪资，原则上以该职位所在薪资职等的最低值起薪；如与新进员工另有协议，则起薪不一定是最低值，但高于中点值时，由总经理决定。

用人部门根据"薪资等级表"提出定级定等建议，人力资源部审核，授权人批准后，人力资源部负责人将结果反馈给该员工，并建立薪资档案。

②新进人员在定薪时需填写"核薪单"，依次经用人部门负责人审核、人力资源部负责人审核，相关权限人员批准后，交当事人确定，最后留人力资源部备案。

（5）新员工入职定薪审批权限

对象	职等为三等以上	二等（含）以下
建议	直接上级	科室主管
审核	部门最高主管	部门负责人
审核	人力资源部负责人	部门最高主管
批准	总经理或授权人	人力资源部负责人
备案	行政部	

5.4.3 工资特区

（1）工资特区适用范围

工资特区适用于不适合岗位绩效工资制、年薪制的特殊人才，如有较大贡献者、稀缺人才、特聘人才、顾问等。其目的是为吸引和激励优秀人才，使公司与外部人才市场接轨，提高公司对人才的吸引力，增强公司在人才市场上的竞争力。

（2）设立工资特区的原则

①谈判原则。特区工资以市场价格为基础，由用人双方谈判确定。

②保密原则。为保障特殊人才能够顺利工作，对工资特区人员的工资要严格保密，员工之间禁止相互打探。

③限额原则。公司对特殊人才的数目实行动态管理，要依据经济效益水平及发展状况限制总数，不宜过多。

（3）工资特区人员的选拔

工资特区人员的选拔以外部招聘为主。其条件为企业人力资源规划中急需或必需的人才和行业内人才市场中的稀缺人才等。

（4）工资特区人员的工资总额由总经理决定。

5.4.4 薪资支付

（1）薪资保密

①为避免不良攀比，形成以贡献论薪酬的激励氛围，公司薪资支付一律遵循保密原则。

②各级员工养成不探询他人薪资、不评论他人薪资的习惯。

③薪资管理人员不得私自外泄任何人的薪资，如有泄露，予以另调他职或除名。

④严禁员工打听、比照他人的薪资，如有违反，视情节轻重予以行政处罚或除名处理。

⑤薪资计算若有不明之处，员工应报经直属主管或直接向薪资负责人咨询解决，不得在公众场合理论。

（2）根据《职位说明书》评估该职位的职位等级，确定与该职位对应的薪资级等，并比照对应的级等薪资数额按期支付薪资。其中，基本工资按月支付，绩效工资按考核周期支付。

（3）工资发放

①公司于次月18日以现金或银行转账的形式，发放前一个月员工工资（遇节假日应提前发放）。

②"员工工资单"于每月18日随工资一起发放。

（4）绩效工资的支付

员工绩效工资的支付，按公司《绩效管理办法》中的相关规定执行。

（5）缺勤人员薪资与工龄工资

①缺勤人员薪资、工龄工资的计算公式为：当月应发薪资及工龄工资＝（基本工资 × 出勤率）+（应发绩效工资 × 出勤率）+（应发工龄工资 × 出勤率）。

注：月出勤率是当月实出勤工时与应出勤工时之比，具体可参照《考勤管理制度》。

②离职人员薪资原则上由其本人亲自领取或存入指定的银行账户中，如需他人代领，则需双方开具书面的代领委托书。

（6）薪资中的减款

①违纪减款。员工违反公司制度而被罚款，人力资源部应根据公司相关规定在其当月薪资中扣除。

②考核减款。公司在日常工作考核、稽核审核及绩效考核等考核中如发现不合格项的罚款，人力资源部应依据考核结果，按相关规定在薪资中扣除。

③社会统筹保险费的减除。社会统筹保险费应按规定标准在每月薪资中予以减除。

④公司有义务代扣代缴员工个人所得税，并执行其他法定薪资的代扣代缴行为。

（7）非常规支付

公司员工遇到下列情形时，可向人力资源部申请，经总经理批准后提前领取已付出工作时间的薪资。

①员工死亡、生育、疾病或发生意外伤害时。领取时需提供必要的相关证明，且薪资最多不超过该员工应发工资总额的60%。

②其他获得公司同意的情形。

（8）关于工资表

严格按照《劳动法》的要求制作工资表。

5.4.5 薪资调整

（1）薪资调整原则

①薪资调整额度不应超过本职位薪资职等的最高值，当员工从某一级薪资职等晋升为上一级薪资职等时，其薪资套等的原则是就高不就低。

②当员工薪资从某一薪资职等上升到上一级薪资职等时，调整后的薪资不一定定在高一级的最低级等上，而是可以上浮一至两个级等。

（2）试用期员工转正后的薪资调整

新聘员工在试用期间接受绩效考核，但绩效考核结果不用于薪酬支付，仅用于试用期后转正与转正后的调薪（入职前双方有约定的，依照双方约定的薪资标准进行支付）。试用期间考核结果对应的薪资调整级等如下，如有特殊情况需经总经理特批。一线操作类岗位员工转正后执行"同岗同薪"。

试用期考核结果对应的调薪幅度

试用期绩效成绩	调薪级等
E 等（不合格）	淘汰
D 等（合格）	不调
C 等（良）	1 ～ 2 级
B 等（优秀）	2 ～ 3 级
A 等（卓越）	2 ～ 4 级

注：试用期间绩效成绩为试用期间每月绩效得分的平均值。

（3）员工临时薪资调整

如有下列情形之一者，公司总经理、人力资源部或部门负责人均可申请员工的临时薪资调整。

①员工有特殊业绩或其他突出表现。

②年中录用的员工，具有优秀的技能或成绩。

③同行业竞相争取的人才。

④总经理认可的其他情况。

（4）员工职位异动薪资调整

员工因职位异动需要调整薪资时的原则如下。

①对照"薪资等级表"确定异动员工所在新职位的薪资职等与级等。

②参考相同职位员工的薪资水平，并结合该员工的学历、工作经验和综合技能等因素，按职位薪资对位原则确定新职位的薪资水平。

③职位异动人员的基本工资与绩效工资比例按新职位标准执行。

④人力资源部根据"人力资源异动申请单"调整职位变更后员工的工资。

（5）员工年度薪资调整

①公司原则上每年调整一次员工薪资，具体调整时间为次年的 3 月至 5 月。

②距离本次调薪不满半年或年度缺勤达 12 日以上者次年不予调薪。

③财务部根据公司营利状况，人力资源部根据市场薪资水平，共同将调薪方案提交给总经理作为参考依据，每年薪资调整总幅应控制在 5% ～ 10%，具体调整幅度由总经理决定。

④员工的年度薪资调整需根据"年度综合绩效成绩"对应"绩效薪酬矩阵"进行，"年度调薪标准"如下表所示。

年度调薪标准

年度综合绩效成绩	任职者当前薪资所在的级等				
	1~3级（低值）	4~5级	6级（中值）	7~10级	11级（高值）
E等	0级	0级	0级	0级	0级
D等	0级	0级	0级	0级	0级
C等	1~3级	1~2级	1级	1级	0级
B等	2~4级	2~3级	1~2级	1级	0级
A等	3~5级	2~4级	1~3级	1~2级	0级

注：1. 年度综合绩效成绩为该员工每月绩效得分的平均值。

2. 生产一线员工不参照以上"年度调薪标准"，而依照市场薪资水平及当地最低工资标准进行适时调整。

（6）薪资调整权限

薪资调整权限矩阵如下表所示。

薪资调整权限矩阵

被调薪对象	职等为五等以上	其他职等人员
申请提出者	本人／直接上级	本人／部门负责人
审核	行政部负责人	行政部负责人
批准	总经理	总经理
备案	行政部	

（7）薪资调整审批程序

①当事人、直接上级或部门负责人提出调薪申请，填报"人力资源异动申请单"并交人力资源部审核。

②人力资源部审核通过后，交总经理批准。

③总经理批准后，人力资源部通知部门负责人，并记入薪资档案。

5.4.6　薪资维护

人力资源部每年根据市场薪酬水平提出薪酬调整方案（包括调薪范围、幅度、方式），报请总经理批准，人力资源部负责实施。

5.4.7　薪资预算

（1）为帮助公司控制和评估人力资源的合理投入与产出，人力资源部应根据上年度的薪资总额与当年的经济指标等因素编制公司的年度薪资总额预算，具体由人力资源部和财务部共同实施。

（2）薪资预算方法

简单预算法：$K=F \times (1+R\%)+N \times M$

K 表示预算年度薪资总额的预算值；

F 表示上年度实际支付给员工的薪资总额；

R 表示企业薪资的平均增幅；

N 表示下年度可能增加的人数；

M 表示上年度企业员工的平均工资。

（3）每年薪资预算增长率应控制在 5%～10%。

【工具4-02】▶▶▶ --

员工福利管理制度

1. 目的

为了增强公司员工的归属感，提高员工的满意度，特制定本制度。

2. 适用范围

本制度适用于公司员工福利管理过程。

3. 定义

3.1　员工，是指与公司签订用工合同的全日制工作人员，即正式员工。

3.2　法定福利，是指公司为员工缴纳国家或地方政府规定的社会统筹保险。

3.3　统一福利，是指公司全体员工都享受的共有福利。

3.4　专项福利，是指公司为特殊职位的员工提供的专门福利。

4. 职责

4.1 人力资源部

4.1.1 负责对公司福利进行综合预算。

4.1.2 负责本制度的执行及统一福利的发放。

4.2 财务部负责发放现金部分的福利。

4.3 总经理负责审批本制度。

5. 内容

5.1 福利结构

（1）本制度所称福利，是指公司发给员工的法定福利、统一福利与专项福利的统称。

（2）福利结构如下图所示。

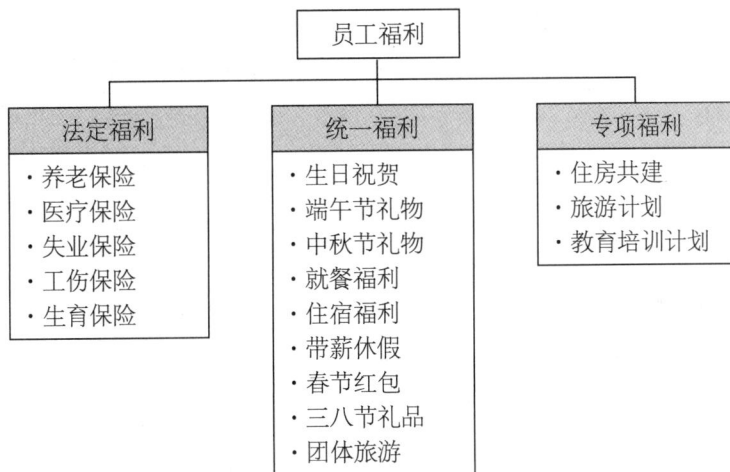

福利结构示意图

5.2 法定福利

5.2.1 法定福利是国家规定的强制性福利，原则上公司全体员工都有权享受。具体缴费金额参见当地社会保险的相关规定。

5.2.2 法定福利使用规定

（1）辞职人员办理完辞职手续的当月，人力资源部即停止为其缴纳社会统筹保险。如员工要求转移社会保险手续，由人力资源部统一办理。

（2）社会统筹保险费中的员工个人缴纳部分由人力资源部在其每月工资中扣除。

5.3 统一福利

5.3.1 统一福利享受资格

公司所有全日制员工均可享受统一的福利待遇。

5.3.2 统一福利执行标准

公司执行统一福利项目及标准如下表所示。

公司统一福利的项目及标准表

序号	福利项目		福利标准	发放形式	备注
1	员工生日	全部员工	××元/人	以实物形式发放	
2	妇女节	全体女性员工	××元/人	以现金或实物形式发放	
3	端午节	全体员工	××元/人	以实物形式发放	
4	中秋节	全体员工	××元/人	以实物形式发放	
5	带薪休假	全体员工	参见《请休假管理办法》		
6	春节	五职等及以上人员	××元/人	以现金形式发放	开工当日需在公司
		四职等及以下人员	××元/人	以现金形式发放	
7	团队旅游	全体员工	××次/人·年	以实物形式发放	
8	每日三餐补贴	全体员工	××元/月	以实物形式体现，公司补贴餐费的50%	该标准随着每年国家发布的CPI指数同步变化
		五职等以上	××元/月	以实物形式体现，公司补贴餐费的50%	
9	住房补贴	五职等以上人员	参见《专项福利管理办法》		
		四职等	公司内部住宿	以实物形式体现	
		三职等以下	公司内部住宿	以实物形式体现	

5.3.3 统一福利的使用规定

（1）统一福利项目由人力资源部执行，财务部负责控制预算。

（2）用人部门因特殊原因向公司申请特殊福利时，应先向人力资源部提交方案，审核通过并报总经理批准后执行。

【工具4-03】▶▶▶--

××公司年度弹性福利计划及实施方案

一、前言

弹性福利计划是指在年度弹性福利总金额固定的前提下，根据员工的岗位重要程度、职级、服务年限、贡献程度等因素计算员工个人的弹性福利总点数，员工可根据自己的总点数和实际需求，从公司提供的弹性福利菜单中选购自己需要的福利项目和数量，形成专属于自己的福利套餐。

弹性福利打破了传统福利的"大锅饭"现象，满足了不同层次员工个性化、多样化的需求，大大提高了员工的满意度，使公司的福利政策有了更强的激励效果。

二、弹性福利的范围

总部及各分公司的全体员工（不含临时工）均可享有个人的弹性福利点值，购买相关的福利项目。

三、弹性福利点数的构成及计算方式

（一）弹性福利点数的构成

1.薪资点数 = 个人月基本工资 ×10%

2.职级点数

（1）营业员是100点。

（2）员工（含配送中心组长、专柜柜长）是200点。

（3）主管级是300点。

（4）经理级是500点。

（5）总监B级是1000点。

（6）总监A级是2000点。

3.周年服务点数。满1年起计算，每满1年增加100点，满半年增加50点，最高1000点。不满半年者不计算点数。

4.优秀员工点数。上年度优秀员工在本年度增加500点。

（二）弹性福利点数的计算

1.计算原则

弹性福利点数均以上年度12月31日为基准进行核算，在此之后的调薪、升职、工作年限增加等因素均不考虑在内。

2.计算方法

个人弹性福利总点数＝（薪资点数＋职级点数＋周年服务点数＋优秀员工点数）×系数

（1）入职满一年的员工的系数为1（即××××年1月1日前入职）。

（2）入职满半年的员工的系数为0.5（即××××年7月1日前入职）。

（3）入职不满半年的员工只全额计算职级点数（即××××年7月1日至12月31日入职）。

四、弹性福利项目及购买点数

暂定1点为1元。具体操作时，用年度员工总点数除以年度弹性福利预算总额计算系数，再根据公司实际购买以下福利项目的支出换算出各项福利的标价点数。

弹性福利项目表

序号	弹性福利项目	A档	B档	C档	方式	兑现时间
1	家属商业医疗保险 家属体检	1330 1000	781 250	540 200	公司统一购买 凭指定医院发票报销	每年9月1日 每年4月
2	电影票	60张	40张	40张	电影票	每年3月
3	洗衣卡	500	200	100	天天洗衣卡	每年3月
4	书城卡	500	200	100	购书中心书城卡	每年3月
5	游泳票	30张	20张	10张	体育中心游泳馆	每年6月
6	子女助学金	500	200	100	凭发票报销	每年3月或9月
7	旅游	1000	800	500	凭发票报销	每年3月、9月
8	美容/按摩/健身	1000	800	500	凭发票报销	每年3月、9月
9	化妆品/服装费	800	500	200	凭发票报销	每年3月、9月

五、弹性福利项目的购买流程

（1）公司公布年度弹性福利菜单，调查员工弹性福利需求。

（2）根据调查结果修正公司的年度弹性福利菜单并对福利项目进行标价。

（3）将员工的个人年度弹性福利总点值通知到个人。

（4）员工根据个人弹性福利总点值和自己的实际需求选择弹性福利的项目与数量。

（5）人力资源部将结果汇总并评估后，对于需要调整的福利项目，和员工协商后调整。

（6）将《年度固定福利政策》《年度弹性福利计划及实施方案》《员工年度弹性福利需求汇总》呈报公司薪酬小组审批。

（7）审批通过后进行采购。

六、弹性福利点数的使用

（一）使用方式

1. 每年的 3 月和 9 月，员工上报需要的福利项目和数量。人力资源部统一汇总、审批后采购。

2. 每次只能使用本人点数的 50%。

（二）使用规则

1. 员工未用完的福利点数，年底自动失效，福利点数不可转让。

2. 当员工购买福利项目的点数超过个人总额时，可从自己的税前工资中扣除，扣除金额不得超过当月基本工资的一半。

3. 员工非正常离职（如辞退、主动离职等）时，未使用完的点数不能折现发放，应视为自动失效。

4. 试用期员工不享受弹性福利计划，其福利点数自员工转正次月起计算。

5. 员工由于晋升或调薪而引起的福利点数的变化，自下年年底起生效。

> 第五章

绩效管理规划

绩效管理在企业人力资源管理工作中具有非常重要的地位，许多企业都建立了非常完善的绩效管理体系，成立了绩效管理委员会。绩效管理并不限于考核，它是一个全方位、全员参与的系统性工作，同时按照PDCA模型不断循环、持续改进。

学习目标

1.了解绩效管理体系构建的目标与层次、绩效管理体系的组成、设计的基本思路、构建的基本原则，掌握绩效管理体系的建立步骤及各步骤的具体操作方法、要求和细节。

2.了解员工绩效管理流程的内容，掌握绩效计划、绩效实施与管理、绩效评估、绩效反馈面谈，评估结果运用的具体操作方法、要求和细节。

绩效管理规划学习指引

序号	培训内容	时间安排	期望目标	未达目标的改善措施
1	绩效管理体系的建立			
2	员工绩效管理流程规划			

5.1 绩效管理体系的建立

绩效管理体系是一套专注于建立、收集、处理和监控绩效数据的流程与系统。良好的绩效管理体系既能增强企业的决策能力，又能通过一系列测量指标帮助企业实现经营目标。

5.1.1 构建绩效管理体系的目的与目标

（1）构建绩效管理体系的目的

①强化内部激励、监督与约束机制。

②提高员工的工作质量和工作效率。

③推进企业战略目标与年度各项生产经营目标的顺利实现。

④切实改善企业的绩效水平。

（2）绩效管理体系应围绕企业战略定位和战略目标构建。使各个层级的员工都能积极行动起来，不断提升和改善绩效，形成企业的核心竞争优势，切实推进企业战略目标的实现。具体包括以下几个方面。

①明确和强化各级组织及各个岗位的绩效管理职责、流程和责任。

②明确各级组织和岗位的绩效目标，保证员工的价值取向及行动与企业的战略目标一致，提高企业的运作能力。

③完成各级组织、各个岗位的战略目标与年度经营目标。

④为人力资源管理与开发等工作提供决策依据。

5.1.2 绩效管理体系的组成

绩效管理体系通常由以下几个部分组成。

（1）企业使命、愿景、核心价值观和战略总目标。

（2）企业经营目标。

（3）绩效管理计划。

（4）绩效考核流程与考核机制。

（5）绩效辅导与绩效改进。

（6）绩效考核结果的应用。

（7）绩效优化机制。

（8）绩效文化。

5.1.3　绩效管理体系设计的基本思路

绩效管理体系是以企业战略为导向的管理体系。绩效管理体系设计的基本思路如表 5-1 所示。

表 5-1　绩效管理体系设计的基本思路

序号	基本思路	描述
1	以战略为导向	通过 KPI（关键绩效指标）将公司战略目标落实到各层级岗位上
2	绩效透明化	（1）为高层管理者提供了解下属业绩的工具 （2）建立公平、坦诚、全方位的绩效审核与沟通管理体系 （3）系统、客观地评估经营绩效
3	管理系统化	（1）以系统的绩效管理替代随机的"人管人" （2）上级对下级的管理以绩效管理为主，而非对经营工作的日常干预，要保证责、权、利划分清晰
4	绩效与激励机制、薪酬结合	（1）将绩效表现与激励机制相结合 （2）通过绩效管理有效激励员工 （3）为稀缺的关键人才、有突出贡献者提供高于市场水平的薪酬以及更多的培训机会、平台等

5.1.4　构建绩效管理体系的基本原则

为了实现战略目标，充分体现绩效管理的客观性、激励性和导向性，有效提升企业的绩效水平，人力资源管理者可按照以下原则设计绩效管理体系，如图 5-1 所示。

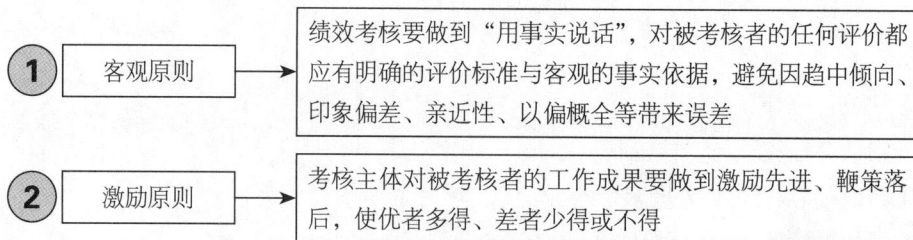

① **客观原则**　绩效考核要做到"用事实说话"，对被考核者的任何评价都应有明确的评价标准与客观的事实依据，避免因趋中倾向、印象偏差、亲近性、以偏概全等带来误差

② **激励原则**　考核主体对被考核者的工作成果要做到激励先进、鞭策落后，使优者多得、差者少得或不得

图 5-1　构建绩效管理体系的基本原则

| 3 | 循序渐进原则 | → | 根据被考核对象、管理水平、基础条件等循序渐进地完成考核体系的构建与完善工作 |
| 4 | 全面深入原则 | → | 绩效考核工作要做到覆盖全员、责任到人,消除工作中的盲区 |

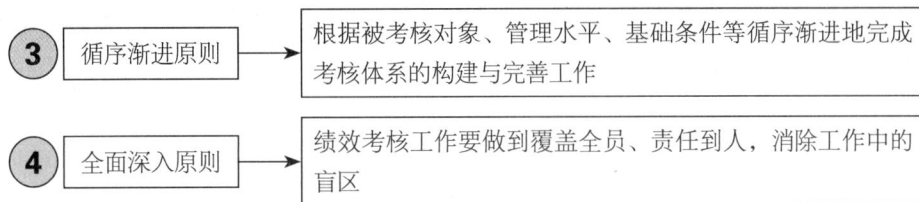

图 5-1　构建绩效管理体系的基本原则（续）

5.1.5　绩效管理体系的建立步骤

绩效管理体系的建立要遵循图 5-2 所示的八个步骤。

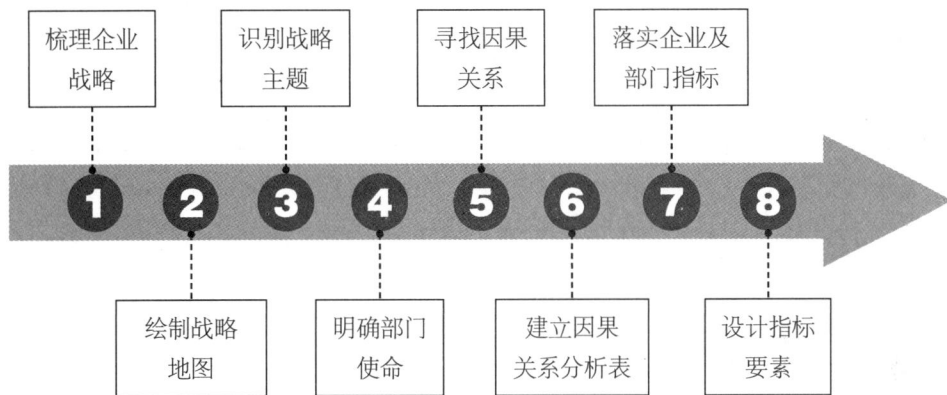

图 5-2　绩效管理体系的建立步骤

（1）梳理企业战略

企业实施战略绩效管理时,首先要进行战略梳理,明确企业战略的主要工作,也就是战略问题确认,具体步骤如下。

①明晰企业愿景与战略目标体系。

②分析外部环境和行业。

③分析内部资源。

④确立总体战略及业务战略,分析核心竞争力或关键成功因素,设计职能战略及战略实施计划。

（2）绘制战略地图

明确企业的战略目标后,接下来的工作就是绘制战略地图。

绘制战略地图即运用价值树模型,采取逐层剖析的方法,按照从上到下的逻辑关系层层分解企业的战略目标，将其依次分为财务、客户、内部运营、学习成长四个维度。战略地图是一种表示企业战略目标之间因果关系的可视化方法，将平衡计分卡四个层面的目标集成起来，描述企业战略及达成战略目标的路径。战略地图四个层面的目标如表 5-2 所示。

表 5-2　战略地图四个层面的目标

序号	层面	分析重点
1	财务层面	主要阐明企业的经营行为产生的可衡量的财务结果，体现了企业对股东价值的增值
2	客户层面	客户层面分析的重点是企业期望获得的客户和细分市场，以及如何满足内部客户和外部客户的需求
3	内部运营层面	内部运营层面的分析重点是吸引并留住目标客户，满足股东对财务回报率的期望，符合企业的核心价值观
4	学习成长层面	学习成长层面的分析重点是获取突破性业绩，得知员工需要具备的核心知识与创新精神

　　一般只需要两个绩效指标就能准确表达每个目标的涵义，管理者在操作时可以设法将每个维度的目标控制在 3 个以内。平衡计分卡的两位作者卡普兰教授和诺顿博士认为：平衡计分卡的每个层面需要 4 ~ 7 个指标，16 ~ 25 个指标基本上就能够满足需要。在这四个层面中，财务层面用 3 ~ 4 个指标、客户层面用 5 ~ 8 个指标、内部运营层面用 5 ~ 10 个指标、学习成长层面用 3 ~ 6 个指标就可以了。

【实例】

　　某企业的战略地图如下图所示。

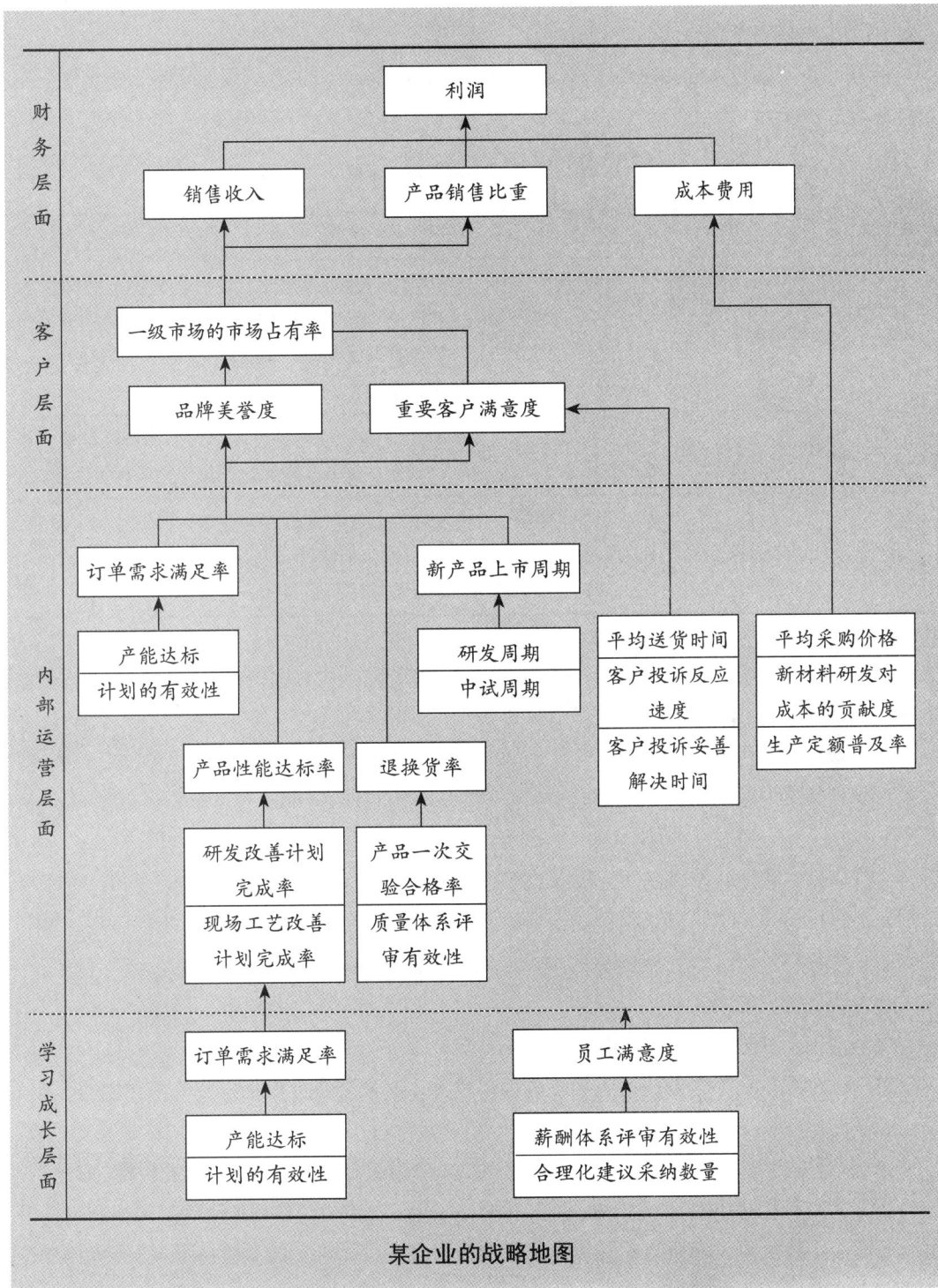

某企业的战略地图

（3）识别战略主题

企业战略主题可以分为发展战略诉求主题、竞争战略诉求主题和职能战略诉求主题三类，具体如表5-3所示。

表5-3　战略主题的分类

序号	战略主题分类	简要描述
1	发展战略诉求主题	发展战略也称企业战略、集团战略。发展战略主要描述企业的业务范围，现有业务组合及拟进入哪一领域，采取增长、收缩还是维持的发展战略，产品、地域和客户的选择是采取单一业务还是多元化业务的形式，是采取相关多元化还是无关多元化的方式等问题
2	竞争战略诉求主题	竞争战略也称业务单元战略，主要描述各业务单元如何开展竞争。根据战略优势和市场范围，确定是采取差异化还是集中化的竞争手段
3	职能战略诉求主题	职能战略主要描述企业可以通过哪些层面增强竞争力，如在财务、营销、人力资源、物流、生产、研发、采购等方面采取何种措施支持和协同企业战略与业务战略。职能战略更强调具体、可操作性

企业的经营业务具有长期稳定的特征，即使在较长的一段时间内也不会发生太大的变化，因此发展战略具有相对稳定性。竞争战略则需要随着市场竞争状况的变化及时进行调整，而职能战略则是支持和协同公司战略与业务战略应采取的具体措施。

要识别战略主题，人力资源管理者可运用职责分析法（Function Analysis System Technique，简称 FAST 法）。企业价值链通常包括产品开发、市场营销、生产经营、采购供应、客户服务等核心价值链。除核心价值链外，还有 IT 信息技术、人力资源、法律、财务、企业文化、行政后勤等辅助价值链，可以遵循企业价值链的核心价值链和辅助价值链对战略主题进行相关性识别并分解到各部门，从各部门中寻找能够驱动战略主题与目标的因素。

（4）明确部门使命

明确部门使命时应当注意以下几点。

第一，部门使命不是部门所有职责的简单叠加，必须要高度概括部门的工作内容，明确部门的职责与目标。

第二，部门使命是本部门对企业战略的支撑，部门使命必须紧密围绕企业目标。

第三，部门使命的着重点在于描述部门的价值、意义、定位与作用。明确部门使命的过程，是与各部门主管反复磋商研讨的过程。部门使命必须让每个部门的主管心悦诚服，明确部使命是落实企业及各部门的经营指标的基础。明确部门使命的同时,企业管理者还需要对企业的价值链流程进行优化,梳理组织架构。明确部门使命、优化流程、梳理组织架构这三项工作必须同时进行。

(5)寻找因果关系

因果关系链分析最适合的工具是价值树模型。价值树模型是在目标(或指标)之间寻找对应的逻辑关系,在运用时可以分别列出企业战略地图中的衡量性目标、对应的关键绩效指标、驱动这些指标的关键驱动流程以及对应的关键流程绩效指标。

(6)建立因果关系分析表

分析价值树模型后,那些原本看似杂乱无章的指标之间就建立起了因果逻辑关系。这时就可以将指标放入平衡计分卡中了。在具体操作时,可以利用"因果关系分析表"(如表5-4所示)来完成这项工作。

第一步,在"战略目标"的纵栏内填写战略目标。

第二步,在"滞后/结果性指标"栏内填写对应的指标。

第三步,在"领先/驱动性指标"栏内填写对应的指标(注意:应当选择那些对滞后/结果性最有直接驱动力的指标)。

完成该项工作时,要注意滞后性指标与领先性指标之间的对应关系。

表5-4　因果关系分析表

	战略目标	滞后/结果性指标	领先/驱动性指标
财务	20××年实现利润9000万元……	利润	
	20××年产品销售收入达到3亿元……	销售收入	
	20××年实现××型产品销售收入占主营业务收入的70%……	成本费用总额	优秀供应商比例
			新材料对成本降低的贡献
			生产定额普及率
客户	20××年能使90%的关键客户感到满意……	关键客户满意度	客户投诉反应速度
			客户投诉妥善解决率
	20××年一级市场客户达到15家	一级市场客户数量	品牌美誉度
内部过程	20××年能使97%的订单需求得到满足……	订单需求满足率	产能达标
			营销、生产与采购计划的有效性

（续表）

	战略目标	滞后／结果性指标	领先／驱动性指标
内部过程	20××年产品因质量问题发生的退换货率控制在1%以下……	退换货率	产品一次交验合格率
			质量管理体系的建设
学习成长	20××年实现95%的关键职位员工能力素质达标……	任职资格达标率	任职资格管理体系建设
			培训目标达成率
	20××年获得75%的员工满意度……	员工满意度	薪酬满意度 员工合理化建议采纳数量

（7）落实企业及部门指标

部门是企业实现战略目标的承接主体，在设计部门指标时，企业管理者要依据平衡计分卡，关注企业战略实现的结果和过程，具体可分为年度指标与月度指标（也可能是季度指标、半年度指标）等并进行综合设计。最后要明确哪些指标应放到公司层面考核，哪些指标应放到部门层面考核。通常情况下，那些结果性指标（也称滞后性指标）应放到公司层面考核，以年度考核为主；那些过程性指标（也称驱动性指标）应放到部门层面考核，以月度（季度考核、半年度考核）考核为主。

（8）设计指标要素

不管是企业级指标还是部门级指标，都需要由具体的岗位来承担。因此，岗位指标要素设计是构建战略绩效体系的重中之重。

一般来说，指标要素涉及的内容包括岗位绩效考核表的设计（也有公司称之为KPI协议书、岗位目标责任书、绩效合约、岗位合约等，考核表的具体名称可根据企业的需要确定）与考核指标的内容设计。

目前比较流行的岗位绩效考核表的设计主要是将定量指标KPI（Key Performance Indicator，关键业绩指标）、定性指标GS（Goal Setting，工作目标设定）、素质指标CPI（Competency Performance Indicator，能力态度指标）相结合。

考核指标的内容包括指标名称、指标编号、指标定义、考核评分标准、指标的目标值、指标设定的目的、责任人、数据来源、考核周期、考核指标的权重分配以及指标的计分方法等。

5.2 员工绩效管理流程规划

绩效管理是一个完整的系统，包括绩效计划、绩效实施、绩效评估、绩效反馈和绩效改进五个流程，因此被称为五步运作，如图5-3所示。

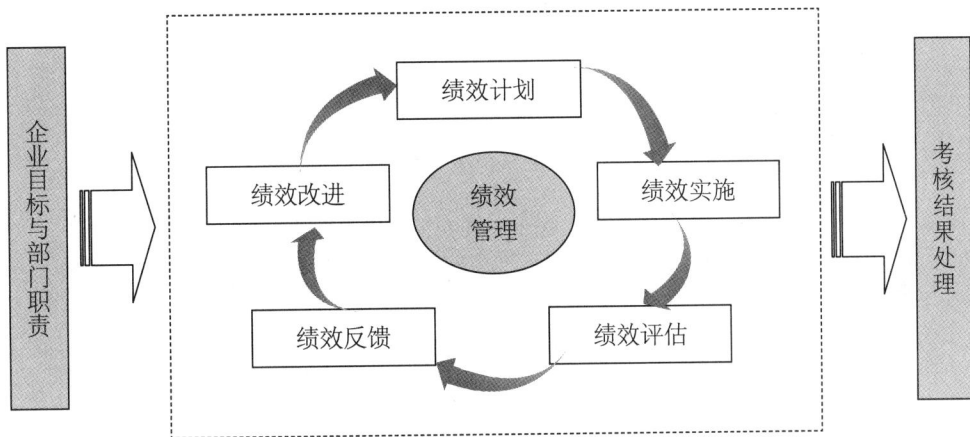

图5-3 五步运作

5.2.1 绩效计划

绩效计划是评估者和被评估者就被评估者应该实现的工作绩效进行沟通，并将沟通结果变成书面协议，从而明确双方的权利、责任、义务等。

（1）员工绩效计划的内容

员工绩效计划包括以下内容。

①评估者信息，是否具备考评资格。

②被评估者信息，主要指岗位信息。

③主要职责，是指岗位的主要工作。

④权重。

⑤计划内容，主要是指目标内容。

⑥目标值。

⑦评估时间。

⑧能力发展计划。

（2）员工绩效计划的实施流程

员工绩效计划流程是固定的，基本上适用于每家企业，如图5-4所示。

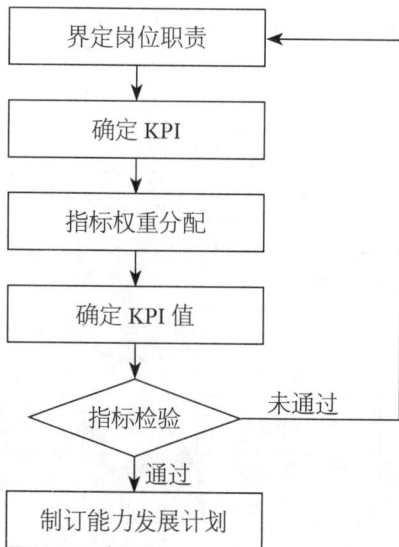

图 5-4　员工绩效计划实施流程

员工绩效计划实施流程的说明如表5-5所示。

表 5-5　员工绩效计划的实施流程

序号	步骤	说明
1	界定工作职责	管理者可以参照职位说明书界定员工的工作职责。一般来说，人力资源部根据员工的工作内容与企业目标，早已界定清楚员工的工作职责
2	确定KPI	KPI即关键绩效指标法，它把绩效评估简化为对几个关键指标的考核，将关键指标当作评估标准，把员工的绩效与关键指标进行比较。在一定程度上可以说关键绩效指标法是目标管理法与帕累托定律的有效结合
3	指标权重分配	指标权重是指确定每类以及每项指标在整个指标体系中的重要程度。切记，每一项指标的权重不要小于5%，同时指标之间的差异最好控制在5%之内

（续表）

序号	步骤	说明
4	确定 KPI 值	KPI 值有两个，一个是目标指标，另一个是挑战指标。目标指标是企业对员工的期望值，而挑战指标是一个高于目标的希望值。一般来说，对于波动性较强的岗位，都应该设立一个很高的挑战指标
5	指标检验	检验主要从两个方面进行，一是检查相同部门、职务的 KPI 设定的选择与权重的分配是否统一；二是检查各项职责内容是否得到准确描述
6	制订能力发展计划	制定绩效指标后，主管必须为员工制订一个能力发展计划，帮助或督促员工实现目标

5.2.2 绩效实施

管理者开展绩效实施工作时，首先要确定考评者，并实施考评动员，然后进行持续有效的沟通，最后收集信息。其流程如图 5-5 所示。

确定考评者 → 考评前动员 → 考评前培训 → 持续绩效沟通 → 收集绩效信息

图 5-5　绩效实施流程

（1）确定考评者

在现代企业的员工考评工作中，考评仍是以上级主管为主，但同时，为了更充分、完整、客观地收集员工关于工作表现的信息，员工自己、同事、下属甚至客户都成为了考评主体的重要组成部分，都可以为被考评者提供绩效评分。

（2）考评前动员

为了让全体员工理解和支持绩效考评，公司在实施绩效考评前一定要进行有针对性的、有效的宣传动员活动。同时，为了保证绩效目标的有效落实，绩效考评的目标要由公司上下级共同确定。因此，为了让员工积极参与到绩效考评工作中，管理者要进行有针对性的宣传动员活动。

（3）考评前培训

通过对管理人员进行考评培训，可以提高他们的业务能力，减少考评过程中人为的非正常误差。

通过对员工进行考评培训，一方面可以加强员工对绩效考评意义的认识，另一方面可以提高员工有关绩效考评的综合技能。

（4）持续绩效沟通

在绩效实施的过程中，持续进行绩效沟通的目的之一，就是为了适应环境变化的需要，适时地对计划做出调整。因此，在绩效实施过程中，加强员工与管理人员的沟通，随时调整绩效计划，可以使绩效计划更加适应环境的需要。

（5）收集绩效信息

通常来说，绩效信息的收集内容主要包括以下几种。

①工作目标或任务完成情况的信息。

②来自客户的积极的或消极的反馈信息。

③工作绩效突出的行为表现。

④绩效有问题的行为表现等。

5.2.3　绩效评估

绩效评估包括图 5-6 所示的四项内容。

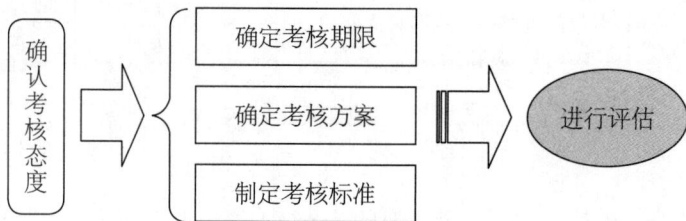

图 5-6　绩效评估内容

（1）确认考核态度

在考核过程中，应秉持公正原则。考核的目的是将员工个人发展和企业的发展结合在一起，而不是通过考核让考核者与被考核者成为"敌人"。

（2）确定考核期限

在大多数企业里，绩效考核一般每年或每半年进行一次。一般来说，试用期员工在试用期结束之前应接受一次绩效考核。另外，在新员工入职后的第一年里对其做出数次考核也是一种常见的方法。

考核期可能从每个员工上班当天开始，或者在同一时间对所有员工进行考核。虽然这两种做法都有优点，但如果一家企业中有许多员工，交错考核就更具优势了。

> 如果所有考核同时进行，就可能没有足够的时间对每名员工进行充分考核，从而导致考核工作流于形式。

（3）确定考核方案

考核方案有以下两种。

①按不同职位类别设计考核。不同职位、工作的特点不同，考核方案也会有所不同。一般可按管理类、营销类、技术类、专业类、事务类等不同职位的特点来设计考核方案。

②按不同层级设计考核。按职位高低，分成经营层、管理层、普通员工等层级。针对不同层级，设计不同的考核方案。例如，高层管理者一般会选择关键业绩指标加述职的办法进行考核；对于基层操作员工，则会依据岗位标准或规范进行考核。

（4）制定考核标准

绩效考核标准有以下几个特征。

①衡量上的可靠。要以客观的方式衡量行为和结果。

②内容上的有效。内容要与工作绩效活动合理地联系起来。

③定义上的具体。包括所有可识别的行为和结果。

④独立。重要的行为和结果应该包含在一个全面的标准之中。

⑤不重叠。标准不要重叠。

⑥全面。不要忽略不重要的行为或结果。

⑦易懂。要以易于理解的方式对标准加以解释和命名。

⑧一致。标准要与组织的目标和文化保持一致。

⑨更新。要根据组织的变化，定期审查绩效考核标准。

5.2.4 绩效反馈

绩效反馈是指绩效面谈，面谈工作一般由管理人员主持。管理人员和员工必须做好面谈准备，并掌握面谈技巧。

（1）管理人员应该做的准备工作

管理人员作为主导人员，在进行绩效面谈前应做好以下准备工作。

①选择适宜的时间。

②准备适宜的场地。

③准备面谈的资料。

④对待面谈的对象有所了解。

⑤计划好面谈的程序。

（2）员工应该做的准备工作

在进行绩效面谈前，员工应做好以下准备工作。

①准备表明自己绩效结果的资料或证据。

②准备好个人的发展计划。

③准备好向管理人员提出的问题。

④将自己的工作安排好。

（3）绩效沟通

在绩效沟通的时候，管理人员要注意以下几点。

①建立和维护彼此之间的信任。

②清楚说明面谈的目的。

③鼓励员工充分表达自己的观点。

④认真倾听。

⑤避免发生冲突。

⑥集中沟通绩效结果，而不是针对员工的性格特征发表看法。

⑦集中于未来而非过去。

⑧该结束时立即结束。

5.2.5 绩效改进

绩效改进的目的在于使员工改变其行为，关键是要分析影响员工进步的各种因素，从而帮助其制订改进计划。

（1）确定改进内容

在确定有改进项目的必要后，先要找出问题所在：为何绩效未达到应达到的水准？选取待改进项目的工作应交由管理人员和员工共同完成，选取项目时应先考虑下列几个因素。

①管理人员的想法是正确的吗？员工是否能够独立改进项目的缺点。

②员工认为该从何处着手？这一项因素也许可以激发员工改进的动机，因为员工通常不会从他根本不想改进的地方着手。

③哪一方面的改进比较有成效？立竿见影的效果总会使人有成就感，也有助于其继续改进其他方面。

④就所花的时间、精力和金钱而言，哪方面的改进性价比最高？这是一项客观的决策，只需根据事实与逻辑考虑即可。

（2）列举改进绩效的方法

可能改进绩效的方法如下。

①参加管理人员会议。

②岗位或部门轮转。

③与专家研讨。

④研读工作手册和程序说明。

⑤参加技术部门的研修活动。

（3）制订绩效改进计划

一个有效的绩效改进计划应满足下列四点要求。

①实际。计划内容应与待改进的绩效相关。

②时间性。计划要有时间节点。

③具体。要阐述清楚应做之事。

④计划要获得认同。管理人员与员工都应该接受这个计划并努力完成。

（4）实施绩效改进计划

在实施绩效改进计划时应注意以下几点。

①确定员工了解此项计划。

②若环境有所变化、计划需做出改变，管理人员应与员工商洽，并将改变部分标注在原计划上。

③到期前应提醒员工，以使其能依计划进行，避免因遗忘导致计划失败。

④为了促使计划完成，管理人员需经常提醒员工。

⑤若部分计划未按进度达成，管理人员应予以纠正。

员工在遇到妨碍计划完成的事情时，应立即向管理人员反映。当计划变得不切实际时，应予以修正。假设计划变得不可能或不实际时，员工应及时提醒管理人员。

（5）延续绩效改进计划

一个绩效改进计划只针对一个项目进行，这种做法确实能使工作业绩得到改善。但何时开展第二项绩效改进计划，要视实际情况而定。一般来说，当一个绩效改进计划全部或部分完成时，第二项绩效改进计划应已制订好。当然，如果计划不是很复杂，管理人员和员工可以同时执行一个以上的计划。

管理工具

【工具 5-01】▶▶ ··

集团员工绩效考核实施办法

1. 总则

1.1 考核目的

为了客观评价公司员工和团队的工作业绩，激励员工努力完成目标任务，提高员工的成就感和满意度，建立健全集团员工的绩效考核制度，结合公司的实际情况，特制定本实施办法。

1.2 考核原则

集团的员工绩效考核工作，要坚持部门成绩和员工成绩相结合、长期目标和短期目标相结合、客观评价和量化检查相结合、过程与结果相结合，以及保持一致性、客观性和公开性的原则。

1.2.1 一致性。对于相同的岗位，可使用相同的考核标准，不要因为人员的变动而改变原有的岗位考核标准和方法。

1.2.2 客观性。客观反映员工的实际工作情况，避免由于认识的片面性而带来误差。

1.2.3 公开性。应向员工公开考核标准、程序和原则，让员工知道自己的考评结果，并知道自己对结果有申诉权。

1.3 考核分类

考核对象分为团队考核和个人考核两种。个人考核又分为高管层和非高管层两类。按考核频次划分，绩效考核可分为月度、年中、年末考核。对非高管层人员进行月度考核。

1.3.1 团队考核是指对各事业部、专业集团公司、管理公司以及下属各部门和各单位的考核。

1.3.2 高管层人员包括集团各事业部、各专业集团、专业公司、管理公司的副总裁及以上人员，以及与之同级别的技术岗位人员。

1.3.3 非高管层人员包括除高管层以外的所有人员,可细分为中层管理人员和普通员工,中层管理人员指各部(室)副部长(副经理)及以上任职人员,以及与之同级别的技术岗位人员。

1.4 绩效考核体系

按照"横向到边,纵向到底"的原则,集团绩效考核体系为集团对各专业公司或各事业部的目标责任人、各专业公司或各事业部的目标责任人对所属分管领导、分管领导对部门、部门对所属员工,分级负责、层层实行的绩效管理工作。

1.5 考核周期

高管层人员考核应遵循"月度考核、月度兑现、半年总结、年终通评"的标准。非高管层人员考核则遵循"月度考核、月度兑现、年终通评"的标准。

1.6 考核组织及实施部门

员工绩效考核工作由集团绩效考核领导小组负责。集团人力资源部承办并组织和实施日常工作,负责拟定绩效考核工作的各项规章制度,并检查、督促规章制度的贯彻落实。集团财务部参与绩效考核工作,协助落实企业经营目标,负责盈利模式的推行以及企业收支账务的处理等。

1.7 考核范围

1.7.1 本办法适用于集团各事业部、各专业公司、管理公司以及所属企业和全体员工。

1.7.2 以下人员不适用本办法。

(1)试用期人员(包括新聘员工和调岗试用员工)。

(2)待岗员工。

(3)外聘的专家和顾问。

(4)短期(6个月内)借调人员。

(5)停职留薪期内的工伤职工。

(6)处于医疗期内的生病职工。

(7)处于生育假期内的女职工。

(8)其他特殊情况。

2. 目标的制定

2.1 团队目标的制定

根据集团组织架构,团队考核分为三级单位,如下表所示。

团队考核的三级单位

序号	层级	说明
1	一级单位（指以各事业部、各专业公司为主体的考核对象）	根据集团战略规划，结合本单位实际情况，每年1月，各事业部、各专业集团向集团绩效考核领导小组提出本单位年度重点工作计划和常规工作计划，经绩效考核领导小组审议通过后，人力资源部组织签订《×××集团高层管理人员年度工作承诺书》
2	二级单位（指各事业部、各专业集团下属各专业公司和各部门）	根据目标任务，由本单位目标管理部门分解到所管辖的各专业公司和部门
3	三级单位（指各事业部下属各专业公司所管辖各部门）	各专业公司经营目标责任人根据已签批的年度目标任务分解到各部门

2.2 高管层目标的制定

2.2.1 对高管层的考核，主要是考核其工作承诺是否兑现。对于既承担经营指标任务又有管理任务的高管人员而言，要实行个人和分管团队的双重考核。只承担管理任务的高管人员，仅考核其分管团队的工作任务。

2.2.2 每年1月，根据集团的经营要求，高管人员分别就自己分管范围内的年度工作目标和经营指标提出承诺，经集团绩效考核领导小组审议通过后，由人力资源部组织签订《×××集团高层管理人员年度工作承诺书》。

2.2.3 高管人员根据承诺的工作目标和经营指标拟订承诺兑现计划，填入"×××集团高层管理人员承诺兑现计划表"，将经营指标和年度目标分解到"月"，经绩效考核领导小组审议通过后执行。

2.2.4 集团各类会议纪要或专项工作，有涉及高管人员应当承担的工作任务和经营目标的，应视为相应高管人员的承诺，并纳入考核范围。

2.3 非高管层目标的制定

2.3.1 每年1月，部门员工根据已签批的部门年度重点工作计划和常规工作计划，依据自己对各项计划的参与程度（担当、参与或无关），与直接上级进行沟通后，编制本岗位的"非高管人员年度工作计划表"，经直接上级审核后，报分管领导审批。

2.3.2 根据部门计划工作的分解，各岗位员工依据岗位职责，提交本岗位的工作质量指标，经与直接上级沟通后，确定指标值、考评权重和评分标准，填入"非高管人员月度绩效考核表"，经直接上级批准后报人力资源部。

2.3.3 人力资源部负责核定工作质量（考评要求）的指标，对过高或过低的指标、无法考核或量化的指标，会同直接上级进行调整或重新设定。

2.3.4 直接上级安排的临时性工作计划，在直接上级处备案，作为调整目标纳入考核范围。

2.4 实行盈利模式单位目标的制定

每年1月，单位负责人就本单位年度费用支出和收入情况进行预算，并对本单位年度盈利情况提出完成承诺，经集团绩效考核领导小组审议通过后，由人力资源部组织签订《集团高层管理人员年度工作承诺书》。

2.5 为保证目标任务的严肃性，无特殊情况，集团不对已确定的目标任务进行调整。因部门职能职责和人员发生变化等原因确需调整的，须由目标责任部门提出书面申请，报绩效考核领导小组审定后，由人力资源部下达《目标任务调整通知书》。

3. 绩效考核方法

3.1 绩效考核内容

3.1.1 团队考核，主要是指针对分管团队月度和年度计划任务的完成情况进行关键绩效指标的考核。

3.1.2 个人月度考核，主要是指针对当月计划任务的完成情况、工作质量和效果进行关键绩效指标的考核。

3.1.3 高管人员年中考核是指上半年的综合考核，主要针对综合业务能力、综合素养方面。

3.1.4 高管人员年末考核是指年末的综合考核，主要针对综合业务能力、综合素养方面。

3.1.5 个人年度成绩是个人全年考核的综合成绩，高管人员年度成绩由个人月度考核、年中考核和年末考核加权计算得出，非高管人员的个人年度成绩为个人全年月度考核的综合成绩。承担管理责任的岗位还与其分管的单位或部门的年度考核成绩挂钩。

3.1.6 实行盈利模式的单位和个人月度考核，以当月实际产生的费用为考核基点，以收支持平为考核目标，结合综合满意度进行考核。

3.2 团队考核办法

3.2.1 团队考核分为月度考核和年末考核两种。

3.2.2 团队考核主要针对分管团队月度和年度的计划任务完成情况进行关键绩效指标考核。

3.2.3 月度考核的内容和依据。月度重点工作计划由办公室或计划财务部组织实施。

3.2.4 年末考核的内容和依据。年度经营指标和重点工作完成情况由办公室和计划财务部组织实施，财务部负责审核。

3.3 高管层考核办法

3.3.1 高管层月度考核

（1）每月5日前，各高管人员填写"集团月绩效考核表"并进行自评，经对口单位或部门分管领导签署意见后，于每月10日前由人力资源部汇总后报集团绩效考核领导小组审批。

（2）集团总裁批准后，考核成绩生效。

（3）月度考核成绩＝个人业绩×20%＋分管团队月度考核成绩×80%。无个人经营指标的，月度考核成绩为分管团队月度考核平均成绩×100%。

3.3.2 高管层年中考核

（1）每年7月，高管人员针对分管工作进行总结，并按照统一格式向人力资源部提交《半年工作总结报告》，人力资源部将其汇总后报集团绩效考核领导小组审议。

（2）高管层年中考核由其直接下级、直接上级和平级负责（直接上级一般控制在行政级别两级以内，平级指与其职位相当的人员或在组织机构内与之工作有紧密联系的人员），人力资源部组织相关人员对其进行评议，参评人员为每位高管人员填写"高管人员综合评议表"，人力资源部将汇总结果上交集团总裁，审批通过后生效。

3.3.3 高管层年末考核

（1）每年1月，高管人员针对上年度分管工作和经营指标完成情况编制《高层管理人员述职报告》，交本单位财务部审核后，送人力资源部进行汇总。

（2）根据绩效考核领导小组的安排，人力资源部组织高管人员针对工作目标及经营指标的完成情况进行述职，并接受绩效考核领导小组的质询。

（3）高管层年末考核由其直接下级、直接上级和平级负责，人力资源部组织相关人员对其进行评议，参评人员为每位高管人员填写"高管人员综合评议表"，人力资源部将汇总结果上交集团总裁，审批通过后生效。

3.3.4 高管层年度考核

（1）年度考核成绩＝（1～12月的月度绩效平均成绩）×80%＋年中考核成绩×10%＋年末考核成绩×10%。

（2）如月度考核不足12个月，则按实际月份计算平均成绩；如没有年中考核成绩，则年度考核成绩＝（1～12月的月度绩效平均成绩）×80%＋年末考核成绩×20%。

3.4 非高管层考核办法

3.4.1 非高管月度考核

（1）每月5日前，员工填写"非高管人员月度绩效考核表"交直接上级，直接上级根据员工的工作表现评定其当月绩效后，交对口部门分管领导进行审定。

（2）每月 10 日前，人力资源部汇总员工的月度绩效考核资料，编制"员工月度绩效考核统计表"，报分管人力资源领导审核，经集团领导批准后生效。

（3）员工有特殊业绩时，应在"月度绩效考核表"中注明。

（4）中层管理人员的月度考核成绩 = 个人业绩 ×30%+ 分管团队的月度考核成绩 ×70%。

无个人经营指标的，月度考核成绩 = 分管团队月度考核平均成绩 ×100%。普通员工和基层管理人员的月度考核成绩 = 个人业绩 ×100%。

3.4.2 非高管年度考核。年度考核成绩 =（1 ~ 12 月的月度绩效平均成绩），如月度考核不足 12 个月，则按实际月份计算平均成绩。

3.5 实行盈利模式单位和个人月度考核办法

3.5.1 考核内容及权重。实行盈利模式单位员工的考核内容以其创造的价值和提供的服务的满意度为导向，采取定量考核和定性考核相结合的考评办法。定量考核以本岗位对公司贡献额（即盈利额）的 80% 为基准，定性考核以服务综合满意度为基准，定性考核的分配权重为 20%。

3.5.2 考核方式。考核方式采取个人自评和上级领导考评相结合的方式。量化指标部分由各岗位员工根据本单位盈利方案中的收费项目和标准以及当月本岗位实际服务的项目和数量计算收入并签字确认；定性考核由员工自评，然后在结合评分标准对当月进行综合考评后，由上级领导审定。考核得分采取百分制，总分 = 定量指标 ×80%+ 定性指标 ×20%。

3.5.3 单位和个人的年中、年末及年度考核按团队考核和非高管考核办法执行。

3.6 考核说明及结果运用

3.6.1 人力资源部汇总审定的个人月度绩效考核资料，由人力资源部统一存档。

3.6.2 除部门负责人及以上的高管人员因工作需要可查看分管部门员工的考评资料外，其他员工不得查阅。

3.6.3 接触考评资料的人员均对考评情况负有保密义务，不得将考评结果告知无关人员，不得散布、传播考评信息。

3.6.4 在考核期间离职的年薪制高管人员，应按实际月份兑现其前期考核合格期间的年度绩效工资。

3.6.5 高管人员的年薪由基本年薪和效益年薪组成，其中，基本年薪包括月度基薪、月度绩效工资、年度绩效工资。具体发放标准和时间如下。

（1）在基本年薪中，月度基薪按平均月份发放，占基本年薪的 60%。计算公式为：月度基薪 = 个人年薪标准 ÷12×60%。

（2）月度绩效工资根据月度目标考核结果来发放，月度绩效工资占基本年薪的 20%，计算公式为：月度绩效工资 = 个人年薪标准 ÷ 12 × 20%。

（3）年度绩效工资根据全年目标考核结果于年终发放，年度绩效工资占基本年薪的20%，计算公式为：年度绩效工资 = 个人年薪标准 ÷ 12 × 20%。

（4）效益年薪根据公司整体经营情况于年终发放。

3.6.6 根据岗位不同，企业每月从工资总额中按一定比例提取非高管人员的绩效工资，具体比例为：中层管理人员按20%计提，基层管理人员及一般员工按10%计提，提取的绩效工资根据月度目标任务完成情况予以发放。

3.6.7 考核结果的运用如下表所示。

考核结果的运用

考核对象	考核时间	奖励办法		处罚办法	
		考核结果	标准	考核结果	标准
高管层人员	月度考核	90分以上（含）	发放100%绩效工资	70分~90分	按比例兑现绩效工资
				70分以下（不含）	月度绩效工资为0元；连续两个月考核结果低于70分，被考评者需写出改进计划；连续三个月考核结果低于70分，被考评者需调整岗位
	年度考核	90分以上（含）	（1）补发月度扣罚的绩效工资（2）全额享受年度绩效工资（3）将有机会获得调薪，具体执行方案报总裁批准后实施	70分~90分（不含）	（1）按比例兑现年度绩效工资（2）不予补发月度扣罚的绩效工资
		100分以上（不含）	每超过1分按绩效工资的5%进行奖励，奖励最多不超过绩效工资的50%	70分以下（不含）	（1）年度绩效工资为0元（2）调整岗位
非高管层人员	月度考核	90分~100分（不含）	发放100%绩效工资	70分~90分（不含）	按比例兑现绩效工资

（续表）

考核对象	考核时间	奖励办法		处罚办法	
		考核结果	标准	考核结果	标准
非高管层人员	月度考核	100分以上	每超过1分，按绩效工资的5%进行奖励，奖励最多不超过绩效工资的50%	70分以下（不含）	月度绩效工资为0元
					（1）连续两个月考核结果低于70分，被考评者需写出改进计划并留用察看三个月（2）连续三个月考核结果低于70分，劝被考评者辞职
	年度考核	90分以上（含）	（1）补发月度扣罚的绩效工资（2）将有机会获得调薪，具体执行方案报总裁批准后实施	70分～90分（不含）	按比例兑现月度扣罚的绩效工资
		100分以上（不含）	享受年底双薪	70分以下（不含）	劝被考评者辞职

4. 附则

4.1 集团下属各专业公司、各事业部可根据本单位实际情况，参照本办法的规定制定相应的考核细则。

4.2 本办法为试行，在实施过程中可根据实际情况进行调整和修改。

4.3 本办法自批准之日起实施。

附表：员工考评体系

序号	考评类别	考评名称	考评对象	考评依据	考评时间	考评实施	考评结果处理
1	高管层考评	月度考核	集团总裁助理以上人员、专业公司副总裁（副总经理）以上人员、集团各事业部部门、管理公司副总裁（副总经理）	《高层管理人员年度工作承诺书》"高层管理人员承诺兑现计划表"会议纪要	每月5号	个人填写计划表自评，分管领导审核，总裁批准	根据考核分数确定当月绩效工资，全年1～12月考核总成绩占年度总成绩的80%

（续表）

序号	考评类别	考评名称	考评对象	考评依据	考评时间	考评实施	考评结果处理
1	高管层考评	年中考核	集团总裁助理以上人员、专业公司副总裁（副总经理）以上人员、集团各事业部部门、管理公司副总裁（副总经理）	《高层管理人员年度工作承诺书》"高层管理人员承诺兑现计划表"会议纪要	每年7月	个人编制半年工作总结并述职，绩效考核领导小组审议，组织由被考核人上级、下级进行综合评议	半年考核结果占年度总成绩的10%
		年末考核			每年1月	个人编制年度工作述职报告，述职，绩效考核领导小组审议，组织由被考核人上级、下级和平级进行综合评议	考核结果占年度考核成绩的10%
2	非高管层考评	月度考核	非高管人员指除高管人员以外的所有人员，可分为中层管理人员和普通员工，中层管理人员指各部（室）副部长（副经理）及以上任职人员	年度工作计划及临时性工作完成情况，岗位工作质量	每月5号	个人填写"员工月绩效考核表"，由部门负责人或分管领导审核，单位负责人审定后执行	根据考核分数确定当月绩效工资
3	团队考核	月度考核	本办法适用于集团各事业部、各专业公司、管理公司以及所属企业和部门	月度重点工作计划	每月5号	目标管理部门检查考核部门的月度工作计划完成情况	分管领导月度考核成绩×80%
		年末考核		重点计划经营指标年度目标	每年1月	各单位或部门填写"年度综合考核表"，由审计监察部审计或财务部审核	

【工具5-02】▶▶▶ --

员工个人发展计划
（适用新员工）

此计划适用于新员工或调入新职位的员工。它将成为您在××公司工作和学习的指引，帮助您不断检讨和提高，它也是您的上级对您的工作进行评估的重要依据。请您务必与您的上级共同讨论，将此计划书完成。

姓名：_____　　部门：_____　　职位：_____　　入职/调动日期：_____

一、自我评价

请在下列选项中选择一个最适合自己的描述，填写在以下1～17项后面的括号内。

A：高/很好/丰富　　　B：适合　　　C：一般　　　D：差

1. 学历　　　　　　　　　　（　　）

2. 相关的工作经验　　　　　（　　）

3. 接受培训程度　　　　　　（　　）

4. 专业知识　　　　　　　　（　　）

5. 专业技能　　　　　　　　（　　）

6. 实际工作能力　　　　　　（　　）

7. 对本职位的认识　　　　　（　　）

8. 社交能力　　　　　　　　（　　）

9. 忠诚度及稳定性　　　　　（　　）

10. 自信心　　　　　　　　（　　）

11. 责任心　　　　　　　　（　　）

12. 主动性　　　　　　　　（　　）

13. 心理承受力　　　　　　（　　）

14. 逻辑思维能力　　　　　（　　）

15. 对公司价值的认同　　　（　　）

16. 身体素质　　　　　　　（　　）

17. 性格　　　　　　　　　（　　）

小结：（请根据以上内容进行分析总结，也可自行发挥，增加内容。）

1. 我自身的优点是：_____

_____

2. 我的专业技术特长是：_____

_____

3. 我要改进的是：_____

_____

二、外因评价

请根据自己的认识从下列选项中选择一个最适合自己的描述，填写在以下 1 ~ 18 项后面的括号内。

　　A：高 / 很好 / 丰富　　　B：适合　　　C：一般　　　D：差

1. 公司的整体发展趋势　　　　　　　　　(　)

2. 公司对人才的重视程度　　　　　　　　(　)

3. 公司的企业文化　　　　　　　　　　　(　)

4. 公司的晋升制度　　　　　　　　　　　(　)

5. 公司的奖励制度　　　　　　　　　　　(　)

6. 公司的培训制度　　　　　　　　　　　(　)

7. 公司的薪资制度　　　　　　　　　　　(　)

8. 您负责工作的开展情况　　　　　　　　(　)

9. 部门的业务发展　　　　　　　　　　　(　)

10. 部门的团队精神　　　　　　　　　　 (　)

11. 部门的职位竞争程度　　　　　　　　 (　)

12. 部门的整体素质　　　　　　　　　　 (　)

13. 部门整体素质与您个人素质的比较　　 (　)

14. 本部门的人力资源状况　　　　　　　 (　)

15. 部门的工作目标　　　　　　　　　　 (　)

16. 您的领导对下属的要求　　　　　　　 (　)

17. 市场竞争的激烈程度　　　　　　　　 (　)

18. 您受到的阻力　　　　　　　　　　　 (　)

小结：（请根据以上内容进行分析总结，也可自行发挥，增加内容。）

1. 我的机遇是：_____

_____

2. 我的挑战是：_____

_____

三、我的目标、工作、主要行动及时间安排

（一）我的目标

1.我希望在____年__月前成为（拥有）：（包括薪酬、职位、工作经验与知识等。）

_____

_____

2.我认为最理想的个人状况是：（包括个人群体关系、在团队中扮演的角色、掌握的管理知识、心理状态、对工作的认识、对企业的认同感等方面。）

_____

3.两年后的今天，即____年__月，我希望在本公司能达到的职位是：

_____

_____

4.在第一年内，我希望在本公司能达到的职位是：

_____

_____

（二）我的工作

1.我认为该职位的责任和工作范围有以下几个方面：

（1）_____

（2）_____

（3）_____

（4）_____

（5）_____

2.我认为完成两年的目标计划，关键在于以下几个方面：

（1）_____

（2）_____

（3）_____

（4）_____

（5）_____

（三）我主要的行动及时间安排

1.第一年

（1）_____

（2）_____

（3）_____

（4）_____

（5）_____

2. 第二年

（1）_____

（2）_____

（3）_____

（4）_____

（5）_____

（四）我希望得到的帮助和支持，以及培训是：（包括公司提供办公用具、工作环境、挑战机会，或者资深员工给予协助、培训等方面。）

（1）_____

（2）_____

（3）_____

（4）_____

（5）_____

> 第六章

员工培训与发展规划

许多知名企业的培训体系非常完善，还会制定完善的培训管理制度，从而达到以下效果：培训工作责任明确、分工合理，部门间协同合作，提高培训工作的效率；规范培训管理工作，提高培训质量；有利于对培训工作进行整体规划，并结合员工职业规划，使人才培养工作更加符合人才成长规律，提高员工参加培训的积极性和主动性，促进培训工作的长期、可持续发展。

1. 了解培训系统的三种战略。

2. 了解各种培训保证制度，掌握制度的内容。

3. 了解各种课程模块和类型，掌握课程模块设计及培训课程的开发、审核和执行方法。

4. 了解内部讲师的来源、内部讲师的分级，掌握内部讲师团的管理要领。

5. 了解培训经费的分类，掌握培训经费的控制要领。

6. 了解培训需求的对象、培训需求分析作用，掌握培训需求分析的途径、培训需求分析的方法。

7. 了解培训计划的组成。掌握培训计划的实施过程和实施培训计划的注意事项。

8. 了解培训评估的目的、培训效果评估的层次，掌握培训评估的实施步骤。

9. 了解 E-Learning 系统的构成，掌握 E-Learning 系统的规划方法。

员工培训与发展规划学习指引

序号	培训内容	时间安排	期望目标	未达目标的改善措施
1	对培训系统进行战略规划			
2	建立培训保证制度			
3	企业培训课程体系的建立			
4	建立和评估培训讲师团			
5	培训经费管理			
6	企业培训需求分析的策划			
7	培训计划制订与实施的策划			
8	企业培训评估的策划			
9	推进企业 E-Learning 培训信息化			

6.1　对培训系统进行战略规划

培训战略规划是培训工作的起点，也是培训工作的行动指南。在制定培训系统战略之前，企业管理者一定要做好企业培训现状调查分析工作。在战略选择方面，培训系统战略有循序渐进战略、独立设置型战略和从属型战略三种。

6.1.1　循序渐进战略

所谓循序渐进战略，是指企业根据自身发展情况，从企业培训专员，发展到培训主管，再发展到培训经理，到建立松散的内部培训师队伍，再筹建培训部，发展到培训中心，最后建立培训学院，实行事业部体制。

正常情况下，培训部、培训中心和培训学院的区别在于权限职能和人员配置方面的不同：培训部负责的是企业中下层人员的培训工作，组织面较窄；培训中心负责的是整个企业的培训工作；培训学院一般不负责具体的培训工作，而是专注于企业文化的提炼和灌输、职业经理人的培训和部分模块培训。

6.1.2　独立设置型战略

独立设置型战略即企业在成立之初就设立了培训部，统管企业的所有培训工作，各部门向培训部提出需求，企业的培训工作只有培训部负责输出。

6.1.3　从属型战略

从属型战略主要是依附于人力资源管理系统的培训，这类培训更适合小型企业，因为他们的培训系统不够完善。

企业要依据自身发展战略设计出简单、扁平、实用的培训组织架构，制定出清晰、明确的培训职责、权限和激励机制。

6.2　建立培训保证制度

企业应建立以下培训保证制度，以确保培训工作的正常运转。

6.2.1 培训计划制度

企业应把培训工作纳入议事日程，制订长期、中期和短期的培训计划，并由专人定期检查培训计划的实施情况，根据企业发展的需要适时调整培训计划。

6.2.2 培训上岗制度

企业应制定培训持证上岗制度，规定新进员工、新提拔员工、轮岗员工必须先参加培训，培训不合格者不得上岗。

6.2.3 培训奖惩制度

培训奖惩制度应把培训结果与奖惩挂钩，把培训考核成绩作为员工晋级、升职、涨薪的重要依据。对于达不到培训要求的受训者，应给予一定的行政降级和经济处罚；对于严重不符合要求的受训者，应予以辞退或开除。企业还要对培训工作的执行部门及主管部门进行考核，把培训效果作为评价其工作业绩的重要依据。

6.2.4 培训时间保证制度

员工每年都应参加一段时间的培训，企业可根据员工的岗位特点、工作性质制定不同的培训时间标准。员工参训期间的待遇应与上班期间相同。

6.2.5 培训经费单列制度

企业要对员工的人均培训经费、培训经费占企业全部支出的比例做出明确规定。培训经费应随企业的发展、利润的增长而逐步提高。

6.2.6 培训考评制度

企业应对培训中心、培训师等进行考评，设立培训考核指标。

◆全年培训人次：＿＿＿人次；　　◆准时开课率：＿＿＿％；
◆考试及格率：＿＿＿％；　　　　◆考试优秀率：＿＿＿％；
◆学员对培训师的满意度：＿＿＿％；　◆对培训课程内容的满意度：＿＿＿％；
◆对培训中心服务态度的满意度：＿＿＿％；　◆复训率：＿＿＿％；
◆新开课程占原课程的比例：＿＿＿％；　◆教研水平提高率：＿＿＿％；

◆因培训质量造成事故率：____%；　　　　◆因培训质量造成设备损害率：____%。

6.2.7　培训质量跟踪制度

培训中心对员工培训的质量负责，应采取各项措施对受训者进行质量跟踪，并与继续培训有机结合起来；在受训者返岗工作后定期跟踪反馈，以发现受训者在各方面的进步，也可以进一步发现工作中存在的问题，为以后制订培训计划提供依据，也为该受训者的下一轮培训做好准备。

质量跟踪的内容除了包括培训内容之外，还应包括企业对员工仪态仪表、语言表达、知识技能和敬业精神的要求等。

质量跟踪调查的方法如图6-1所示。

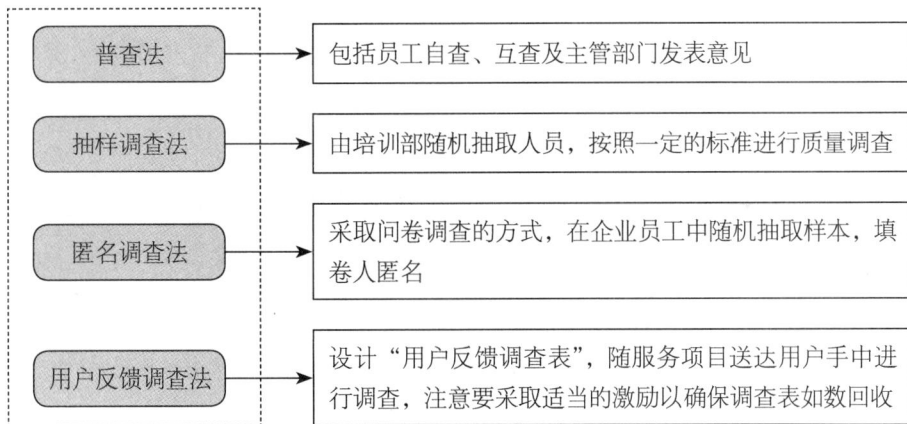

普查法	→	包括员工自查、互查及主管部门发表意见
抽样调查法	→	由培训部随机抽取人员，按照一定的标准进行质量调查
匿名调查法	→	采取问卷调查的方式，在企业员工中随机抽取样本，填卷人匿名
用户反馈调查法	→	设计"用户反馈调查表"，随服务项目送达用户手中进行调查，注意要采取适当的激励以确保调查表如数回收

图 6-1　质量跟踪调查的方法

6.2.8　培训档案管理制度

培训档案包括三个方面的内容，具体说明如图6-2所示。

培训中心的工作档案

◆培训工作的范围及培训课程
·如何进行岗前培训
·如何进行纪律培训
·如何进行升职晋级培训
·如何进行技术性专项培训
·如何进行对外培训
·如何进行考核和评估
◆企业员工已参加培训和未参加培训的情况
◆列入培训计划的人数、班次、培训时间和学习情况
◆重点人才、特殊人才和急需人才的培训情况

受训者的培训档案

员工的基本情况 —— 包括学历、入职年限、经历的岗位、现在岗位的工作情况等

上岗培训情况 —— 包括培训时间、培训次数、培训档次、培训成绩等

晋级升职培训情况 —— 包括任职时间、任职评价、提拔晋升等情况

专业技术培训情况 —— 包括技术种类、技术水平、技能素质以及培训的难易程度等

其他培训情况 —— 在其他地方参加培训的经历和取得的成绩等

考核与评估情况 —— 包括考核定级的档次、群众评议情况等

与培训相关的档案

◆培训教师的教学成绩及业绩档案
◆培训物品档案
◆培训工作往来单位的档案

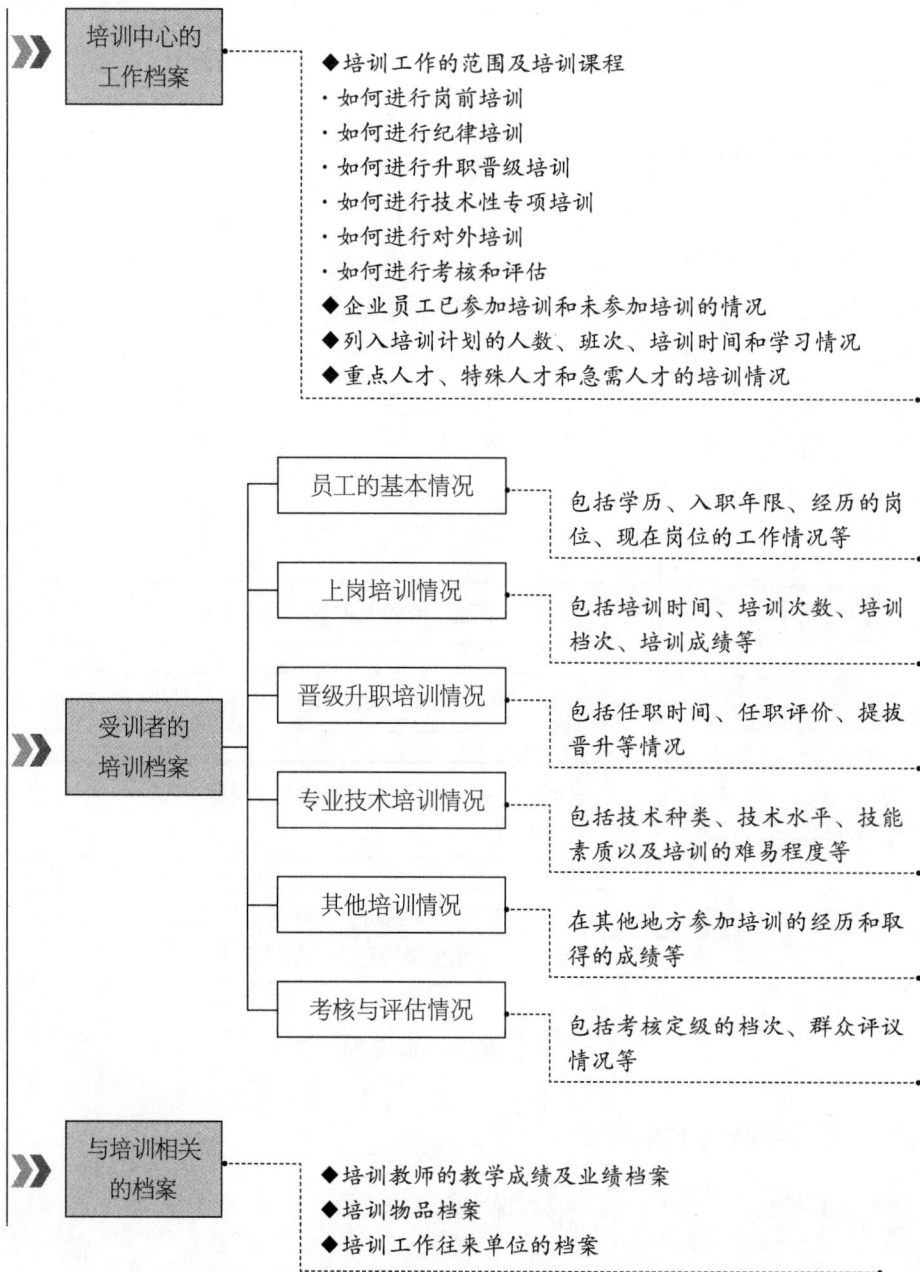

图 6-2 培训档案的内容

6.3 企业培训课程体系的建立

6.3.1 课程模块和类型的设计

企业在建立培训课程体系时一般采用分级模块化的设置原则，根据培训对象的三个层次将课程分为高、中、基三层，分别对应高层管理者、中层管理者和基层管理者。从专业课程（分为生产、销售、人力资源、研发、财务等模块）和通用课程两方面设计课程模块，同时，根据功能分别设立面授课程系统与 E-Learning 培训课程系统。

培训课程体系要建立在了解企业的发展目标及对培训需求进行调查和分析的基础上。课程类型根据培训组织职能的不同而不同。

例如，联想集团管理学院不做技术培训，也不做一线销售培训，主要是针对九大工作形成课程体系：一是新员工入模子培训，每个月一期，为期一周；二是一年两期的联想经理培训，每期三天；三是为期两天的联想高级干部研讨班；四是外地平台新员工培训；五是企业文化培训；六是通用课程技能培训；七是培训课程实施；八是企业文化的提炼；九是学历、研修班和海外培训。

6.3.2 培训课程的新开发、审核和培训执行管理

（1）培训课程的分类

企业通常按照职能类型整合课程，如技术研发类、人力资源类、行政管理类、物流管理类、采购供应类、操作技能类、通用管理类、职业素质类、销售业务类、市场策划类、财务管理类和专项培训类等。培训管理者可据此建立课程索引。

（2）课程开发的方法

课程开发以"对外课程内容调整为主，内部自行开发为辅"为原则。根据课程体系，部分课程由企业的培训学院自行组织讲师实施。该部分课程的教材选择可以采取两种方式：一种方式是针对外部咨询机构或培训机构的课程，培训后将课程的核心内容进行合理修订，并调整成适用的教材，然后选择合适的人选进行传授并在企业内部推广；另一种是培训经理组织人员结合企业的实际经营状况进行有针对性的课程开发。

（3）课程开发的审批

集团总部或下属各企业需要以集团名义开发的培训项目都必须报送培训学院审批，由培训学院的培训经理签字实施。对积极主动开发符合企业培训需求的课程的培训人员，企业实行奖励制度。对外部引入和内部开发的课程，由培训学院负责初审、复审、试讲评估和实施

工作。

（4）培训课程的管理

培训工作要根据培训实施方案进行。

①根据培训实施方案中的内容向集团及各企业发放培训通知。通知内容包括培训内容、讲师介绍、培训对象、培训目的、时间、地点、费用、报名方式和联系人等。

②在实施培训的过程中，需要从学员纪律、设施使用、讲师接待、培训效果记录、培训结果考查和发放结业证书等方面进行过程控制。

③培训方法包括自学法、计划学习法、成就动机训练法、授课法、研讨训练法、头脑风暴法、OTJ培训法、案例教学法、角色扮演法、仿真模拟培训法、实验室培训法、企业教练法、抛锚式教学法、游戏训练法和拓展训练法等。

④培训后，应从收集整理学员档案、分类存放培训资料、支付课程引入费用、撰写培训总结报告等方面进行完善。

6.4　建立和评估培训讲师团

培训讲师团由内部讲师、外聘专家或顾问、后备培训师组成，有的连锁企业也将督导纳入企业内部培训师行列。

6.4.1　内部讲师的来源

内部讲师包括集团高层管理者、集团及各企业培训管理者、有丰富实践经验的管理者、专业技术人员和集团内部招聘的合适人选。具体分为三种形式：一种是培训学院邀请集团高层管理者担任的高级讲师；另一种是培训管理者及专业人员经考察后聘请的讲师；还有一种是集团内部公开招聘并培养的讲师。

6.4.2　内部讲师的分级分类

根据内部讲师的知识水平、工作经验和教学对象的不同层次，分成高、中、初三个级别。若是按课程类型划分，每一级讲师又可分为态度、知识、技能、企业文化和其他六个类别。

6.4.3　内部讲师团的管理

（1）建立不同级别的内部讲师的任职能力标准，在专业水平、教案编撰、课件制作、授课技巧等方面区分讲师的素质能力。

（2）依据任职能力标准，建立一套操作性较强的初级讲师试讲及论证程序。必要时，培训管理部门应在教案撰写、授课技巧等方面给予指导、帮助。

（3）制定内部讲师的级别升降和资格取消办法。培训管理部门要在定期评议内部讲师的基础上，适时组织观摩活动，切实落实内部讲师级别的升降机制，真正达到"鼓励优质，拒绝平庸"的激励目的。

6.5　培训经费管理

在每年的财务预算中，培训经理要根据年度培训计划，对培训部门一年中可能产生的费用编制预算。作为一个组织机构，培训部应该有一定的运作经费。

6.5.1　经费的分类

按使用方式划分，经费可分为直接费用和间接费用两种类型。

（1）直接费用

直接费用是指在引进课程或实施课程的过程中产生的费用，包括课程费、讲师差旅费、接待费、学员食宿费、场租费以及其他杂费等。

（2）间接费用

间接费用是指保证培训管理部门正常运作的管理费、课程的调研考察费、教材引进或开发费等。

6.5.2　培训经费控制

大多数企业的培训经费有限，因此，企业一定要将培训经费用在关键的地方，并注意以下几个方面，具体说明如图 6-3 所示。

要点一　建立健全培训经费管理制度

培训经费的使用要做到专款专用，严格按照财务制度支出。制定经费管理的实施细则，严格执行经费使用审批制度，防止占用、滥用和挪用培训经费，保证经费的合理有效使用

图 6-3　培训经费的控制要点

要点二 ▷ **履行培训经费预算决算制度**

编制经费预算是为了统筹、协调各培训项目的经费，同时也要预算机动经费，报主管部门审批；按照财务管理要求执行经费决算，其目的在于通过对经费收支额进行年度核算，检查、总结年度预算的执行情况，同时为下一年度的经费预算编制工作提供参考

要点三 ▷ **科学调控培训的规模与速度**

培训工作的规模、速度和质量受培训经费的制约。企业应在不影响培训质量的前提下，科学、合理地安排培训规模，实施有计划、有步骤的培训

要点四 ▷ **突出重点，统筹兼顾**

培训经费的使用要与培训工作的总体思路统一起来。在培训经费相对紧张的情况下，如何用现有的资金做出高效益的事情，关键要分清主次、突出重点。把培训经费的使用与培训的效益结合起来考虑，可避免人力、物力及财力的浪费

图 6-3　培训经费的控制要点（续）

6.6　企业培训需求分析的策划

企业开展培训工作的前提是分析培训需求，根据分析结果拟订和执行培训计划。培训需求分析的目的是确定培训需求，帮助员工实现自我发展，实现企业的发展与进步。

6.6.1　培训需求分析的对象

人们往往认为培训需求源于企业各层次员工的需要，事实上这仅是培训需求的来源之一，企业及其特定群体都会有培训需求。产生培训需求的原因大致包括工作变化、人员变化和绩效低下。

6.6.2　参与培训需求分析的对象及作用

参与培训需求分析的对象在培训活动中的作用是有明显差异的，具体说明如表 6-1 所示。

表 6-1　参与培训需求分析的对象及作用

参与培训需求分析的对象　　　培训活动	最高管理层	职能部门	人力资源部	员工
确定培训需求和目的	部分参与	参与	负责	参与
决定培训标准	—	参与	负责	—
选择培训师	—	参与	负责	—
确定培训教材	—	参与	负责	—
规划培训项目	部分参与	参与	负责	—
实施培训项目	—	偶尔负责	主要负责	参与
评价培训项目	部分参与	参与	负责	参与
确定培训预算	负责	参与	参与	—

6.6.3　培训需求分析的途径

培训需求分析有多种途径，既可从工作说明书和工作规范着手，也可对现有工作绩效进行分析。

（1）任务和技能分析

这种分析方法适用于新员工的上岗引导、引进新技术、新增职位、重新定义工作职位或重新定义工作职责等情况。

人力资源部要进行工作分析，编制工作说明书和工作规范，这是培训需求分析工作最容易获得的资料。工作说明书不仅说明了工作职责，而且指出了工作应达到的绩效标准以及相关人员的行为。企业在进行任务和技能分析时可遵循六个步骤，具体说明如图 6-4 所示。

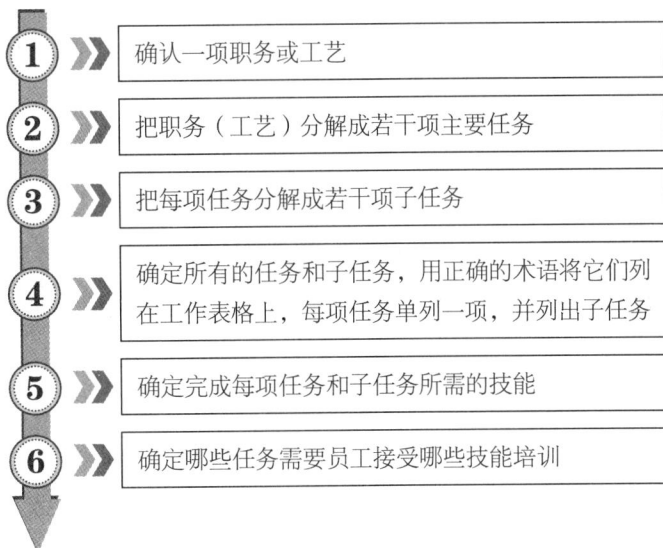

1　确认一项职务或工艺

2　把职务（工艺）分解成若干项主要任务

3　把每项任务分解成若干项子任务

4　确定所有的任务和子任务，用正确的术语将它们列在工作表格上，每项任务单列一项，并列出子任务

5　确定完成每项任务和子任务所需的技能

6　确定哪些任务需要员工接受哪些技能培训

图 6-4　任务和技能分析的步骤

（2）业绩分析

培训的最终目标是改进工作业绩。因此，对个体或集体的业绩进行考核，可以作为分析潜在需求的一种方法。

使用现有的业绩管理和评估体系，在业绩较差或者可以提高的领域中确认所需的培训项目。开展这项工作时要注意以下几个要点。

①将明确标准作为考核基准。

②注意预期达到的业绩。

③精确记录（实际）业绩。

④分析未达到理想业绩水平的原因。

⑤确定通过培训能否达到理想的业绩水平。

（3）重大事件分析

在工作过程中发生的对企业效能产生重大影响的特定事件即重大事件，主要包括系统故障、客户的迫切要求和存在的主要问题。这些重大事件对实现企业目标可以起到关键性的积极或消极作用，为培训项目分析提供了有意义的信息来源。

实施重大事件分析法有以下几个步骤，具体说明如图6-5所示。

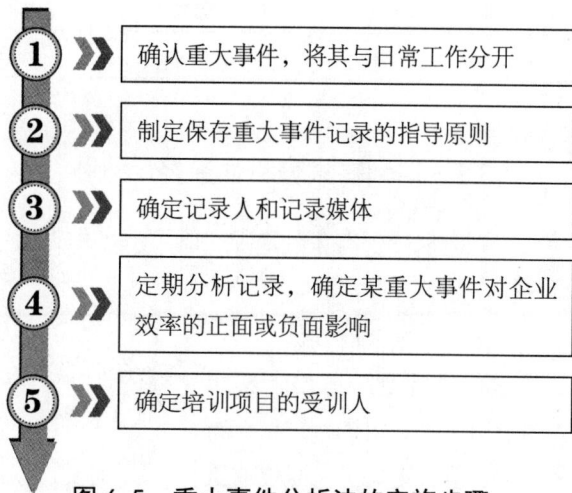

1　确认重大事件，将其与日常工作分开
2　制定保存重大事件记录的指导原则
3　确定记录人和记录媒体
4　定期分析记录，确定某重大事件对企业效率的正面或负面影响
5　确定培训项目的受训人

图6-5　重大事件分析法的实施步骤

（4）其他信息来源

现有记录分析也是获取培训需求信息的重要方面。这些现有记录包括产品数量、产品质量、废品率、缺勤率、客户投诉率、事故率、绩效评估、设备运行年报、生产年报、聘用标准和个人档案等。通过对现有记录进行分析，找到员工的现状与期望之间的差距，并由此制订培训计划。

6.6.4　确定培训需求的方法

确定培训需求的方法主要有访谈法、问卷法、观察法、自我评估法、攻关小组协同分析法、互评法等。

（1）各种培训方法的学习效果比较

各种培训方法的学习效果比较如表6-2所示。

表 6-2　各种培训方法的学习效果比较

学习效果 培训方法	反馈	强化	实践	激励	转移	适应个体	费用
案例研究	中	中	良	中	中	差	低
研讨会	优	良	良	优	良	中	中偏低
授课	差	差	差	差	差	差	低
游戏	优	中	差	良	中	差	中偏高
电影	差	差	差	差	差	差	中
计划性指导	优	中	良	良	差	中偏良	高
角色扮演	良	良	良	中	良	中	中偏低
T 小组	中	中	良	中	中	中	中偏高

（2）各种培训方法与内容效果比较的评估

各种培训方法与内容效果比较的评估表如表 6-3 所示。

表 6-3　各种培训方法与内容效果比较的评估

内容 效果等级 方法	获得知识	转变态度	解决问题 技能	人际关系 技能	参与者 接受性	保持知识
案例研究	4	5	1	5	1	4
研讨会	1	3	4	4	5	2
授课	8	7	7	8	7	3
游戏	5	4	2	3	2	7
电影	6	6	8	6	4	5
计划性指导	3	8	6	7	8	1
角色扮演	2	2	3	1	3	6
T 小组	7	1	5	2	6	8

6.7 培训计划制订与实施的策划

6.7.1 培训计划的组成

制订培训计划能够保证受训者的学习节奏，使其愿意继续接受培训，从而促进培训过程的良性循环。成功的培训计划能让企业管理者认识到培训的重要性，提高培训管理部门在企业中的地位。培训计划的组成如图 6-6 所示。

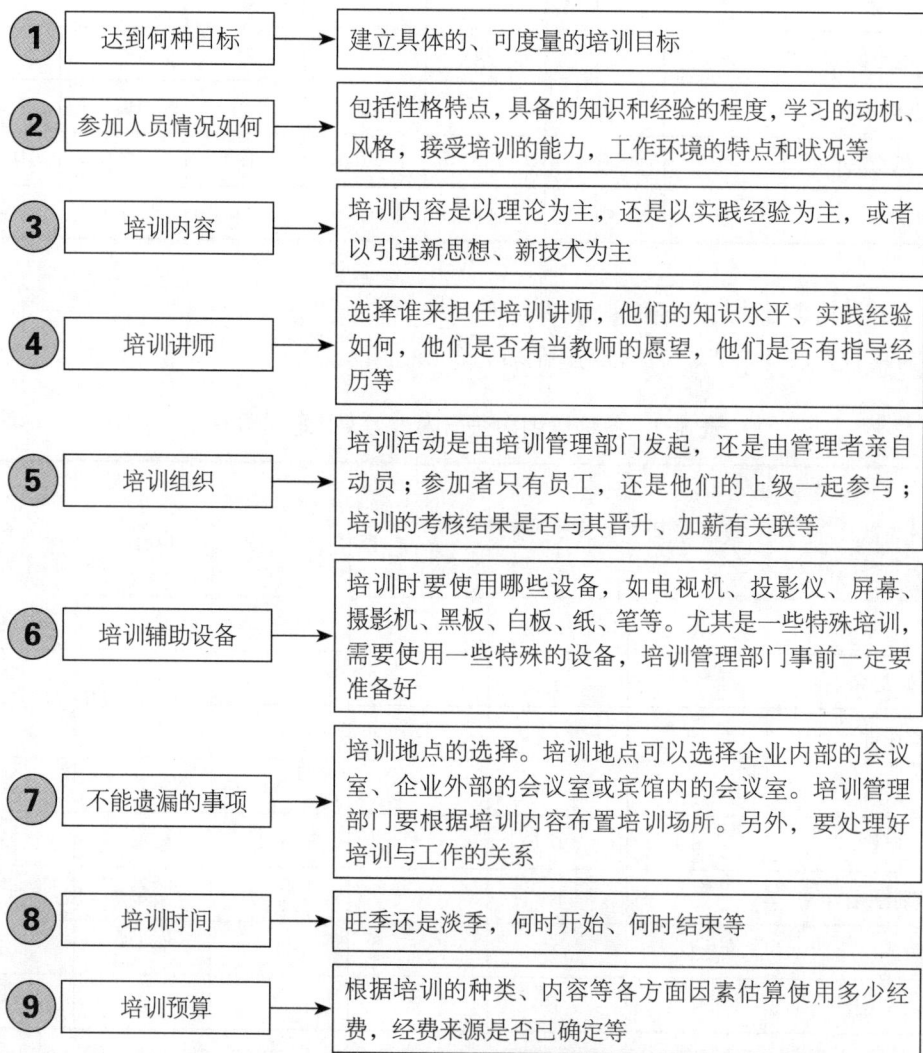

1	达到何种目标	建立具体的、可度量的培训目标
2	参加人员情况如何	包括性格特点，具备的知识和经验的程度，学习的动机、风格，接受培训的能力，工作环境的特点和状况等
3	培训内容	培训内容是以理论为主，还是以实践经验为主，或者以引进新思想、新技术为主
4	培训讲师	选择谁来担任培训讲师，他们的知识水平、实践经验如何，他们是否有当教师的愿望，他们是否有指导经历等
5	培训组织	培训活动是由培训管理部门发起，还是由管理者亲自动员；参加者只有员工，还是他们的上级一起参与；培训的考核结果是否与其晋升、加薪有关联等
6	培训辅助设备	培训时要使用哪些设备，如电视机、投影仪、屏幕、摄影机、黑板、白板、纸、笔等。尤其是一些特殊培训，需要使用一些特殊的设备，培训管理部门事前一定要准备好
7	不能遗漏的事项	培训地点的选择。培训地点可以选择企业内部的会议室、企业外部的会议室或宾馆内的会议室。培训管理部门要根据培训内容布置培训场所。另外，要处理好培训与工作的关系
8	培训时间	旺季还是淡季，何时开始、何时结束等
9	培训预算	根据培训的种类、内容等各方面因素估算使用多少经费，经费来源是否已确定等

图 6-6　培训计划的组成

6.7.2　培训计划的实施过程

培训计划的实施过程可分为以下几步，具体说明如图6-7所示。

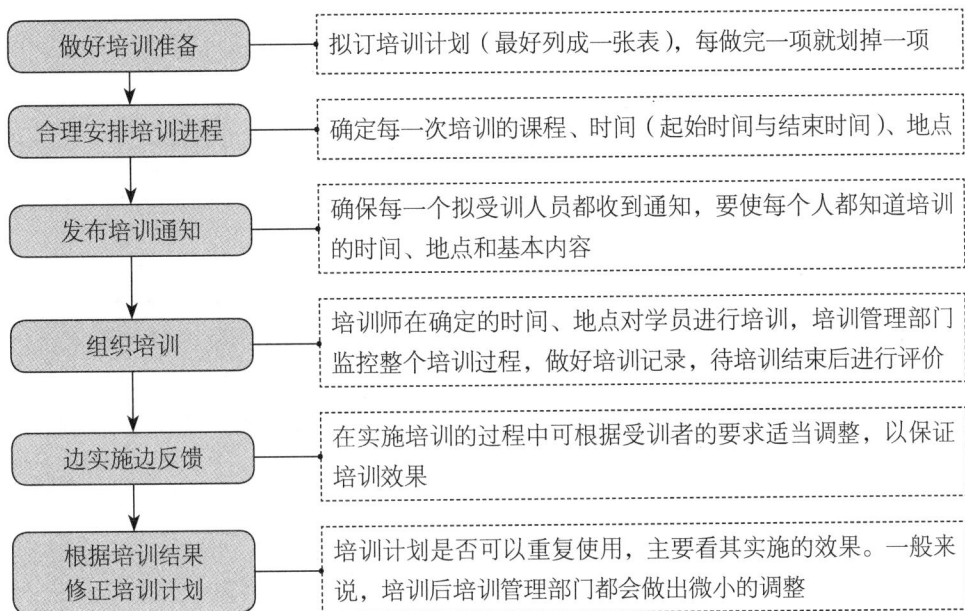

做好培训准备	拟订培训计划（最好列成一张表），每做完一项就划掉一项
合理安排培训进程	确定每一次培训的课程、时间（起始时间与结束时间）、地点
发布培训通知	确保每一个拟受训人员都收到通知，要使每个人都知道培训的时间、地点和基本内容
组织培训	培训师在确定的时间、地点对学员进行培训，培训管理部门监控整个培训过程，做好培训记录，待培训结束后进行评价
边实施边反馈	在实施培训的过程中可根据受训者的要求适当调整，以保证培训效果
根据培训结果修正培训计划	培训计划是否可以重复使用，主要看其实施的效果。一般来说，培训后培训管理部门都会做出微小的调整

图6-7　培训计划的实施过程

6.7.3　实施培训计划的注意事项

在实施培训计划时，有些关键步骤是不可忽视的，否则将会影响培训效果。

（1）充分准备

永远不要低估准备工作的重要性。准备工作包括培训材料的确定和选择、培训方法的选择、培训讲师和学员的选择、后勤保障（如时间和地点的安排、教学辅助用具的准备）等。

（2）授课效率

培训过程中的关键一环就是要提高授课效率，调动学员的积极性。优秀的培训师要充满激情，精心设计每一堂课，在授课过程中注意与学员的沟通交流，调动学员的主观能动性，集中学员的注意力，避免照本宣科、漠视学员等。

（3）学员参与

在培训过程中，充分调动学员参与的积极性，是培训工作取得成功的关键。学员的参与程度越高，培训效果就越好。调动学员参与性的方法有很多，例如，提问、进行体验性操练、实施角色扮演、记住每一位学员的姓名并称呼他们、在培训中收集信息反馈、让学员参与讲授、让学员示范操作、利用专项测评表深入了解学员并进行个别访谈，等等。

（4）考核

系统、科学和严格的考核制度，可以检验培训工作的成效。培训考核有两种方式，具体说明如图6-8所示。

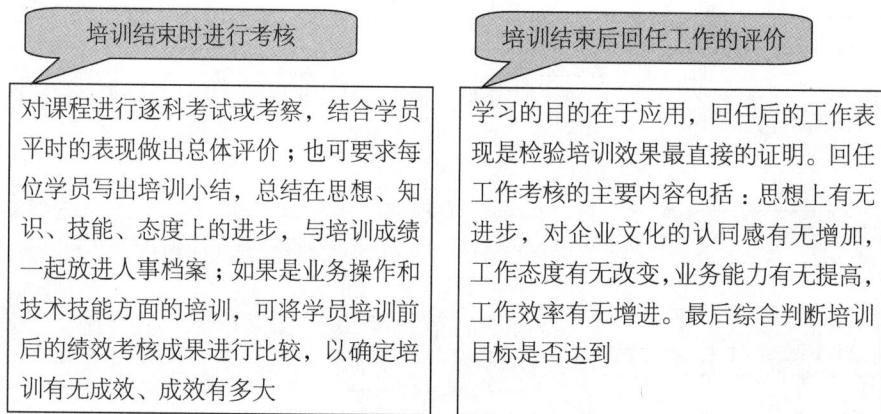

图 6-8　培训考核的两种方式

6.8　企业培训评估的策划

培训评估可以对培训效果进行正确、合理的判断，帮助企业了解某个项目是否达到原定的目标和要求，以及受训人技术能力的提高或行为的改变是否得益于培训，还可以找出培训工作的不足，汲取教训以便改进。通过评估，企业往往能发现新的培训需求，从而为下一轮培训提供重要依据，同时也能提高受训者对培训工作的兴趣，激发他们参加培训工作的积极性。而且，企业管理者通过评估可以较客观地评价培训管理部门的工作，引起其他员工对培训结果的重视，从而提高他们积极参与培训的热情。

6.8.1　培训评估的目的

培训评估是为了检验培训方案的有效性。培训管理者一定要重视以下几个问题。

（1）培训目标定得合理吗？

（2）培训是否达到了预期目标？

（3）哪些目标没有达到，需要采取哪些补救措施？

6.8.2 培训效果评估的层次

培训效果评估主要包括四个层次，具体说明如图6-9所示。

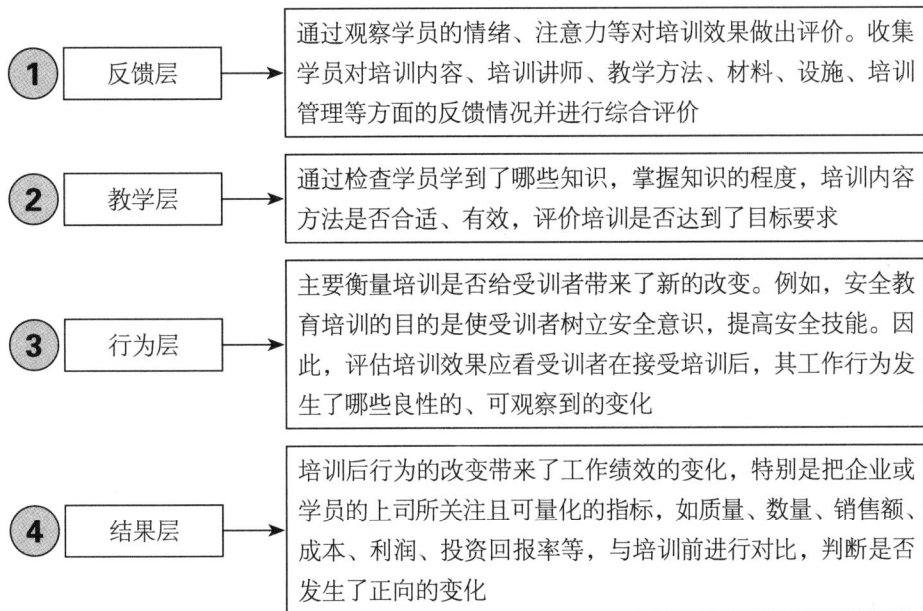

① 反馈层	通过观察学员的情绪、注意力等对培训效果做出评价。收集学员对培训内容、培训讲师、教学方法、材料、设施、培训管理等方面的反馈情况并进行综合评价
② 教学层	通过检查学员学到了哪些知识，掌握知识的程度，培训内容方法是否合适、有效，评价培训是否达到了目标要求
③ 行为层	主要衡量培训是否给受训者带来了新的改变。例如，安全教育培训的目的是使受训者树立安全意识，提高安全技能。因此，评估培训效果应看受训者在接受培训后，其工作行为发生了哪些良性的、可观察到的变化
④ 结果层	培训后行为的改变带来了工作绩效的变化，特别是把企业或学员的上司所关注且可量化的指标，如质量、数量、销售额、成本、利润、投资回报率等，与培训前进行对比，判断是否发生了正向的变化

图 6-9　培训效果评估的层次

6.8.3 培训评估的实施步骤

（1）确定评估层次

企业应针对培训项目确定评估层次，然后根据每个层次的培训目标制定相应的评估指标和标准。

①单层不如多层。只凭借反馈层、教学层的培训效果评估，很难判断培训项目对员工行为的改变以及对企业绩效的贡献。对企业投入较大的管理培训课程进行评估，应尽可能达到能够决定培训转换程度（即培训导致行为方式、技能或态度的转变或者影响企业效率）的目标，所以，培训管理部门必须对行为层进行评估，甚至对结果层进行评估，针对不同层次的评估设定不同的培训目标。

②有目标就要有分值。反馈层评估的培训目标可以设定学员满意度的分值。例如，用

1～5分评价学员的总体满意度，至少应达到4分。教学层和行为层评估的培训目标应该包含行动、条件、标准三项指标，即告诉受训者在培训结束后做什么；在实际工作中运用培训所学知识时，受训者可能会遇到哪些限制；受训者在培训后可被接受的数量和质量方面的表现。

（2）测试比较

培训评估方案的设计与制作，一般采取培训测试比较法。这是衡量员工知识掌握程度的有效方法，也是具有对比性的测试比较法。测试比较法通常分为纵向测试和横向测试两种，具体说明如图6-10所示。

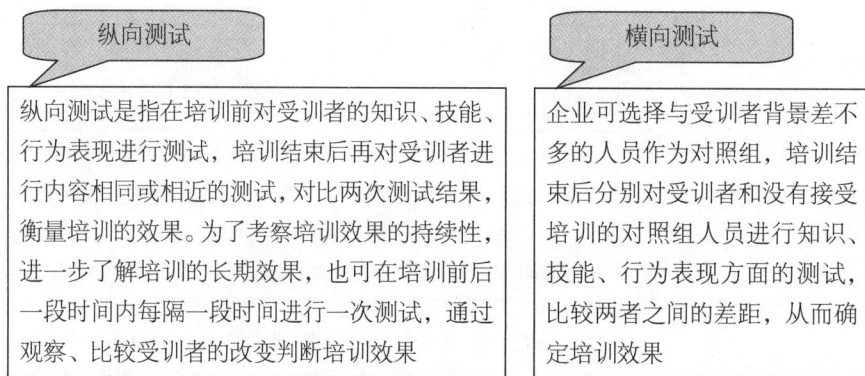

纵向测试

纵向测试是指在培训前对受训者的知识、技能、行为表现进行测试，培训结束后再对受训者进行内容相同或相近的测试，对比两次测试结果，衡量培训的效果。为了考察培训效果的持续性，进一步了解培训的长期效果，也可在培训前后一段时间内每隔一段时间进行一次测试，通过观察、比较受训者的改变判断培训效果

横向测试

企业可选择与受训者背景差不多的人员作为对照组，培训结束后分别对受训者和没有接受培训的对照组人员进行知识、技能、行为表现方面的测试，比较两者之间的差距，从而确定培训效果

图6-10　测试比较法的类别

（3）效果评估的数据表现

培训管理部门只有在数据收集工作上与其他部门积极配合，才能更好地把握培训方向。

①项目效果数据。按照能否用数字进行衡量划分，项目效果数据可以分为硬数据和软数据，如图6-11所示。

·产出　·质量
·成本　·时间
（这四类都是具有代表性的业绩衡量标准）

硬数据

项目效果数据

软数据

·工作习惯
·氛围
·新技能
·发展
·满意度和工作主动性

硬数据是衡量培训改进情况的主要标准，以比例的形式出现，易于收集，也是最需要收集的理想数据。

图6-11　项目效果数据的分类

数据最好是在一个时段内的，以便进行分析比较。

②企业效果数据：投资回报率。如果一个培训计划产生了小的最终变化，它就是小的成功；如果产生了大的最终变化，它就是大的成功。在许多企业中，更加复杂的分析强调底线，也就是培训带来的节约和利润与培训所花的时间和金钱的对比关系。现在业内多强调要重新审视员工缺乏培训的代价，这样就体现出了不培训的代价远比传统认为的要大。因此，培训的投资回报率越高，培训工作也就越受重视。

6.8.4 系统评估、反馈的五方介入

（1）系统评估的五方介入

培训评估工作应由五方全部介入，培训评估的效果才会更好，具体说明如图6-12所示。

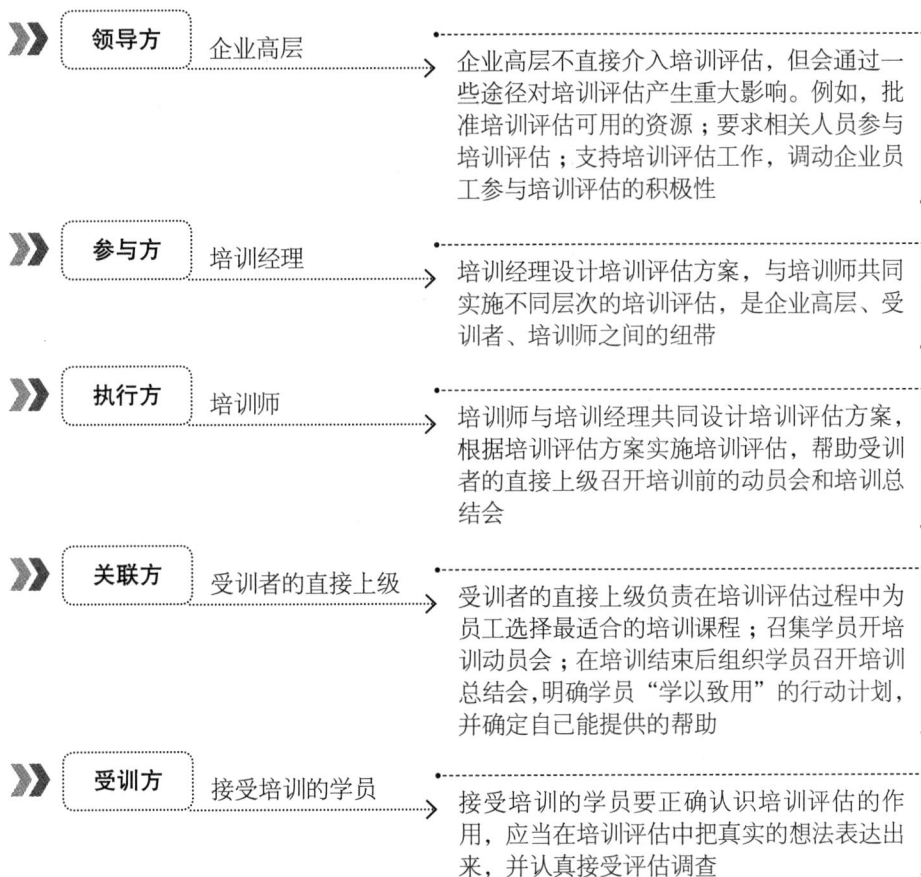

领导方 企业高层	企业高层不直接介入培训评估，但会通过一些途径对培训评估产生重大影响。例如，批准培训评估可用的资源；要求相关人员参与培训评估；支持培训评估工作，调动企业员工参与培训评估的积极性
参与方 培训经理	培训经理设计培训评估方案，与培训师共同实施不同层次的培训评估，是企业高层、受训者、培训师之间的纽带
执行方 培训师	培训师与培训经理共同设计培训评估方案，根据培训评估方案实施培训评估，帮助受训者的直接上级召开培训前的动员会和培训总结会
关联方 受训者的直接上级	受训者的直接上级负责在培训评估过程中为员工选择最适合的培训课程；召集学员开培训动员会；在培训结束后组织学员召开培训总结会，明确学员"学以致用"的行动计划，并确定自己能提供的帮助
受训方 接受培训的学员	接受培训的学员要正确认识培训评估的作用，应当在培训评估中把真实的想法表达出来，并认真接受评估调查

图6-12　系统评估的五方介入

如果企业高层、培训经理、受训者的直接上级、培训师和受训者之间能够良好地沟通，培训评估工作就会更加有效。同时，培训管理部门及人力资源部的工作效率也可以得到提高。

（2）培训评估的五方反馈

良好的培训评估反馈系统可以进一步改善培训质量、降低培训成本、提高培训效果，具体说明如图 6-13 所示。

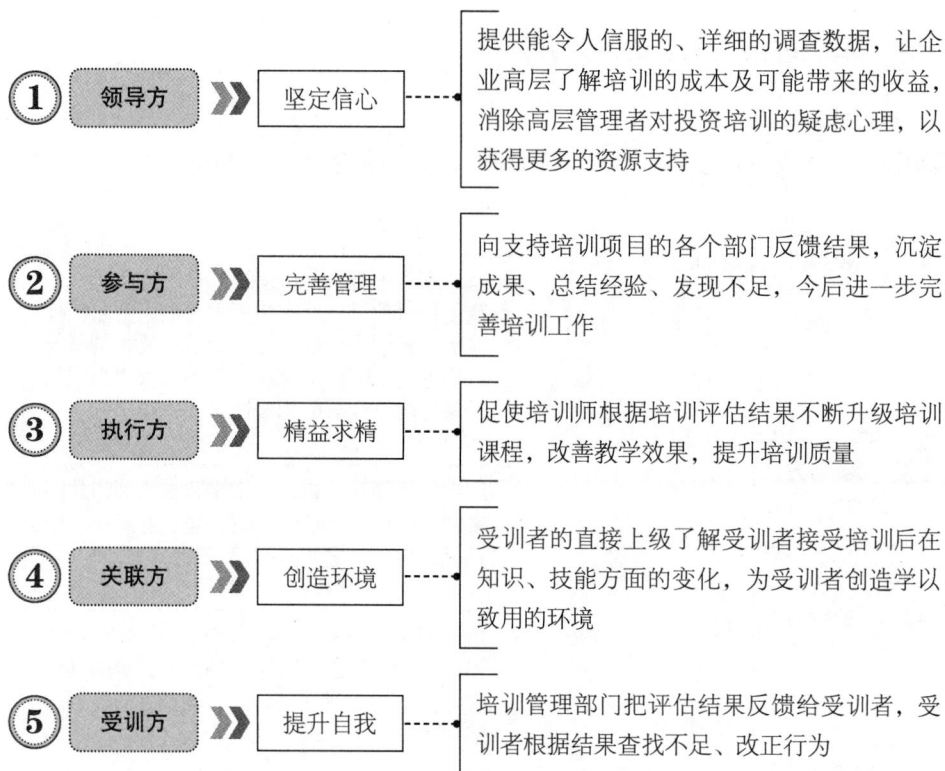

① 领导方 ⟩⟩ 坚定信心	提供能令人信服的、详细的调查数据，让企业高层了解培训的成本及可能带来的收益，消除高层管理者对投资培训的疑虑心理，以获得更多的资源支持
② 参与方 ⟩⟩ 完善管理	向支持培训项目的各个部门反馈结果，沉淀成果、总结经验、发现不足，今后进一步完善培训工作
③ 执行方 ⟩⟩ 精益求精	促使培训师根据培训评估结果不断升级培训课程，改善教学效果，提升培训质量
④ 关联方 ⟩⟩ 创造环境	受训者的直接上级了解受训者接受培训后在知识、技能方面的变化，为受训者创造学以致用的环境
⑤ 受训方 ⟩⟩ 提升自我	培训管理部门把评估结果反馈给受训者，受训者根据结果查找不足、改正行为

图 6-13　培训评估的五方反馈

6.9　推进企业 E-Learning 培训信息化

培训信息化不仅可以实现资源共享，高效快捷地开展工作，而且可以大大节约培训成本。建立企业 E-Learning 培训体系是企业未来发展的一个趋势。

6.9.1　企业 E-Learning 系统的构成

企业建立 E-Learning 系统时，主要从以下四个部分着手。

（1）需求与培训管理技术。

（2）软件技术平台。

（3）知识资源。

（4）E-Learning 服务。

以上四个部分越匹配，企业在实施 E-Learning 时就越容易取得成功。其中，需求与培训管理技术是驱动、软件技术平台是载体、知识资源是支撑。一般而言，知识资源既可以是音频文件、视频文件、多媒体文件，也可以是普通的 Word 文件或 PPT 文件等。

6.9.2　企业 E-Learning 系统的功能规划

E-Learning 系统的功能规划，要匹配对应的电子学习价值模型。电子学习价值模型与人力资源开发战略相结合，分为五个维度，即在线学习、培训管理信息化、绩效支持、辅助知识管理和辅助企业文化建设。每个维度都有阶段区分，以实现相应的功能。

（1）维度一：在线学习

学习可分为正式学习和非正式学习。支持 E-Learning 系统实现正式学习的功能主要分为三类：一是学习资源的应用支持功能，同时包括支持各种课件内容格式的在线学习、灵活分配学习权限、调用学习资源、保证学习安全性等；二是对学习活动的支持功能，移动学习系统应该支持多种学习活动，为学生创建多种学习渠道，帮助员工全面学习；三是优化学习体验功能，为员工设计个性化推送、互动、线下学习功能，使员工提高学习兴趣。非正式学习主要是指通过非教学性的社会互动来学习知识的一种方式，它通过评论、表扬、问答、小组和专家搜索等在线互动功能体现在系统功能中。

（2）维度二：培训管理信息化

培训管理信息化的功能支持主要体现在 E-Learning 系统的后端部分。根据培训要求，该维度分为三个部分，即培训信息管理、培训过程管理和培训资源管理。

培训信息管理主要用于跟踪学生的学习记录，收集学习信息，为制订培训计划提供数据支持和决策依据。培训过程管理从培训需求、策划、实施和评价四个步骤进行管理。最后，所有与培训相关的资源，如课件、培训讲师和培训设施，都可以整合到培训资源管理中，以便培训管理部实时掌握资源的利用情况，并进行合理配置。

（3）维度三：绩效支持

在移动互联网时代，对员工学习绩效的支持可被定义为"除了工作学习系统之外，将学习嵌入日常工作过程中。在工作过程中遇到问题时，您可以立即找到知识和支持来解决问题。"怎样将电子学习系统的功能转化为对员工的绩效支持呢？企业可以将线下支持迁移到线上，例如，鼓励员工在在线平台上相互交流，快速解决工作问题，或者把企业内部专家放到线上，使员工得到专业的回答。

员工在 E-Learning 系统上能够随时随地找到解决方案，获得绩效支持，提高自身的工作效率。

（4）维度四：辅助知识管理

在协助企业进行知识管理的功能规划中，培训管理部门可以分别在组织层面和员工个人层面进行规划。

组织层面的知识管理可以根据知识库管理、知识沉淀、内容共生三个维度进行设计。"知识沉淀"是通过问答、分组、评论、分享等方式实现的。通过微课上传和共享实现"内容共生"。

在知识管理功能规划过程中，很容易忽视个人的知识管理。做好个人知识管理可以有效地帮助员工掌握知识、巩固知识、激发学习兴趣。通过个性化学习和分类功能（如收集、订阅和备注），可以为员工提供知识管理方法，以便员工在需要时快速准确地在 E-Learning 系统中找到所需的知识。企业要注重员工层面的知识管理，提供良好的学习体验，为持续学习奠定基础。

（5）维度五：辅助企业文化建设

E-Learning 系统的功能规划也应考虑企业文化建设。它可以快速传递企业信息、企业价值观，并通过宣传专栏、新闻信息、问卷、推送等简单功能帮助员工了解企业、融入企业。E-Learning 系统不仅为员工提供了学习和增值的窗口，而且提高了员工对系统的黏性，以及系统的使用率。

相信企业培训管理者可以从上述五个维度进行移动学习的功能规划，并且结合企业的培训痛点和需求，筛选出能够有效协助开展培训工作的功能，然后开发出全面的电子学习系统功能规划书，让 E-Learning 系统成为协助企业开展培训工作的工具。

管理工具

【工具6-01】▶▶▶---

培训体系设计方案

一、培训组织机构

集团培训办公室应设集团培训专职管理人员，公司人力资源部应设公司专职培训专员，公司各部门应设兼职的培训工作负责人。

1. 集团人力资源部

集团人力资源部是集团培训工作的最高管理机构，主要职责如下。

（1）对集团培训工作进行监督管理。

（2）负责制定相关培训管理制度，并监督实施。

（3）负责依据企业的发展战略制定年度培训工作发展规划，指明培训工作的发展方向。

（4）负责培训费用的审核、审批工作。

（5）审批各类文件和计划。

（6）每月底召开培训工作会议，总结当月培训工作情况、汇总当月培训需求、布置下月培训工作等。

2. 培训办公室

（1）负责起草各类培训制度、文件并报集团人力资源部审批。

（2）负责汇总、制订年度培训计划，报集团人力资源部审批后实施。

（3）组织实施集团统一招聘的新员工的入职培训工作。

（4）监督检查各类培训的实施情况，包括培训计划是否实施，培训质量是否合格（培训是否有效）等。

（5）监督、管理和考核培训讲师的培训工作，并适时安排针对内部讲师的培训课程。

（6）负责开发外部培训资源，负责外部讲师的接待、协调和管理工作。

（7）负责组织和实施集团性或公共性的培训以及管理人员的培训。

（8）负责汇总、制定集团培训费用预算和年终培训费用总结并上报审批。

（9）负责培训专用资料、仪器、设备的保管、维护和管理工作。

3. 各公司人力资源部

（1）负责督促年度培训计划的实施，并对实施情况进行记录与评估，每月底将当月"培训记录表"和"培训有效性评价表"汇总报至集团人力资源部备案。

（2）制订公司的年度培训计划并于每年11月末上报至集团人力资源部，计划包括时间、地点、授课讲师、课时、参加人员、费用预算和考核方式等内容。

（3）负责各公司自主招聘新员工的入职培训工作。

（4）负责公司培训需求的调研工作，根据结果安排培训，并于每月底将调研结果报至集团人力资源部备案。

（5）负责本公司年度培训费用的预算工作，并同培训计划一起上报至集团人力资源部。

（6）每月中旬组织公司各部门培训负责人及公司内部讲师召开培训工作会议，总结上月公司培训工作的执行情况，收集培训信息，汇总后确定下一步培训工作。

（7）负责组织安排培训考核工作，包括笔试和培训心得的收集汇总与分析工作。

4. 公司各部门

公司各部门是公司基础业务培训的主要组织和操作部门，应严格按照培训计划实施培训，配合人力资源部做好培训需求调研和培训效果评估工作，并积极组织本部门人员参加培训课程和培训考核。

5. 培训讲师

培训讲师有内部专职培训讲师、内部兼职培训讲师和外部讲师三种。本集团的主要培训力量是内部讲师。

内部专职培训讲师由内部兼职培训讲师转岗而来，专门负责培训工作，其日常管理和考核由集团人力资源部培训办公室负责。为了避免脱离工作实际，其日常工作地点仍在原部门。其职责包括收集培训需求、开发培训课程、授课、准备考核试题、评估培训效果，并在集团人力资源部组织下参与培训大纲的制定和教材的编写等工作。

内部兼职培训讲师除本职工作外，还负责培训工作。日常工作的管理和考核仍在原部门完成；培训工作的管理和考核由集团人力资源部培训办公室负责，其职责包括收集培训需求、开发培训课程、授课、准备考核试题、评估培训效果。

外部讲师主要是本企业以外的高新技术领域或本集团人员不擅长但又必须掌握的知识领域的优秀讲师。

二、培训的分类

根据集团的实际状况，可将培训分为以下几类。

（一）新员工培训

新入职员工培训分为一般新员工培训和应届毕业生培训两种，一般新员工培训包括工人培训、普通职员培训和技术职员培训。

凡统一招聘的新员工（工人除外），由集团人力资源部负责安排培训；各公司自行招聘的员工，由各公司人力资源部负责培训。新员工培训情况如下表所示。

新员工培训一览表

类型	培训项目	培训部门	培训讲师	课时	备注
工人培训	员工行为规范、奖惩条例、企业薪资福利政策、人事制度、公司班车路线介绍、入职程序及相关手续的办理	人力资源部	人力资源部培训专员	3	了解、掌握培训项目的内容
	参观企业	人力资源部	人力资源部培训专员	1	主要参观厂区
	军训	保安部	保安员	6	穿插集体活动
	车间上岗技能培训	新工人所属公司生产部	生产部相关负责人	部门确定	根据工人经验、不同工种和不同仪器设备确定培训时间，但不可少于10课时
普通职员培训	董事长讲话	董事会	董事长	3	
	集团发展历史、企业概况、组织机构、各部门功能和业务范围、在行业中的地位、品牌与经营理念、企业文化、未来前景	集团人力资源部	集团人力资源部经理	3	了解、掌握培训项目的内容
	员工行为规范、奖惩条例、企业薪资福利政策、人事制度、公司班车路线介绍、入职程序及相关手续的办理	集团人力资源部	集团人力资源部培训专员	3	了解、掌握培训项目的内容
	参观企业	集团人力资源部	集团人力资源部培训专员	2	
	军训	保安部	保安员	6	穿插集体活动
	部门上岗培训	新员工所属部门	新员工所属部门负责人	部门确定	根据职员经验和从事的工作确定培训时间，但不可少于10课时

（续表）

类型	培训项目	培训部门	培训讲师	课时	备注
技术职员培训	专业技术培训 （其他内容与普通职员一致）	集团技术管理部	技术管理部培训讲师	70	由集团人力资源部安排场地、设施并组织新员工参加培训
应届毕业生培训	就业指导及职业心态教育 （其他入职培训内容，非技术类岗位与普通职员相同；技术类岗位与技术职员相同）	集团人力资源部	集团人力资源部培训专员	3	

（二）在职员工培训

本集团在职员工培训指的是员工不用长时间离开岗位而接受的培训，它是入职培训之后的再培训，是员工在本集团的主要培训方式。

在职员工培训分为三种，即职业技能培训、专业技术培训、国际业务培训。

1. 职业技能培训

职业技能培训是指对员工完成本职工作所需基本技能的培训，如下表所示。

职业技能培训一览表

岗位名称	所需职业技能
业务员	销售技巧、沟通能力、社交礼仪等
财务人员	财会相关知识、经济合同法等
内勤	写作能力、文字排版、办公软件的应用等
工人	机械设备的使用等
……	……

培训管理部门根据不同岗位所需的技能，分析员工是否符合企业的要求，确定培训需求，为其安排各类培训。

各公司各部门应把职业技能培训列入每年的培训计划中，发现临时性的培训需求时可安排计划外培训。

2.专业技术培训

专业技术培训是对技术岗位员工完成本职工作所需掌握的技术进行的培训，主要分为基础技术培训和高新技术培训，如下表所示。

专业技术培训一览表

培训类别	培训名称	负责部门
基础技术培训	幕墙技术培训	各公司各部门
	其他技术培训	其他公司各部门
高新技术培训	幕墙技术培训	集团技术管理部
	其他技术培训	其他公司技术部门

（1）基础技术培训应列入年度培训计划的日常培训中，遇特殊情况可安排计划外培训。

（2）高新技术培训一般为定期培训，由相关部门负责及时获取最新技术信息，并及时与员工共享。

3.国际业务培训

为执行集团国际化的发展战略，集团的培训计划中应列出国际业务培训一项。该培训主要由国际公司负责，授课工作由国际公司的讲师负责。

国际业务培训主要分为国际基础业务培训、国际市场动态研究与培训、外语培训。

（1）国际基础业务培训是指基本的国际基础业务流程培训。

（2）国际市场动态研究与培训是指结合国际市场的最新动态，收集信息与员工进行分享。

（3）外语培训分为零基础英语培训、技术英语培训、英语口语加强培训和小语种培训，为集团开展国际业务培养外语人才。

（三）管理培训

管理培训是针对企业管理人员进行的培训项目，主要培训内容为各类管理技能和方式方法等。

1.管理培训的研究和授课工作。此项工作自20××年开始，由专职讲师组成管理培训研究小组（该小组受集团人力资源部管理），专门负责此项工作。

2.根据培训对象的不同，管理培训应设立基础管理培训班、中级管理培训班和高级管理培训班，每班定期组织培训，培训时间初步定于每年的12月。每期培训班结束后需要进行考核，管理培训考核作为管理干部年终考核中的一个项目。

受训者	培训内容
基层管理者	管理知识：总体经营计划及分计划，基层管理者的任务、责任和权限、人际关系及工作方法，会议组织及控制，合理化建议的产生方法，各类规章制度等 管理工作的实施：了解本企业经营中存在的问题、产业和同行业的信息、生产组织管理、成本管理、人员调配、劳动管理、对下属的评价与奖罚、安全工作等
中层管理者	本职位的任务和责权、国际经济的动向、市场分析、同行情报、新技术新产品、对下属的指导与培养、劳资关系处理、工作改善、部门间的协作等
高层管理者	经营思想、国内外形势、人际关系、决策和执行、个人修养等

3. 管理培训的方式

（1）高层管理人员的培训方式既包括高级研修班、研讨会、报告会、自学、企业间的高层交流、热点案例讨论等形式，也可以有计划地选送优秀人才出国考察、业务进修等。

（2）中层管理人员的培训方式包括工作轮换、多层参与管理、在职辅导或各种研修班及案例讨论会。

（3）基层管理人员的培训方式包括适合本级别的各类管理培训课程、讲座、参观行业展览等形式。

（四）自我学习

在不影响本职工作的前提下，企业应鼓励员工自费进修、学习、深造，并参加各类认证考试。

三、培训课程体系

（一）培训课程体系图

培训课程体系图如下图所示。

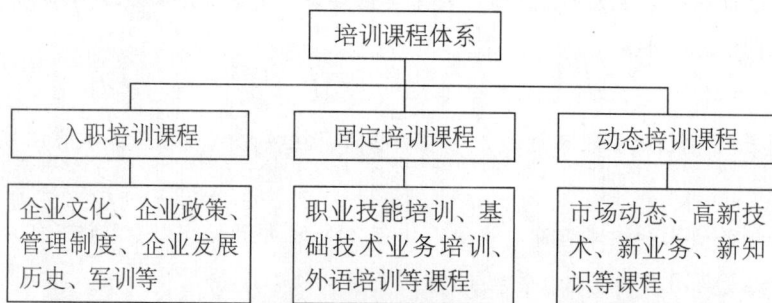

培训课程体系图

（二）培训课程体系的建立

1. 入职培训课程。根据企业发展情况，集团人力资源部负责制定课程内容，并组织开发入职培训课程。随着培训工作的不断发展，应对新员工入职培训课程的内容进行及时调整和增加，使入职培训课程逐渐成熟和完善。

2. 固定培训课程。根据培训需求调研的结果，分析岗位应具有的技能，依据分析结果开发培训课程。公司人力资源部负责培训需求调研工作，并组织内部讲师开发课程、编写教材。如培训需求为集团普遍性需求，可由集团人力资源部组织培训工作。

3. 动态培训课程。根据日常培训需求调研的分析结果中的发展性、变化性和临时性的内容，开发培训课程。此项工作由公司人力资源部负责进行需求调研，并以其中动态的分析结果为基础，组织内部讲师尽快开发培训课程，并安排授课。如培训需求为集团普遍性需求，可由集团人力资源部组织培训工作。

动态培训课程一般为计划外培训，如果该课程内容符合企业长远发展战略和对员工的普遍要求，则可列入培训计划，改为固定培训课程。

（三）培训课程开发流程

培训课程开发流程如下图所示。

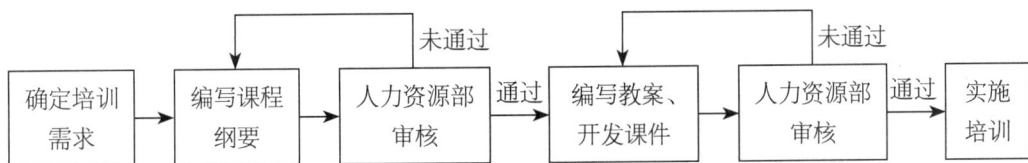

培训课程开发流程图

四、培训效果评估体系

培训效果评估是培训流程中的最后一个环节，评估结果将直接用于改进培训课程和调整培训讲师等方面。

（一）反应层评估

培训结束后，培训管理部门向学员发放调查问卷（如学员较多，可以向部分学员发放问卷），内容包括培训内容是否合理、培训时间安排得是否妥当、培训能否给自己一些启示、是否学到了新的知识以及对培训讲师进行评价等。

此项工作由培训管理部门负责，并及时汇总和分析反馈信息，及时对培训工作进行有效调整。

（二）学习层评估

培训结束后，培训管理部门对学员进行考试，或要求学员上交培训心得。这一评估方式主要是为了检查学员通过培训是否掌握了应会的知识和技能，或态度是否有所改观，对没有掌握或无改观者应继续安排培训。

此项工作由各公司、各部门和人力资源部共同负责，培训讲师负责培训考核的考评和阅卷工作。考核结果应汇总、记录并存档，于每月底将汇总结果报至集团人力资源部备案。

（三）行为层评估

这一评估主要是为了检查员工通过培训是否发生了行为的改变或是否提高了工作绩效。培训管理部门应于培训结束后的三个月内对其进行评估，并做出具体分析（共性分析），及时总结培训的有效性，并结合评估结果做出相应调整。

此项工作由各公司、各部门和人力资源部共同负责，培训讲师需参与。人力资源部应将评估结果存档，并于每月底将结果报至集团人力资源部备案。

（四）结果层评估

这一评估主要关心培训是否对企业的经营发展产生了积极的影响。这是一个难点，因为影响企业经营发展的因素有很多，培训只是其中一项。培训管理部门进行这一评估时应注意剔除其他影响因素，集中精力评估培训的影响。例如，员工接受了激励培训后，工作积极性提高了，生产效率也提高了，单位时间内为企业创造的价值也提高了，这就是培训对企业经营发展的积极影响。再如，通过外语培训，公司内部的外语人才增多了，企业国际业务的开展更加便利了，这也是培训工作对企业经营发展的积极影响。

【工具6-02】▶▶▶

企业员工培训管理办法

1. 总则

1.1 适用范围

本办法适用于本企业的所有员工。

1.2 培训目的

为了使企业员工的业务素质和技能可以满足企业发展战略和人力资源发展的需要，在考虑发展战略和持续发展的基础上，企业应对员工进行有计划、有针对性、系统性的培训，达到企业与员工共同发展的目的。

1.3 培训原则

企业培训遵循系统性、有针对性、有效性和制度化的原则。

1.3.1 系统性

员工培训是一个全员性的、全方位的、贯穿员工职业生涯始终的系统工程。

1.3.2 针对性

员工须根据培训需求，区分人员岗位和级别，设计有针对性的课程内容并实施。

1.3.3 有效性

员工培训是企业投入人、财、物的过程，是价值增值的过程。培训应该有产出和回报，应该有助于提升企业的整体绩效。

1.3.4 制度化

建立和完善培训管理制度，把培训工作制度化，可以保证培训工作的真正落地。

2. 培训组织管理

2.1 人力资源部负责规划、实施和控制培训活动。基本程序如下。

2.1.1 培训需求分析。

2.1.2 培训目标设立与制订培训计划。

2.1.3 培训课程设计。

2.1.4 培训实施。

2.1.5 效果评估与成果转化。

2.2 其他部门负责协助人力资源部实施培训并评估效果，同时也要组织部门内部的培训工作。

3. 管理规定

3.1 培训制度管理

3.1.1 在职员工培训参考《员工在职培训管理制度》。

3.1.2 新员工培训参考《新员工培训管理制度》。

3.1.3 参训学员须遵守《员工培训出勤管理规定》。

3.2 培训计划管理

3.2.1 人力资源部每年年底发放"员工培训需求调查表"，部门负责人结合本部门的实际情况，将"员工培训需求调查表"汇总，拟订本部门培训需求计划，并上报人力资源部。人力资源部结合企业发展战略、发展阶段、员工职级能力需求、职能部门特性等信息，根据公司培训预算，制订企业的年度培训计划，并上报行政副总经理审批。

3.2.2 部门内部组织的不在年度培训计划内的培训，应由所在部门填写"培训申请表"，并报人力资源部，经行政副总经理同意后，在人力资源部的指导下由相关部门组织实施培训。

3.2.3 对于临时提出参加各类外派培训或进修的员工，均要经所在部门负责人同意，填报"培训申请表"，经公司领导批准后，报人力资源部备案。

3.3 培训课程规划

3.3.1 培训课程的划分类别

（1）按结构，培训课程分为基础课程、技能课程、激励课程。

（2）按职能，是指按部门或岗位职责划分。

（3）按层次，培训课程分为新员工培训课程、在职培训课程、管理层课程和领导层课程。

3.3.2 培训课程体系的搭建。根据企业发展需要和部门培训需求，课程体系评审委员会（由人力资源部经理、关键部门主管、技术骨干组成）负责搭建各岗位课程体系，提供课程目标、大纲和讲师的推荐意见，审核课程设计及讲师授课，定期检查课程体系的培训效果，并根据发展需要组织更新与修订课程体系。

培训课程体系包括以下内容。

（1）新员工培训课程。

（2）在职员工培训通用课程。

（3）基层管理人员培训课程。

（4）中层管理人员培训课程。

（5）高层管理人员培训课程。

（6）特殊岗位培训课程。

（7）关键强制性培训课程。

（8）内部培训师进行的培训课程。

（9）外聘培训师进行的培训课程。

（10）企业内训师培训。

（11）短期外派离岗培训的培训课程。

（12）长期外派离岗培训的培训课程。

（13）参加专业资质或职称的培训。

（14）参加学历教育的培训。

（15）海外留学和考察等。

3.3.3 培训内容

培训内容包括知识培训、技能培训和态度培训。

（1）知识培训，可以使员工具备完成本职工作所需的基本知识和迎接挑战所需的新知识。

（2）技能培训，是指在岗员工岗位职责、操作规程、专业技能和管理技能等方面的培训，使员工在充分掌握理论的基础上，能自由地应用、发挥和提高。

（3）态度培训。通过培训，影响员工的态度，并改变其行为习惯，追求个人与企业价值观的统一，建立企业与员工之间的良好关系。

3.3.4 培训形式包括内部培训和外部培训。

（1）内部培训由企业内外部讲师进行培训。

（2）外部培训由外部服务机构组织，由企业派遣员工进行培训。

3.3.5 培训模式包括系统讲授、研讨交流、案例教学、角色扮演、仿真模拟、游戏互动和户外拓展等。

3.4 培训实施

3.4.1 人力资源部根据年度培训计划制定实施方案。

3.4.2 实施方案包括培训的具体负责人、培训对象、培训目标、培训内容、培训方法的选择、学员和讲师的选择、培训实施管理、培训评估设置、培训经费的预算等。实施方案经行政副总经理审批同意后，以公司文件的形式下发到各部门。

3.4.3 培训实施原则上依据人力资源部制订的年度培训计划进行，部门实施方案如果需要调整，应向人力资源部递交书面申请，上报行政副总经理审批。

3.4.4 人力资源部及各用人部门根据实施方案进行企业内外部培训活动的计划、实施和控制。具体流程如下。

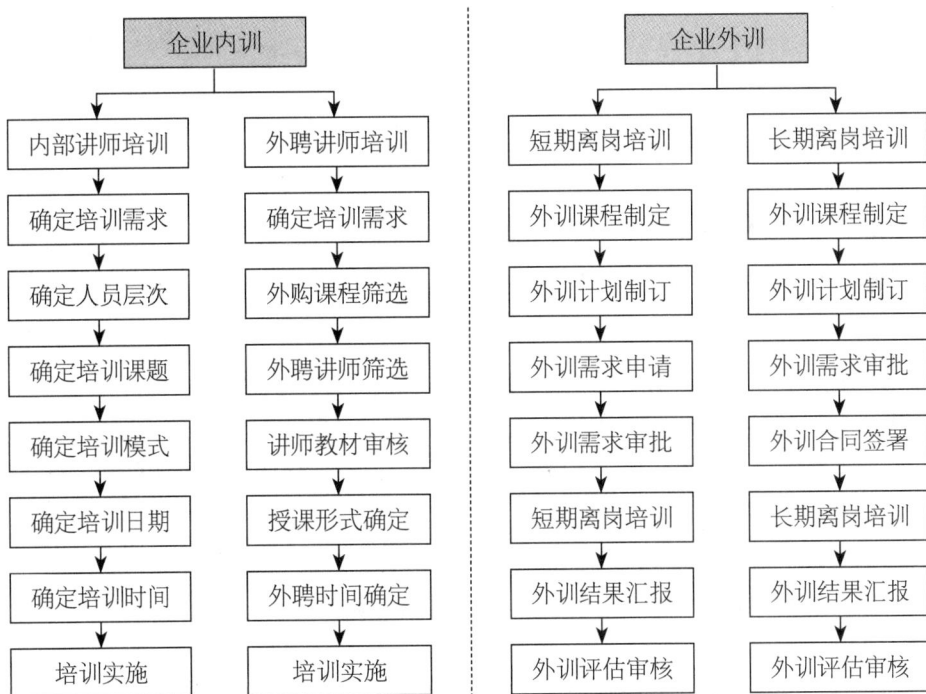

企业内训		企业外训	
内部讲师培训	外聘讲师培训	短期离岗培训	长期离岗培训
确定培训需求	确定培训需求	外训课程制定	外训课程制定
确定人员层次	外购课程筛选	外训计划制订	外训计划制订
确定培训课题	外聘讲师筛选	外训需求申请	外训需求审批
确定培训模式	讲师教材审核	外训需求审批	外训合同签署
确定培训日期	授课形式确定	短期离岗培训	长期离岗培训
确定培训时间	外聘时间确定	外训结果汇报	外训结果汇报
培训实施	培训实施	外训评估审核	外训评估审核

企业内、外部培训活动的流程图

3.4.5 人力资源部负责对培训过程进行记录，并保存过程资料，如电子文档、录音、录像、幻灯片等。

3.4.6 各部门培训负责人在培训结束后五个工作日内将培训信息报至人力资源部，人力资源部审核培训记录。

3.4.7 人力资源部根据培训实施管理、培训记录等资料建立企业培训档案。

3.5 培训评估及成果转化

3.5.1 人力资源部组织实施培训结束后的评估工作，判断培训是否取得了预期效果。

3.5.2 培训评估包括学员评估、讲师评估、培训实施评估等。

3.5.3 人力资源部根据课程特点在培训实施中进行培训评估。

3.5.4 培训结束后要重视培训成果转化，受训学员要将培训收获及时运用到工作实践中。人力资源部督导各部门对照《行为改进计划承诺书》进行管理，对培训后的成果转化情况进行跟踪，了解培训后约定时间内学员的工作改进状况。

3.5.5 部门培训负责人在培训结束后五个工作日内将培训评估结果报至人力资源部，人力资源部审核并记录存档。

3.6 企业内训讲师

3.6.1 为使培训内容更切合企业经营管理实际，企业将建立一支由内部员工组成的培训讲师队伍，根据课程体系评审委员会的要求开发培训课程，编制培训教材，并承担授课任务。

3.6.2 培训讲师采用聘任制度，由了解企业情况和发展战略、热爱企业、认同企业文化的优秀员工担任。

3.6.3 部分培训需外聘培训讲师的，经公司总经理批准后，人力资源部组织有关部门进行考察，权衡培训讲师的理论知识或实际能力的层次及水平后，依据培训课程的不同要求聘任培训讲师。

3.6.4 对于企业统一组织的培训和外聘讲师的培训，培训讲师须按培训要求进行备课和授课。授课前应将培训讲义交人力资源部审核，并由人力资源部存档。

3.6.5 企业对培训讲师实行授课津贴制度。授课补贴标准由课程体系评审委员会确定，报总经理审批。

3.7 培训资格审核及费用

3.7.1 人力资源部按照以下原则审查培训申请，报行政副总经理审批。

（1）内训为主、外训为辅。

（2）根据企业发展战略、发展阶段及受训人岗位级别确定培训的必要程度。

（3）培训内容必须能为工作所用。

（4）向骨干员工、内部讲师、绩效考核优秀的员工倾斜。

3.7.2 企业每年投入一定收入比例的经费用于培训，培训经费要做到专款专用。根据企业经营效益可以适当增加数额。

3.7.3 企业预算批准的培训经费由人力资源部统一管理，人力资源部根据预算审核各项培训费用。部门培训费用由部门申请、人力资源部审核、行政副总经理批准。

若超出预算范围，应报总经理批准，并必须在追加费用批准后才能批准培训申请。

3.7.4 参加外训的员工，原则上其学费、报名费、资料教材费等一律先由其本人支付，待获得合格证书后，方可回企业报销，否则不予报销（上级党政机关、主管部门要求参加培训的除外）。技能培训的费用全部由企业承担，各类资格证书培训的费用企业和个人各承担50%。

3.7.5 培训人员发生的交通费、食宿费，企业按照规定报销。

4. 附则

4.1 每年年末，根据培训评估及档案记录情况，人力资源部对成绩优秀的学员进行提名、推荐，作为职称评审、晋级和选拔后备干部的参考依据。

4.2 本办法由人力资源部制定并解释。

4.3 本办法实施后，原有类似规章制度自行终止，与本办法有抵触的规定一律以本办法为准。

4.4 本办法自颁布之日起实施。

附表一：培训运作流程

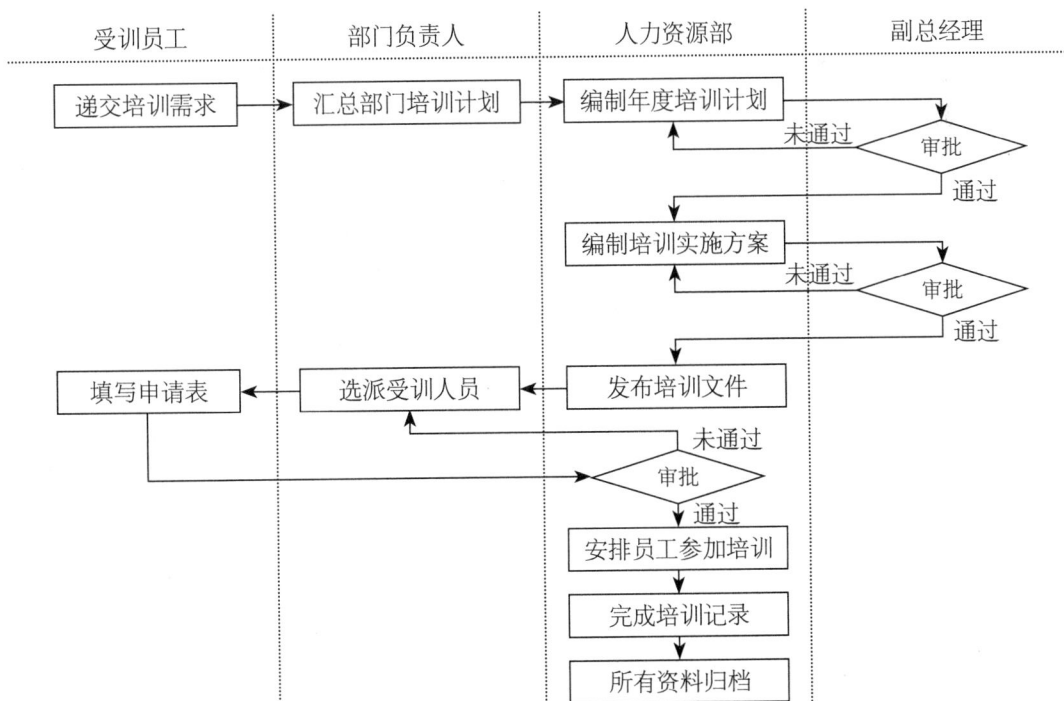

受训员工	部门负责人	人力资源部	副总经理
递交培训需求 →	汇总部门培训计划 →	编制年度培训计划	未通过 审批 通过
		编制培训实施方案	未通过 审批 通过
填写申请表 ←	选派受训人员 ←	发布培训文件	
		未通过 审批 通过	
		安排员工参加培训	
		完成培训记录	
		所有资料归档	

附表二：企业年度培训计划制订流程

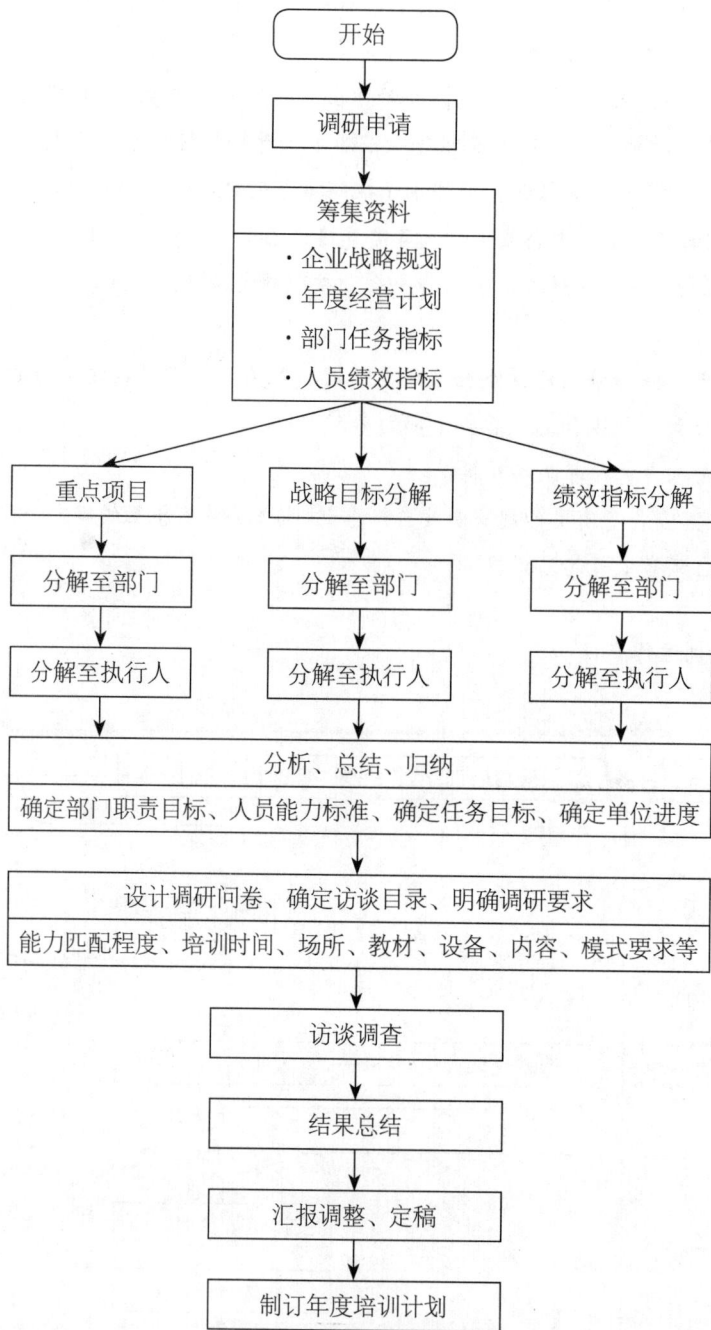

```
                        ┌─────────────┐
                        │    开始      │
                        └──────┬──────┘
                               │
                        ┌──────┴──────┐
                        │   调研申请   │
                        └──────┬──────┘
                               │
              ┌────────────────┴────────────────┐
              │          筹集资料                 │
              │  ·企业战略规划                    │
              │  ·年度经营计划                    │
              │  ·部门任务指标                    │
              │  ·人员绩效指标                    │
              └──┬───────────┬──────────────┬────┘
                 │           │              │
      ┌──────────┴──┐  ┌─────┴──────┐  ┌────┴────────┐
      │  重点项目    │  │ 战略目标分解 │  │ 绩效指标分解  │
      └──────┬──────┘  └─────┬──────┘  └────┬────────┘
             │               │              │
      ┌──────┴──────┐  ┌─────┴──────┐  ┌────┴────────┐
      │  分解至部门  │  │ 分解至部门  │  │ 分解至部门   │
      └──────┬──────┘  └─────┬──────┘  └────┬────────┘
             │               │              │
      ┌──────┴──────┐  ┌─────┴──────┐  ┌────┴────────┐
      │ 分解至执行人 │  │ 分解至执行人 │  │ 分解至执行人 │
      └──────┬──────┘  └─────┬──────┘  └────┬────────┘
             └───────────────┼──────────────┘
                             │
     ┌───────────────────────┴────────────────────────┐
     │              分析、总结、归纳                      │
     │ 确定部门职责目标、人员能力标准、确定任务目标、确定单位进度 │
     └───────────────────────┬────────────────────────┘
                             │
     ┌───────────────────────┴────────────────────────┐
     │     设计调研问卷、确定访谈目录、明确调研要求          │
     │ 能力匹配程度、培训时间、场所、教材、设备、内容、模式要求等 │
     └───────────────────────┬────────────────────────┘
                             │
                     ┌───────┴───────┐
                     │   访谈调查      │
                     └───────┬───────┘
                             │
                     ┌───────┴───────┐
                     │   结果总结      │
                     └───────┬───────┘
                             │
                     ┌───────┴───────┐
                     │  汇报调整、定稿  │
                     └───────┬───────┘
                             │
                     ┌───────┴───────┐
                     │ 制订年度培训计划 │
                     └───────────────┘
```

【工具6-03】▶▶▶

公司E-Learning系统规划方案

为了适应公司快速发展的需要，以结果为导向提升组织绩效，根据公司各层级的培训需求，在原有知识管理系统的基础上，优化公司的E-Learning系统，实现知识管理和学习培训的有机结合，提升管理人员和员工的综合素质以及公司的整体竞争力。

一、构建E-Learning系统的步骤

1. 制定公司发展战略与发展规划。

2. 确定培训需求，根据需求设计系统架构。

3. 设计、开发或引进系统与课程内容。

4. 在公司推广E-Learning学习模式。

5. 选择试点项目进行E-Learning实践。

6. 全面开展E-Learning。

7. 评估E-Learning实施成效。

二、E-Learning系统组成和功能模块

（一）知识管理系统（内容）

功能上基于任职资格体系和能力素质模型进行开发设计。这方面的内容可以参照公司原有的知识库，并进行分类整理，可分为如下几方面。

（1）基础知识，包括知识库中的公司知识、行业知识和产品知识。

（2）能力素质和技能类知识，包括知识库中的岗位知识、营销知识，培训知识中各项实操方面的培训内容，以及待开发的各类职业素养方面的培训知识等。

（3）管理类知识，包括知识库中的管理类知识，以及待开发的涉及提升管理人员技能方面的内容等。

（二）学习管理系统（培训）

功能上基于实现对学习与培训的管理，包括需求调查、学习计划、过程管理、在线学习及分析评估的支持工作等。开发设计时可以充分考虑对学习者的激励和督促功能。

（1）在学习内容要求上，把培训内容分为必修课和选修课，必修课包括公司知识、产品知识，以及不同岗位要求的知识和课程；选修课包括行业知识、非自身岗位要求的其他知识和课程。

（2）在学员要求上，必修课是从新员工到每一个在职员工都必须学习的；针对不同岗位的员工设定的不同课程是必修课；管理人员设定相应的管理知识和技能必修课程，需和升职、升

级、奖励相关。

（3）在进程管理上，根据员工入职时间的不同设定不同的要求，由易到难，由浅及深，不同阶段的标准可促进员工的学习和成长，并让他们感受到自己的进步。

（4）在激励机制上，结合公司现有的积分机制，把学习培训、在线作业、测试结果与激励机制挂钩。对于在规定时间内完成必修课的学员，可给予固定的积分用于激励；对于作业评价或测试分数高的学员可给予高积分奖励，对于作业完成不好或测试不及格的学员，可以让他们重修。

三、课程规划和培训形式

（一）课程规划

1. 在课程目标上，以符合公司的发展和员工的成长需要为依托，增强员工学习的兴趣，促使员工提高能力素质及工作效率，进而提升组织绩效。

2. 在课程内容上，可从以下几点着手准备。

（1）对知识库中的原有内容进行筛选分类，列入知识管理系统和学习管理系统。

（2）根据公司内部需求调查结果，开发相应的学习内容和培训课程。

（3）对于无法在公司内部开发制作的课程，可根据需要引进（从网上搜集整理或购买）外部精品课程。

（4）课程分类明细。

（二）培训形式

1. 统一为线上学习形式。

2. 部分线下课程可提前通知学员在线实时收看，并于培训后制作成视频课程，便于员工随时进行线上学习。

四、具体实施措施

1. E-Learning系统的构建由总经理协调，总经办配合人力资源部和技术部门共同完成。

2. 培训需求调查和课程设计开发由总经办与人力资源部共同完成。

3. 系统的技术支持工作由技术部门优化开发。